長崎盛輝

新版

日本の伝統色

その色名と色調

The Traditional Colors of Japan

青幻舎
SEIGENSHA

［凡例］

一、本書は長崎盛輝著『譜説日本伝統色彩考』（昭和五十九年刊）をもとに構成、編集したものである。

一、色票の右横に色票番号を記し、伝統色名・英名・ＪＩＳ一般色名・マンセル色度記号を表示した。

一、色票はマンセルシステムに基づいて、色相順に、同色相では高明度の方から、同色相・同明度では高彩度の方から順に排列した。但し、第二一七以下の無彩色系統の色は明度順に排列した。

一、色票のマンセル植は、著者の肉眼比色による近似値で、参考までに表示したものである。比色の資料にはマンセルシステムによる「マルチカラーアトラス」(MULTICOLOR ATLAS) —日本色彩研究所編—及び、同、「COLOR 四八〇〇」を用いた。

一、伝統色名に別名がある場合は、代表的なものを伝統色名の右横の（ ）内に併記した。

一、巻末掲載の色票チャートは『日本の伝統色』二二五色を収録し、四色のプロセスインキを使用し、網点の階調の変化と組み合わせにより、原本の色調に近づけた。

一、英名には通用度の高いものをあげた。

目次

序説

日本の伝統色はその出現時期によって、古代色、すなわち、飛鳥時代の頃から中世の室町時代までに現われた色と、以後、江戸時代を中心に現われた近世色とに大別される。これらの伝統色の多くは染織の色に由来し、その色調はそれが現われた時代の染織技術や社会事情によってちがってくる。また、色彩名の命名法も、古代名と近世名には後述のようなちがいが見られるし、更に、社会における色彩の使用状況では両者に大きな違いが見られる。即ち、古代社会では色彩が上層の貴族階級によって専用され、下層の庶民階級はそれを自由に用いることが出来なかったが、近世ではそれが可成り自由だったのである。

そのいずれの、伝統色彩も、それぞれの時代の生活信条や美意識をその色調に反映する。華麗な大陸の色彩文化を受け入れた飛鳥・奈良時代の、あの彩《あや》な色調、高貴《あて》・雅《みやび》を生活信条とした平安時代の婉麗な色調、あるいは鎌倉・室町の幽遠な色調はそれを示している。しかし乍ら、それらの色彩は当時の庶民には無縁のものだったのである。従って、これらの時代には社会大衆の嗜好を反映する流行色は現れない。それが現れるのは江戸時代になってからである。

江戸時代の前期末頃になると、社会の最下層とされた町人階級が刀ならぬソロバンを武器として経済の実権を握るようになり、その中で長者と称される富豪は金力に物を言わせて贅沢な生活をし、妻女には豪奢な染織物を身につけさせた。京、大坂、江戸、三都の妻女の装いを競う衣裳《いしょう》競《くら》べが行われたのもこの頃である。このような奢侈風潮はやがて一般町人にも及んで装飾品や染織物は新趣向の当世風のものが喜ばれるようになった。こうして、江戸時代の染色は次第に流行色としての性格を強めて来たのである。しかし、この時代に生まれた流行色は、明治以降の大衆の自由選択による流行色とちがって染色や地質に制限がもうけられており、その中から生まれたものであった。その制限も明治維新後、階級制度と共に取り払われ、西欧の新しい染色技術がとり入れられて清澄な新感覚の色が染められるようになった。やがて中期頃には季節毎の流行予想色が打ち出されて、これが服色の流行に大きな影響をあたえるようになった。こうして、日本の流行色は近世流行から現代流行へと発展し、色調の新鮮、配色の奇抜を競うようになったが、その中にも、日本の伝統的色彩特質はうけ継がれてゆくのである。

―伝統色の考証に当って―

伝統色の性格が古代の時代色から近世の流行色へうつるにつれて、色彩の名称は中国伝来の名称や、染料、自然の物象に因んだ古代色名の他に、新しく人名、地名、動物名に因んだ色名が加わり、流行色が盛んに現われるようになると、附説「江戸時代の流行色」に記したように、色彩の新奇性を強調するファンシーネーム（業者が思いつきでつけた名称）が現われてきた。ファンシーネームは一時的に用いられはするが、その多くは忘れ去られ、一部の親しみのあるものだけが後々まで慣用されるようになるのである。近世の伝統色名にはこの系統のものがかなり多い。いずれにせよ、上記の各種の色名を知ることは、それが今日通用しているかどうかにかかわらず、伝統色の研究では先ず大切なことである。しかし、それは研究の第一段階であって、更に重要なことは、その伝統色名がどんな色を指すかを、色相・調子の両面から考証することである。それには、古裂など遺品の色を調べることは勿論大切だが、遺品そのものの数は少なく、もし接することが出来てもその外観色で本来の色調を判断出来ないことが多い。古い染織物の色はほとんどが長い年月を経て変褪色しているからである。

以上のような事情から、伝統色の色調を考証するには、遺品によるだけでなく、染色文献によって試染を行い、その色調を確かめる必要がある。しかし、古代色に関する古い染色文献もまことに少ない。僅かに『延喜式《えんぎしき》』「縫殿寮《ぬいとのりよう》 雑染用度《ざつせんようど》」（後述）が見られる程度である。これは奈良時代から行われて来た主要染色をまとめたものといわれ、被染物の地質と、それを染めるための染料、媒染剤、燃料の用度が詳しく示されており、古代染色の貴重な研究資料となっている。しかし、これには染色上の手法が記されていない。したがって『縫殿式』の用度規定だけで試染する場合は色々不明な問題が出てくるわけである。（古代色でも、染料名を色名とする単一染、例えば、橡《つるばみ》、蘇芳《すおう》等は、その媒染剤が明らかなれば、染料の品質に今昔の差があるにしても、試染によってその色調を推定することはさほど困難でない。）また、中古（平安）の頃から自然物の色を模して表・裏の裂を重ねて表わす「重色《かさねいろ》」や、経《たて》・緯《ぬき》の二色の糸で織り成す「織色《おりいろ》」の微妙な色が現われ、染色《そめいろ》では下染と上染の交染による中間調の複雑な色が染められるようになったが、その染法を詳記した当時の文献は見当らず、その色調は後世の諸説を参考に試染によって推定せざるを得ないものが少なくない。このことは中世以降の色についても言えよう。しかし、江戸時代ともなると、染織の遺物や、染色技法書、小袖雛形本、中期からは、他に、色譜の類、染色見本帳、流行記事など、直接、間接的な参考資料に恵まれる。それにしても、伝統色の研究には色々不明確な事柄がからんでくるから、その色調は、最終的には研究者の判断によって決定、表出せざるを得ないのである。

なお、色名によって色を示す場合は、或る色域を一つの名称で呼ぶことになるから、同じ名称の色彩でも人によって色調がいくぶんちがうこともあるわけだし、また、伝統色の名称は同じでも、その色調は初期と後世ではかなりちがってくるものもある。そんなわけで、色譜の色には出来る限り夫々の標準的色調を表出するように努めた。なお、色調に時代的変化があるものは各説で述べることにした。

この解説書は、序説、各説、附説、および、伝統色彩記載の文献年表、和洋色名対照一覧表、ほか伝統色のJISトーン別分類一覧表、マンセルシステムの色度記号図、日本工業規格規定のJIS一般色名法の図、から成っている。

各説の色調の解説はJISの一般色名法によらず、日常の色彩表現用語を用いることにした。色の内容を平易に伝えんがためである。JISの色名法はマンセルシステムに基づいているため、色相と色名にずれが認められる。例えば、標準の青色は青紫系統の名称で呼ばれるなど。

染色本の引用文の漢字・仮名遣いは原文のままとしたが、判読困難な箇所には句読点及び（　）内に文字を加えた。

日本の伝統色　色票

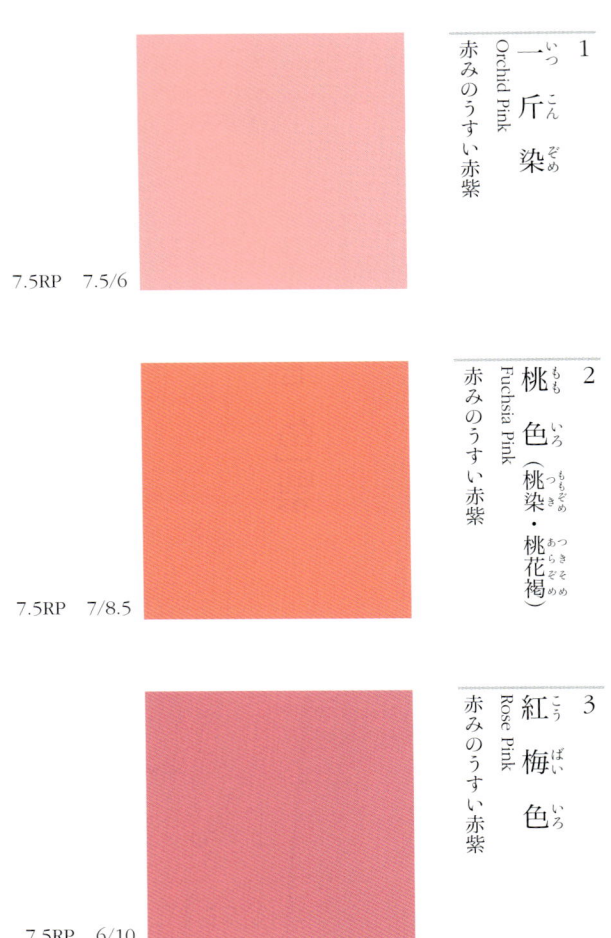

1 一《いっ》斤《こん》染《ぞめ》

Orchid Pink

赤みのうすい赤紫

7.5RP　7.5/6

2 桃《もも》色《いろ》（桃染《ももぞめ》《つき》・桃花褐《つきそめ》《あらぞめ》）

Fuchsia Pink

赤みのうすい赤紫

7.5RP　7/8.5

3 紅《こう》梅《ばい》色《いろ》

Rose Pink

赤みのうすい赤紫

7.5RP　6/10

4
中《なか》紅《べに》
Cherry Pink
赤みのあざやかな赤紫

7.5RP　5/12

5
桜《さくら》色《いろ》
Very Pale Orchid Pink
赤みのごくうすい赤紫

10RP　9/2

6
退《あら》紅《ぞめ》
Pale Orchid Pink
赤みのごくうすい赤紫

10RP　8.5/4

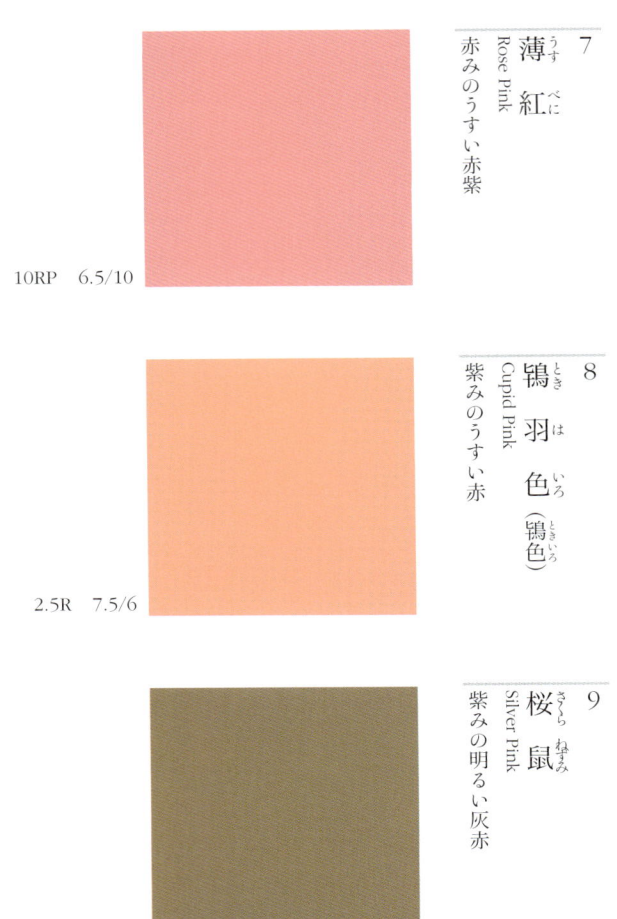

7
薄《うす》紅《べに》
Rose Pink
赤みのうすい赤紫

10RP　6.5/10

8
鴇《とき》羽《は》色《いろ》（鴇色《ときいろ》）
Cupid Pink
紫みのうすい赤

2.5R　7.5/6

9
桜《さくら》鼠《ねずみ》
Silver Pink
紫みの明るい灰赤

2.5R　6.5/2

10
長《ちょう》春《しゅん》色《いろ》
Old Rose
紫みのにぶい赤

2.5R　5.5/7

11
韓《から》紅《くれ》花《ない》（深《こき》紅《くれない》）
Rose Red
紫みのさえた赤

2.5R　4.5/14

12
臙《えん》脂《じ》色《いろ》
Crimson Red
紫みのふかい赤

2.5R　4/10

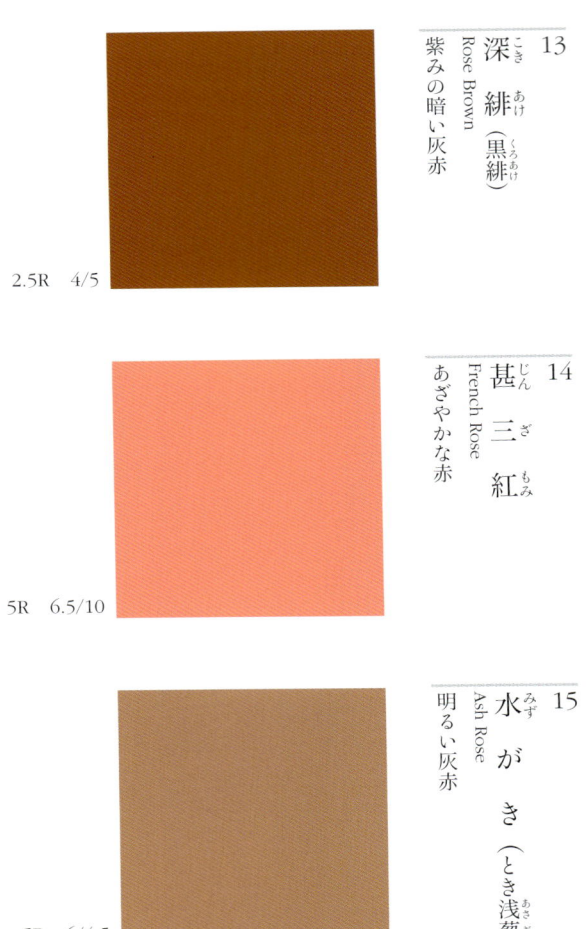

13
深《こき》緋《あけ》（黒緋《くろあけ》）
Rose Brown
紫みの暗い灰赤

2.5R　4/5

14
甚《じん》三《ざ》紅《もみ》
French Rose
あざやかな赤

5R　6.5/10

15
水《みず》がき（とき浅葱《あさぎ》）
Ash Rose
明るい灰赤

5R　6/4.5

16 梅《うめ》鼠《ねずみ》

Rose Dust

灰赤

5R　5.5/3

17 蘇《す》芳《おう》香《こう》

Corinth Pink

にぶい赤

5R　5/6

18 赤《あか》紅《べに》

Geranium

さえた赤

5R　4.5/13

19
真《しん》朱《しゅ》
Cardinal
ふかい赤

5R　3.5/10

20
小《あ》豆《ずき》色《いろ》
Antique Rose
暗い赤

5R　3/6

21
銀《ぎん》朱《しゅ》
Pepper Red
黄みのふかい赤

6R　4.5/12

22

海《え》老《び》茶《ちゃ》（蝦《え》手《び》茶《ちゃ》色《いろ》）

Indian Red

暗い灰赤

6R　3/4.5

23

栗《くり》梅《うめ》

Dark Cardinal

暗い赤

6.5R　4/7

24

曙《あけぼの》色《いろ》

Salmon Pink

黄みのうすい赤

7.5R　7/8

25
珊《さん》瑚《ご》珠《しゅ》色《いろ》
Coral Pink
黄みのあざやかな赤

7.5R　6.5/10

26
猩《しょう》猩《じょう》緋《ひ》
Poppy Red
黄みのさえた赤

7.5R　5/14

27
芝《し》翫《かん》茶《ちゃ》
Copper Rose
黄みのにぶい赤

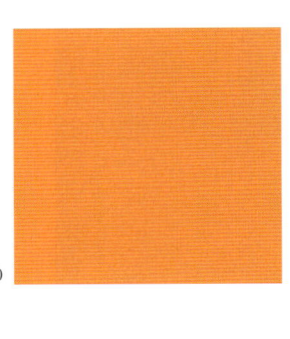

7.5R　5/7

28
柿《かき》渋《しぶ》色《いろ》（柿色《かきいろ》）
Brick Dust
黄みの灰赤

7.5R　4.5/6

29
紅《べに》樺《かば》
Amber Red
黄みのふかい赤

7.5R　4/10

30
紅《べに》鳶《とび》
Pompeian Red
黄みの暗い赤

7.5R　4/8

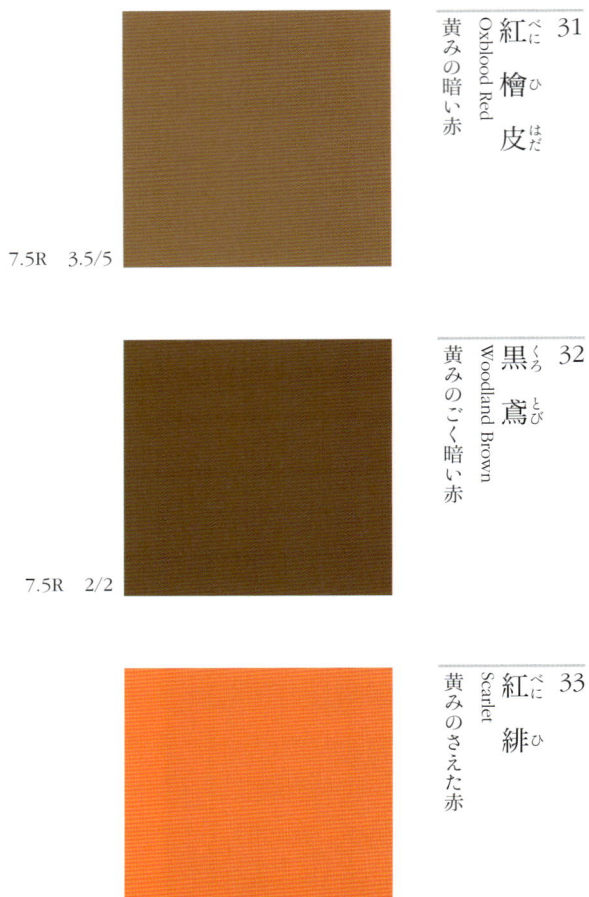

31
紅《べに》檜《ひ》皮《はだ》
Oxblood Red
黄みの暗い赤

7.5R　3.5/5

32
黒《くろ》鳶《とび》
Woodland Brown
黄みのごく暗い赤

7.5R　2/2

33
紅《べに》緋《ひ》
Scarlet
黄みのさえた赤

8.5R　6/12

34 照《てり》柿《がき》

Burnt Orange

黄みのふかい赤

8.5R　5.5/10

35 緋《あけ》

French Vermilion

黄みのふかい赤

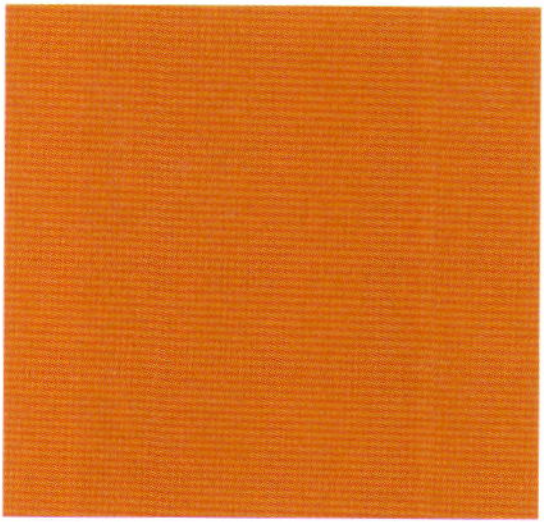

8.5R　5/12

36 江《え》戸《ど》茶《ちゃ》

Garnet Brown

黄みのふかい赤

8.5R　4.5/8

37 紅《べに》柄《がら》色《いろ》（辨柄色《べんがらいろ》）
Copper Rust
黄みのふかい赤

8.5R　4/8

38 檜《ひ》皮《はだ》色《いろ》
Attic Rose
黄みの暗い赤

9R　3.5/6

39 宍《しし》色《いろ》（肉色《にくいろ》）
Peach Tint
黄みの明るい灰赤

10R　7.5/6

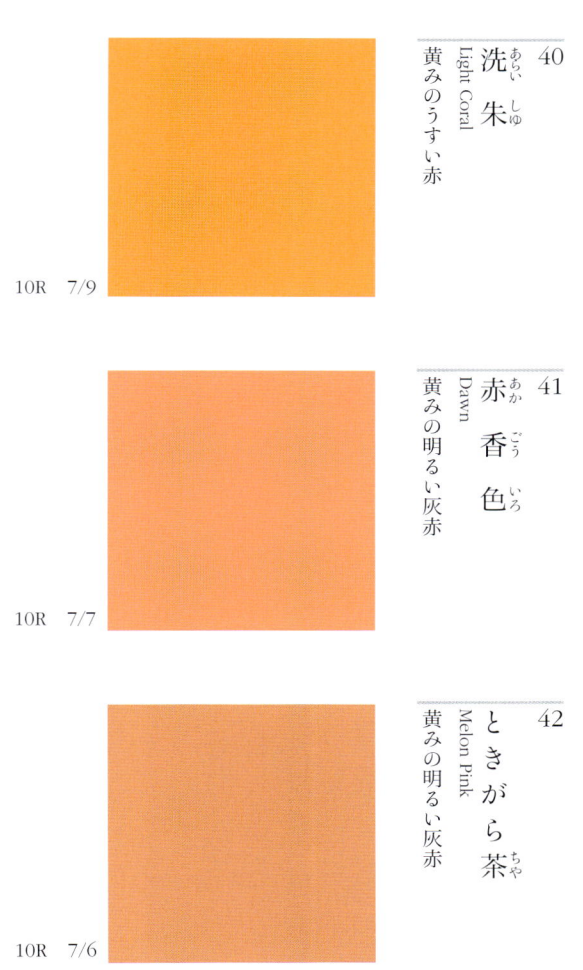

40

洗《あらい》朱《しゅ》

Light Coral

黄みのうすい赤

10R 7/9

41

赤《あか》香《ごう》色《いろ》

Dawn

黄みの明るい灰赤

10R 7/7

42

とがら茶《ちゃ》

Melon Pink

黄みの明るい灰赤

10R 7/6

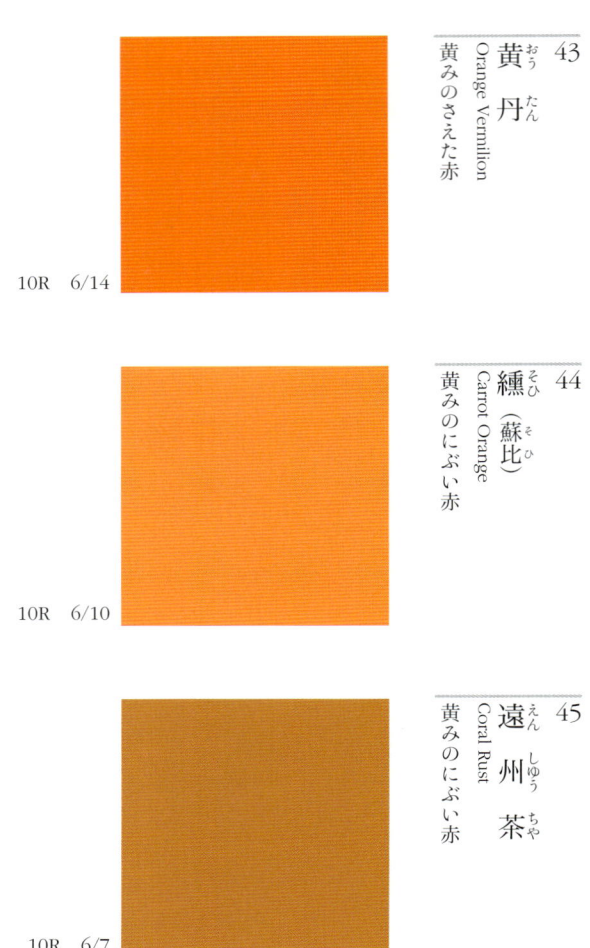

43 黄《おう》丹《たん》

Orange Vermilion

黄みのさえた赤

10R　6/14

44 纁《そひ》（蘇《そ》比《ひ》）

Carrot Orange

黄みのにぶい赤

10R　6/10

45 遠《えん》州《しゅう》茶《ちゃ》

Coral Rust

黄みのにぶい赤

10R　6/7

46 唐《から》茶《ちゃ》
Cinnamon
黄みの灰赤

10R　5.5/6

47 樺《かば》茶《ちゃ》
Etruscan Orange
黄みのふかい赤

10R　5/8

48 宗《そう》傳《でん》唐《から》茶《ちゃ》
Etruscan Rose
黄みの灰赤

10R　5/5

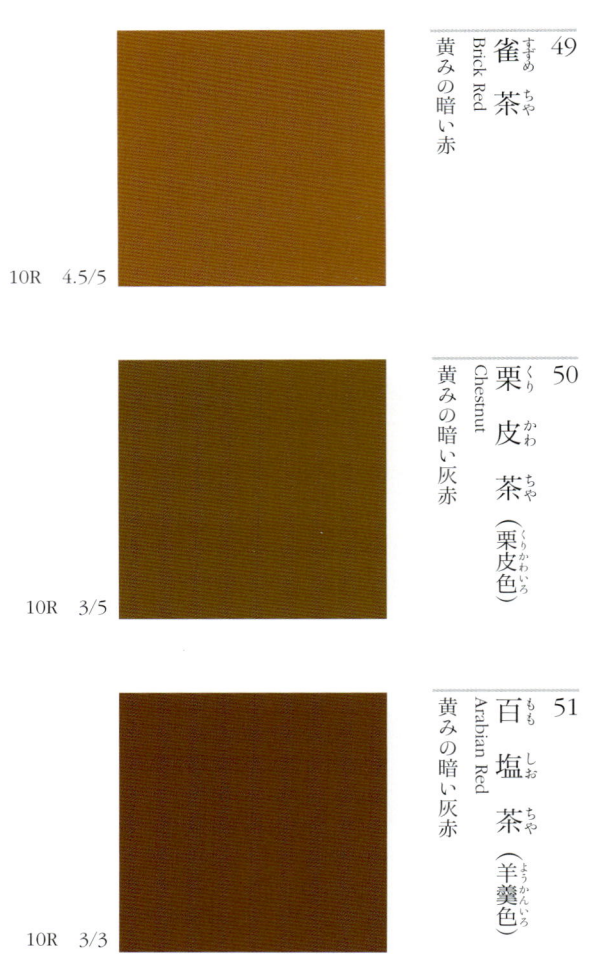

49
雀《すずめ》茶《ちゃ》
Brick Red
黄みの暗い赤

10R　4.5/5

50
栗《くり》皮《かわ》茶《ちゃ》（栗皮色《くりかわいろ》）
Chestnut
黄みの暗い灰赤

10R　3/5

51
百《もも》塩《しお》茶《ちゃ》（羊羹色《ようかんいろ》）
Arabian Red
黄みの暗い灰赤

10R　3/3

52

鳶《とび》色《いろ》

Coconut Brown

黄みの暗い灰赤

10R　2.5/4

53

胡《く》桃《る》染《みぞめ》

Pink Beige

赤みの灰黄赤

1.5YR　6/2

54

蒲《かば》色《いろ》（樺色《かばいろ》）

Burnt Orange

赤みのふかい黄赤

1.5YR　5/9

55 黄《こう》櫨《ろ》染《ぜん》

Burnt Umber

赤みの暗い灰黄赤

1.5YR　3/4

56 焦《こげ》茶《ちゃ》

Van Dyke Brown

赤みのごく暗い黄赤

1.5YR　2/2

57 深《こき》支子《くちなし》（ふかくちなし）

Apricot Buff

赤みのうすい黄赤

2.5YR　7/8

58 洗《あらい》柿《がき》

Salmon Buff

赤みのうすい黄赤

3YR 7/7

59 代《たい》赭《しゃ》色《いろ》

Terra Cotta

赤みの暗い黄赤

3YR 5/6

60 赤《あか》白《しろ》橡《つるばみ》

Peach Beige

赤みの明るい灰黄赤

3.5YR 7.5/5

61 礪《との》茶《ちゃ》

Bronze

赤みの暗い黄赤

3.5YR　5/5

62 煎《せん》茶《ちゃ》色《いろ》

Tobacco Brown

赤みの暗い黄赤

3.5YR　4.5/4

63 洒《しゃ》落《れ》柿《がき》

Light Apricot

うすい黄赤

5YR　8/6

64 薄《うす》柿《がき》

Vanilla

明るい灰黄赤

5YR　8/5

65 萱《かん》草《ぞう》色《いろ》（柑《こう》子《じ》色《いろ》）

Marigold

あざやかな黄赤

5YR　7.5/11

66 梅《うめ》染《ぞめ》

Peach Buff

明るい灰黄赤

5YR　7.5/7

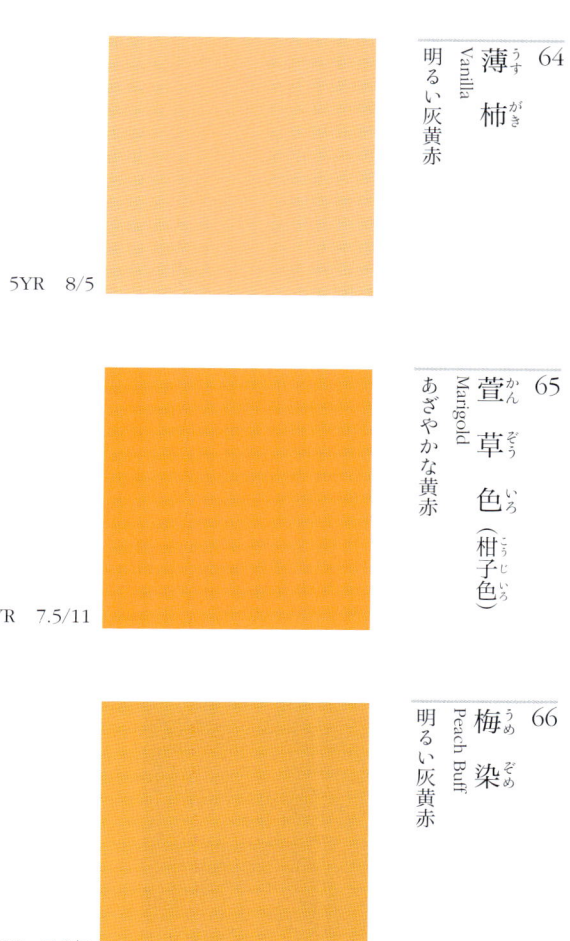

67
紅《べに》鬱《う》金《こん》
Majolica Orange
ふかい黄赤
5YR 7/10

68
丁《ちょう》子《じ》茶《ちゃ》
Tan
暗い黄赤
5YR 5/4

69
憲《けん》法《ぽう》染《ぞめ》（吉岡染《よしおかぞめ》）
Brown Dusk
ごく暗い黄赤
5YR 2/1

70 枇《び》杷《わ》茶《ちゃ》

Ocher Beige

灰黄赤

6.5YR　5.5/6

71 琥《こ》珀《はく》色《いろ》

Amber

黄みのふかい黄赤

7YR　6/9

72 淡《うす》香《こう》

Biscuit

黄みの明るい灰黄赤

7.5YR　8/6

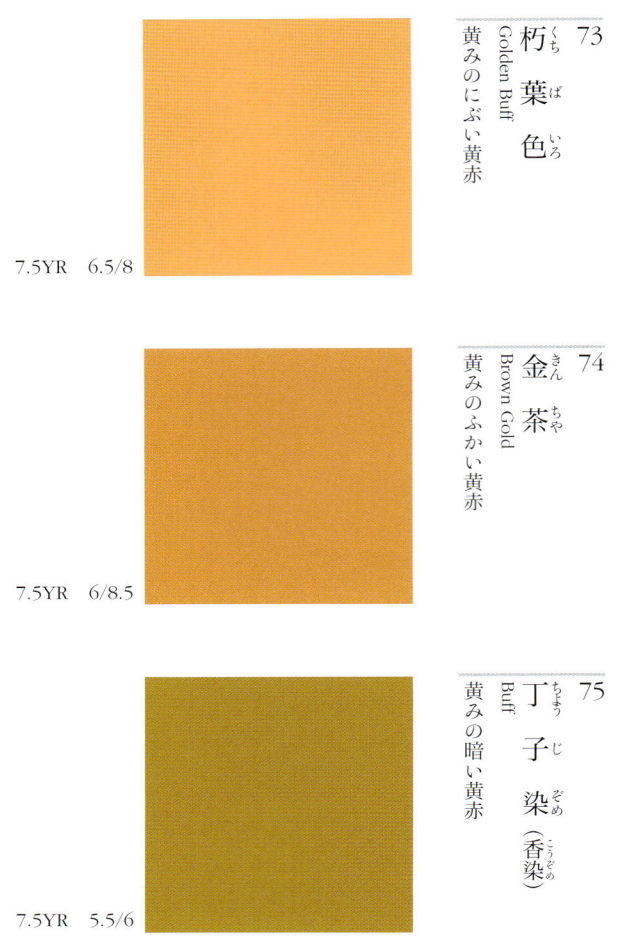

73 朽《くち》葉《ば》色《いろ》

Golden Buff

黄みのにぶい黄赤

7.5YR　6.5/8

74 金《きん》茶《ちゃ》

Brown Gold

黄みのふかい黄赤

7.5YR　6/8.5

75 丁《ちょう》子《じ》染《ぞめ》（香染《こうぞめ》）

Buff

黄みの暗い黄赤

7.5YR　5.5/6

76
狐《きつね》色《いろ》
Tawny Gold
黄みの暗い黄赤

7.5YR　5/6

77
柴《ふし》染《ぞめ》
Drab
黄みの灰黄赤

7.5YR　5/4

78
伽《きや》羅《ら》色《いろ》
Russet Brown
黄みの暗い灰黄赤

7.5YR　4/3

79 煤《すす》竹《たけ》色《いろ》
Low Umber
黄みの暗い灰黄赤

8YR　3.5/2.5

80 白《しら》茶《ちゃ》
Sand Beige
黄みの明るい灰黄赤

8.5YR　7/3

81 黄《おう》土《ど》色《いろ》
Yellow Ocher
黄みの明るい灰黄赤

8.5YR　6.5/4.5

82

銀《ぎん》煤《すす》竹《たけ》

Maple Sugar

黄みの暗い黄赤

8.5YR　4.5/4

83

黄《き》唐《がら》茶《ちや》（黄《き》雀《がら》茶《ちや》）

Maple Leaf

黄みのふかい黄赤

10YR　6/7

84

媚《こび》茶《ちや》（昆《こ》布《ぶ》茶《ちや》）

Old Gold

黄みの暗い黄赤

10YR　4/4

85
浅《うす》黄《き》
Straw
赤みのうすい黄
1.5Y　8.5/4

86
山《やま》吹《ぶき》色《いろ》
Marigold Yellow
赤みのさえた黄
1.5Y　8/13

87
玉《たま》子《ご》色《いろ》
Yolk Yellow
赤みのあざやかな黄
1.5Y　8/10

1.5Y　7/10

88 櫨《はじ》染《ぞめ》

Yellow Gold

赤みのふかい黄

1.5Y　6.5/9

89 山《やま》吹《ぶき》茶《ちや》

Gold

赤みのふかい黄

1.5Y　6.5/7.5

90 桑《くわ》染《ぞめ》（桑茶《くわちや》）

Maize

赤みのふかい黄

91
生《なま》壁《かべ》色《いろ》
Tawny Olive
赤みの灰黄
1.5Y　5/1.5

92
支《くち》子《なし》（梔《くち》子《なし》）
Empire Yellow
赤みのあざやかな黄
2Y　8.5/7

93
玉《とう》蜀《もろ》黍《こし》色《いろ》
Golden Corn
赤みのにぶい黄
2Y　8/8

94
白《しろ》橡《つるばみ》
Flax
赤みの明るい灰黄

2Y　7.5/3

95
黄《き》橡《つるばみ》
Curry Yellow
赤みのふかい黄

2Y　6.5/5.5

96
藤《とう》黄《おう》
Sunflower
赤みのさえた黄

2.5Y　8.5/12

97 花《はな》葉《ば》色《いろ》

Sun Gold

赤みのあざやかな黄

2.5Y　8.5/8

98 鳥《とり》ノ子《こ》色《いろ》

Ivory

赤みのごくうすい黄

2.5Y　8.5/1

99 鬱《う》金《こん》色《いろ》

Dandelion

赤みのあざやかな黄

2.5Y　7.5/8

100

黄《き》朽《くち》葉《ば》

Honey Sweet

赤みのにぶい黄

2.5Y　7.5/7

101

利《り》休《きゅう》白《しら》茶《ちゃ》

Citron Gray

赤みの明るい灰黄

2.5Y　7/1

102

利《り》休《きゅう》茶《ちゃ》

Dusty Olive

赤みの灰黄

2.5Y　5.5/1

103 灰《あ》汁《く》色《いろ》

Covert Gray

灰黄

2.5Y　5.5/0.5

104 肥《ひ》後《ご》煤《すす》竹《たけ》

Oriental Gold

赤みの暗い黄

2.5Y　5/3

105 路《ろ》考《こう》茶《ちゃ》

Beech

赤みの暗い灰黄

2.5Y　4.5/1

106

海《み》松《る》茶《ちゃ》

Seaweed Brown

赤みの暗い灰黄

3.5Y　3.5/1

107

菜《な》種《たね》油《ゆ》色《いろ》

Oil Yellow

緑みのふかい黄

6.5Y　6/8

108

黄《き》海《み》松《る》茶《ちゃ》

Seaweed Yellow

緑みの暗い黄

6.5Y　5.5/4

109 鶯《うぐいす》茶《ちゃ》

Seaweed

緑みの暗い黄

6.5Y　4/3

110 菜《な》の花《はな》色《いろ》

Canary

緑みのあざやかな黄

7Y　8/9

111 苅《かり》安《やす》（刈安《かりやす》）

Chrome Lemon

緑みのあざやかな黄

7Y　8/8

112
黄《き》蘗《はだ》
Lemon Yellow
緑みのあざやかな黄

7.5Y　8.5/9

113
蒸《むし》栗《くり》色《いろ》
Chartreuse Yellow
緑みのうすい黄

7.5Y　8/2.5

114
青《あお》朽《くち》葉《ば》
Olive Yellow
緑みのにぶい黄

7.5Y　6.5/6

115 鶸《ひわ》茶《ちゃ》

Light Olive Yellow

緑みのにぶい黄

9Y　6/5

116 女郎花《おみなえし》

Citron Yellow

緑みのさえた黄

10Y　8/11

117 鶯《うぐいす》色《いろ》

Holly Green

緑みの暗い黄

10Y　4.5/3

118 鶸《ひわ》色《いろ》
Light Lime Green
黄みのあざやかな黄緑
1.5GY　7.5/9

119 青《あお》白《しろ》橡《つるばみ》（麹塵《きくじん》）
Hop Green
黄みの明るい灰黄緑
1.5GY　7.5/3

120 柳《やなぎ》茶《ちゃ》
Citron Green
黄みのにぶい黄緑
1.5GY　6.5/4

121 璃《り》寛《かん》茶《ちゃ》

Olive Drab

黄みの暗い灰黄緑

1.5GY　4/2

122 藍《あい》媚《こび》茶《ちゃ》

Dark Olive

黄みの暗い灰黄緑

1.5GY　3.5/1.5

123 苔《こけ》色《いろ》

Moss Green

黄みのふかい黄緑

2GY　6/5

124
海《み》松《る》色《いろ》
Sea Moss
黄みの暗い黄緑

2.5GY　4/3

125
千《せん》歳《さい》茶《ちゃ》
Bronze Green
黄みのごく暗い黄緑

2.5GY　3/1

126
梅《ばい》幸《こう》茶《ちゃ》（草柳《くさやなぎ》）
Silver Sage
明るい灰黄緑

5GY　6/2.5

127 岩《いわ》井《い》茶《ちゃ》

Slate Olive

灰黄緑

5GY　4.5/1

128 鶸《ひわ》萌《もえ》黄《ぎ》

Fresh Green

さえた黄緑

6.5GY　6.5/8.5

129 柳《やなぎ》煤《すす》竹《たけ》

Deep Sea Moss

緑みの暗い灰黄緑

7.5GY　4/1.5

130 裏《うら》柳《やなぎ》（裏《うら》葉柳《はやなぎ》）

Mist Green

緑みのうすい黄緑

8.5GY　8/2

131 淡《うす》萌《もえ》黄《ぎ》（苗色《なえいろ》）

Apple Green

緑みのあざやかな黄緑

8.5GY　7.5/7.5

132 柳《やなぎ》染《ぞめ》

Willow

緑みのにぶい黄緑

8.5GY　7/5

133
萌《もえ》黄《ぎ》
Parrot Green
緑みのさえた黄緑

8.5GY　6/8.5

134
青《あお》丹《に》
Cactus
緑みの暗い黄緑

8.5GY　4.5/3

135
松《まつ》葉《ば》色《いろ》
Jade Green
緑みの暗い黄緑

8.5GY　4/3

136

薄《うす》青《あお》

Light Green

黄みのうすい緑

2.5G　7/3

137

若《わか》竹《たけ》色《いろ》

Porcelain Green

黄みのうすい緑

2.5G　6.5/5

138

柳《やなぎ》鼠《ねずみ》（豆《まめ》がら茶《ちゃ》）

Eggshell Green

黄みの明るい灰緑

2.5G　6/1

139 老《おい》竹《たけ》色《いろ》

Antique Green

黄みの灰緑

2.5G　5/2

140 千《せん》歳《さい》緑《みどり》

Bottle Green

黄みの暗い緑

2.5G　3.5/2.5

141 緑《みどり》(古代一般名・青《あお》)

Malachite Green

ふかい緑

3.5G　4.5/6

142
白《びゃく》緑《ろく》
Opal Green
うすい緑

5G　8/3

143
錆《さび》青《せい》磁《じ》
Ripple Green
明るい灰緑

5G　6.5/1.5

144
緑《ろく》青《しょう》
Viridian
あざやかな緑

5G　5.5/6

145
木《と》賊《くさ》色《いろ》
Spruce Green
ふかい緑

5G　4.5/4

146
御《お》納《なん》戸《ど》茶《ちゃ》
Forest Green
暗い灰緑

5G　3.5/1.5

147
青《あお》竹《たけ》色《いろ》
Jewel Green
青みのさえた緑

8G　4.5/8

148
利《り》休《きゅう》鼠《ねずみ》
Celadon Gray
青みの灰緑

8.5G　5/1

149
びろうど
Lincoln Green
青みの暗い緑

9G　3.5/4

150
虫《むし》襖《あお》（虫青《むしあお》）
Green Duck
青みの暗い緑

10G　3.5/3

151 藍《あい》海《み》松《る》茶《ちゃ》

Jungle Green

青みの暗い灰緑

10G　3/2

152 沈《と》香《の》茶《ちゃ》

Chinese Green

灰青緑

2.5BG　5/2

153 水《みず》浅《あさ》葱《ぎ》

Bright Turquoise

うすい青緑

7BG　7/4

154 青《せい》磁《じ》色《いろ》（秘《ひ》色《そく》）

Light Turquoise

うすい青緑

7BG　7/3

155 青《せい》碧《へき》

Turquoise Blue

にぶい青緑

7.5BG　5/4.5

156 錆《さび》鉄《てつ》御《お》納《なん》戸《ど》

Blue Conifer

青みの暗い灰青緑

8BG　3.5/1.5

157
鉄《てつ》色《いろ》
River Blue
青みの暗い青緑

8BG　3/2

158
御《お》召《めし》茶《ちゃ》
Moon Gray
青みのにぶい青緑

10BG　4/3

159
高《こう》麗《らい》納《なん》戸《ど》
Canton Blue
青みの暗い灰青緑

10BG　3/3

160
湊《みなと》鼠《ねずみ》（深川鼠《ふかがわねずみ》）
Aqua Gray
緑みの明るい灰青

2.5B　6/2

161
青《あお》鈍《にび》
Steel Gray
緑みの暗い灰青

2.5B　4/0.5

162
鉄《てつ》御《お》納《なん》戸《ど》
Storm Blue
緑みの暗い青

2.5B　3/2

163 水《みず》色《いろ》

Aqua

緑みのうすい青

3.5B　7.5/4

164 錆《さび》浅《あさ》葱《ぎ》

Light Saxe Blue

緑みの明るい灰青

3.5B　6/3

165 瓶《かめ》覗《のぞき》（覗色《のぞきいろ》）

Horizon Blue

緑みのごくうすい青

5B　8.5/2

166 浅《あさ》葱《ぎ》色《いろ》

Blue Turquoise

緑みのうすい青

5B　6.5/6.5

167 新《しん》橋《ばし》色《いろ》

Cyan Blue

緑みのあざやかな青

5B　5/8

168 錆《さび》御《お》納《なん》戸《ど》

Goblin Blue

緑みのにぶい青

5B　4.5/3

169 藍《あい》鼠《ねずみ》

Lead Gray

緑みの灰青

5B　4.5/0.5

170 藍《あい》色《いろ》

Marine Blue

緑みの暗い青

5B　3.5/3.5

171 御《お》納《なん》戸《ど》色《いろ》

Tapestry Blue

緑みの暗い青

5B　3.5/2

172 花《はな》浅《あさ》葱《ぎ》

Cerulean Blue

あざやかな青

6.5B　5/7

173 千《ち》草《ぐさ》色《いろ》

Azure Blue

あざやかな青

7.5B　5.5/7

174 舛《ます》花《はな》色《いろ》

Smoke Blue

灰青

8.5B　5/4

175 縹《はなだ》(花田《はなだ》)

Sapphire Blue

ふかい青

8.5B　4/7

176 熨《の》斗《し》目《め》花《はな》色《いろ》

Oriental Blue

にぶい青

8.5B　4/4

177 御《お》召《めし》御《お》納《なん》戸《ど》

Slate Blue

暗い灰青

8.5B　4/3

178 空《そら》色《いろ》

Sky Blue

紫みのうすい青

10B　6.5/8

179 黒《くろ》橡《つるばみ》

Midnight Blue

紫みのごく暗い青

10B　2/0.5

180 群《ぐん》青《じょう》色《いろ》

Forget-met-not Blue

青みのうすい青紫

2PB　6.5/8

181 紺《こん》

Purple Navy

暗い青紫

5.5PB 2/5

182 褐《かち》色《いろ》（かちん色《いろ》）

Indigo

ごく暗い青紫

5.5PB 1.5/3

183 瑠《る》璃《り》色《いろ》

Cobalt Blue

さえた青紫

6PB 4/12

184 紺《こん》青《じょう》色《いろ》

Ultramarine Blue

さえた青紫

6PB　3/12

185 瑠《る》璃《り》紺《こん》

Royal Blue

ふかい青紫

6PB　2.5/7

186 紅《べに》碧《みどり》（紅掛空色《べにかけそらいろ》）

Salvia Blue

紫みのうすい青紫

7PB　6/7

187 紺《こん》桔《き》梗《きょう》

Victoria Violet

紫みのふかい青紫

7PB　2/8

188 藤《ふじ》鼠《ねずみ》

Lavender Gray

紫みのにぶい青紫

8.5PB　5.5/5

189 紅《べに》掛《かけ》花《はな》色《いろ》

Gentian Blue

紫みのにぶい青紫

8.5PB　4.5/7

190 藤《ふじ》色《いろ》

Lavender

紫みのうすい青紫

10PB　6/8

191 二《ふた》藍《あい》

Aster

紫みのにぶい青紫

10PB　4.5/6

192 藤《ふじ》紫《むらさき》

Wistaria Violet

青みのあざやかな紫

1.5P　5.5/10

193 桔《き》梗《きょう》色《いろ》

Blue Violet

青みのにぶい紫

1.5P　4/8

194 紫《し》苑《おん》色《いろ》

Heliotrope

青みのうすい紫

2.5P　6/8

195 滅《めっ》紫《し》（けしむらさき）

Raisin

青みの暗い灰紫

2.5P　3/2

196 紫《し》紺《こん》

Blackish Purple

青みのごく暗い紫

2.5P　2/2

197 深《こき》紫《むらさき》（ふかむらさき）

Deep Royal Purple

青みのふかい紫

3P　2.5/5

198 薄《うす》色《いろ》

Pale Lilac

うすい紫

3.5P　6.5/7

199 半《はした》色《いろ》
Crocus
あざやかな紫

3.5P　5.5/8

200 菫《すみれ》色《いろ》
Mauve
にぶい紫

5P　3.5/7

201 紫《むらさき》
Royal Purple
ふかい紫

5P　3/7

202 黒《くろ》紅《べに》（黒《くろ》紅《こう》梅《ばい》）
Dusky Purple
ごく暗い紫

5P　1.5/1.5

203 菖《あや》蒲《め》色《いろ》
Iris
赤みのさえた紫

6.5P　4/10

204 紅《べに》藤《ふじ》
Lilac
赤みのうすい紫

7.5P　6.5/7

205 杜若《かきつばた》（江《え》戸《ど》紫《むらさき》）

Amethyst

赤みのふかい紫

8P　2.5/7

206 鳩《はと》羽《ば》鼠《ねずみ》

Lilac Hazy

赤みの灰紫

10P　5/1.5

207 葡《ぶ》萄《どう》鼠《ねずみ》（えびねずみ）

Plum Purple

赤みの灰紫

10P　4/3

208 蒲《えび》萄《ぞめ》（葡萄《えびぞめ》）

Amethyst Mauve

赤みのふかい紫

10P　3.5/8

209 藤《ふじ》煤《すす》竹《たけ》

Prune

赤みの暗い灰紫

10P　3.5/1

210 牡《ぼう》丹《たん》（ぼたん）

Fuchsia Purple

あざやかな赤紫

3.5RP　4.5/11

211 梅《うめ》紫《むらさき》

Amaranth Purple

にぶい赤紫

4RP　4.5/7

212 似《に》せ紫《むらさき》

Plum

暗い赤紫

5RP　2.5/3

213 紫《むらさき》鳶《とび》

Indian Purple

暗い灰赤紫

6.5RP　3/3

214
蘇《す》芳《おう》
Raspberry Red
赤みのふかい赤紫

7.5RP　3.5/8

215
桑《くわ》染《ぞめ》（桑《くわ》の実《み》色《いろ》）
Mulberry
赤みの暗い赤紫

10RP　3/4

216
紅《べに》消《けし》鼠《ねずみ》
Black Berry
赤みの暗い灰赤紫

10RP　3/1

217 白《しろ》 練《ねり》

Snow White

白

N 9.5

218 白《しろ》 鼠《ねずみ》（銀《しろがね》 色《いろ》）

Pearl Gray

明るい灰色

N 7.5

219 銀《ぎん》 鼠《ねずみ》（錫《すず》色《いろ》）

Silver Gray

青みの明るい灰色

2.5PB　6.5/0.5

220 素《す》鼠《ねずみ》

Mouse Gray

灰色

N 5

221 丼《どぶ》鼠《ねずみ》（溝《どぶ》鼠《ねずみ》）

Dove Gray

赤みの暗い灰色

5RP　3.5/0.5

222 藍《あい》墨《すみ》茶《ちゃ》

Dark Slate

青みの暗い灰色

2.5PB　3/0.5

223 檳《びん》榔《ろう》子《じ》染《ぞめ》

African Brown

赤みの暗い灰色

10R　2.5/0.5

224 墨《すみ》色《いろ》（墨染《すみぞめ》）

Charcoal Gray

暗い灰色

N 2

225 黒《くろ》色《いろ》

Lamp Black

黒

N 1

日本の伝統色　解説

目次

各説（色名上部の番号は色票番号）

1 一《いっ》斤《こん》染《ぞめ》

紅花大一斤（〇・六キログラム）で絹一疋《ぴき》（二反）を染めた淡紅色で、『延喜式』の①「縫殿寮雑染用度」（略して『延喜《えんぎ》縫殿式《ぬいとのしき》』）に示された「中紅花《なかくれない》」（貲布《さよみ》一端に、紅花大一斤四両、酢八合、藁一囲、薪四十斤）よりやや淡く、同、「退紅《あらぞめ》」（帛一疋に、紅花小八両、酢一合、藁半囲、薪三十斤）より濃い色をいう。

平安時代では、紅《くれない》の濃染《こぞめ》は高価なため上下を問わず着用が禁じられた②（禁色《きんじき》）が、その濃度の限界を示す色が「一斤染」で、これを本様色（ためし色）として、それより淡い紅染は③「聴《ゆる》し色《いろ》」とされた。しかし、このころは紅色への愛好から、許容の限界をこえて濃染になりがちで、一斤染よりも淡い「今様色《いまよういろ》」も聴し色の限界を越えたものになっていた。後の④『花鳥余情《かちょうよじょう》』は今様色について「紅梅ノ濃ヲ云也。譬ヘバ濃紅ニモ非ズ、色又紅梅ニモアラズ、半《ハシタ》ノ色ニテ此比出来《コノコロイデキタ》ル色ナレバ、今様色ト云《ヘ》ル大略聴色ト同ジキナリ」と記し、⑤『桃花蘂葉《とうかずいよう》』には「今様色濃紅梅」とある。今様色の名は『宇津保《うつぼ》』・『源氏《げんじ》』・『栄花《えいが》』など、平安中期の物語に見えているが、一斤染の名は見られない。しかし、後期の⑥『山槐記《さんかいき》』に「茶染一斤染立烏帽子」と見え、『保元物語』には「一斤染絹に白青の狩衣」と見えている。

英名「オーキッド　ピンク」―ランの花の淡紅色。

①『延喜式』の律令の施行細則の一つで、中務省縫殿寮に関する律令の中で染色の材料用度を示したもの。

◎当時の権衡には大・小の二種があり、薬料、顔料以外は大を用いる。大は小の三倍で、大一斤は後の百六十匁（六百グラム）にあたる。六銖＝一分。四分＝一両。十六両＝一斤。大一両は後の十匁。

一囲は約四尺（一・二一米）の縄で括ったものをいう。

貲布は麁織の麻布。

②『装束色彙』に、「禁色トハ、其人其位ヨリ高キ色、又ハ其人其位ニテ用ユルコトヲ得ザル地合ナドヲ各禁色ト云ナレドモ、一統ニ禁色ト称スルハ、深紅ノ色ナリ。又袍ニテハ深紫モ禁色ナルト云ヘリ」とある。禁色にはこのほか黄櫨染、青白橡、赤白橡、黄丹があるが、黄櫨染は天子の晴の袍の色で、位の如何に関係なく絶体禁色である。

③禁色に対して、その淡色をいうが、一般に紫及び紅の淡色をいう。

④三十巻。一条兼良著。源氏物語の注釈書。文明四年（一四七二）成立。

⑤一条家の装束、礼式、所領などを記した書。一条兼良の著。文明十二年（一四八〇）子の冬良に心得として書きあたえたもの。

⑥『達幸記』、『貴嶺記』ともいう。内大臣中山忠親の日記（一一三一―九五）。

2　桃《もも》色《いろ》（桃染《ももぞめ》《つき》・桃花褐《あらぞめ》《つきそめ》）

桃の花の色に似た淡い紅花染の色をいう。『書記』天智天皇六年（六六七）の条に見える「桃染布《つきそめのぬの》」や、①『衣服令《いふくりよう》』の「桃染《ももぞめ》の衫《ひとへきぬ》」、『萬葉集』（巻十二）の「桃花褐《つきそめ》の浅らの衣《ころも》」や、後世の「桃色《ももいろ》」の色がそれである。古代色名で桃を「つき」と読むことについては「鴇色《ときいろ》」の項にゆずって、ここでは桃花褐についてのべることにする。②『装束色彙《しようぞくしきい》』に「桃染衫。桃花ノ色ハ浅紅也。今モ猶浅紅ヲ桃色ト称ス。又桃染ノ二字桃花褐ノ三字、並ニ古来アラゾメト訓シ来ル事誤ニ非ジ、然レバ其色退紅《あらぞめ》ニ同ジ」と記されている。これによると、桃花褐と退紅とは同色になるが、退紅の色は『延喜縫殿式』に示された紅花の使用量から見れば、桃花褐の色よりすこし淡くなるはずである。ところで、桃花褐の「褐」は、麻織の粗布《あらぬの》の衣を指す場合と、粗末な毛織物の黒ずんだ色を指す場合があるが、桃花褐の名称は前者の麻織の粗布に染めた桃花色を指すのではなかろうか。桃の名は重色目《かさねのいろめ》にも見られる。それは、表濃紅《こきくれない》・裏紅梅（③『胡曹抄《こそうしょう》』）他数説あるが、「桃」の服色に関する記事は平安文学には見られない。「桃色」の名の染色は江戸時代では行われており、元禄六年（一六九三）刊の④『萬染物張物相傳《よろずそめものはりものそうでん》』に、かたべにとうめむきの酢で染めることが詳記されている。

英名「フクシア　ピンク」―アフリカ原産の植物フクシアの花の淡紅色。

①元正天皇の養老二年（七一八）に編纂された『養老律令』の一部で、衣服に関する事柄を定めた令。
②荷田在満が諸書より装束の色目に関する事を蒐集したもので、染色の種類に因って分類を立て、色毎に用いる装束を其の色名の下に注したもの。安永七年（一七七八）伊勢貞丈冠註。
③関白房通が房基に書きあたえた、当家着用装束弁に旧記。天文十三年（一五四四）成立か。慶安三年藤原隆貞写。
④万染物・洗物・張物・汚点の落し様・かわり染・染草、洗染の薬品の売捌所などを記した書。著者不詳。元禄六年（一六九三）刊。

3　紅《こう》梅《ばい》色《いろ》

紅梅の花の色に似て、かすかに紫味を含む淡い紅の色をいう。「紅梅」は平安時代の染色《そめいろ》、織色《おりいろ》、重色《かさねいろ》の名称に見えており、染色では淡い藍の下染に紅花を上掛けして表わされ、織色は紫の経糸と、紅の緯糸でもって織り出され、重色は表を紅に、裏を紫にとって表わされる（『胡曹抄』）。その見かけの色は染、織、重の間にさした差はないが、染色の色が紅梅色の標準になる。このことは他の色の場合も同じである。紅梅の染色は『延喜縫殿式』には見えていないが、中古では冬から春（十一月から二月まで）の色として愛好され、その服色は平安文学にしばしばあらわれる。紅梅色は紅染の濃さによって、濃紅梅、中紅梅、淡紅梅の三級に分けられるが、文学に単に紅梅とある場合は中紅梅を指し、色票に見る程度の濃さである。それは紅梅の花の色に当る。ところが、後世になるとこれより濃く暗い色を紅梅と呼んだらしく、江戸後期成立の『貞丈雑記《ていじょうざつき》』①に、「紅梅と云色二品あり。上代に紅梅と云は桃花の濃きを云。即紅梅花の色也。後代に紅梅と云は赤に紫交りて赤黒く見ゆる色を云也…源氏物語などにあるのは紅梅の花の色と心得べし」と記されている。また、この頃では紅《べに》の黒い色を「黒紅梅《くろこうばい》」（後出）と呼んでいる。紅花による本紅梅染は江戸時代では百姓、町人には禁制②となっていたから、紅花のかわりに蘇芳を用いた代用紅梅染が用いられた。その染法は『女萬歳寶文庫《おんなばんぜいたからぶんこ》』③（天明四／一七八四）に「すわう四十匁、ずみ四十匁、かりやす十二匁、明ばん三匁、右水二升入よくせんじ幾度も染るなり」とある。

英名「ローズ　ピンク」―バラの花の淡紅色。

①伊勢貞丈著。宝暦十三年正月から書き記した有職故実に関する雑録。天保十四年（一八四三）成立。
②寛永二十年に幕府が出した生活規正の布令に「一、庄屋、惣百姓共衣類、紫、紅梅染致間敷候」とある。これに類する奢侈禁令は将軍、老中の代替りの折に出されている。
③女子修身の要義大小の注意を絵入仮名文で書き、巻中に「染物之方」が記されている奥付に画工萸楊斎、彫刻藤江四郎兵衛、喜平次とある。天明四年（一七八四）刊。

4 中紅《なかべに》

紅花から製造した片紅《かたべに》で染めた中程度の濃さの紅色《べにいろ》をいう。『延喜縫殿式』の「中紅花《なかくれない》」とは別。片紅について『和漢三才圖會《わかんさんさいずえ》』①は「…即チ濃紅凍リ成ル。俗ニ云加太部仁。臘月製スル者最佳シ。剥毛《ハケ》ヲ以テ磁器ニ塗リテ之ヲ貯ヘ婦人唇ヲ飾ル之用ト為ス。或ハ絹布ヲ染ルニ色甚鮮明《アサヤカ》ナリ。之ヲ寒ノ紅《ヘニ》ト謂。大ニ燕脂ニ優レリ」と記している。中紅の染法は『②臙脂染方秘傳《えんじそめかたひでん》』（文政十二頃／一八二九頃）に「中紅尋常／紅色、絹《キヌ》一反（掛目七十五匁ニ付）片紅五十二匁五分…右ノ染方ハ下地ヲ鬱金《ウコン》ニテ染テ、後紅ニテ染ルナリ、鬱金ノ染色ハ極薄キ玉子色ニテヨシ」と記されている。「べに」は本来は化粧料の口脂（口べに）、面脂（頬べに）の呼称で、それは、丹《に》（あか）を延《の》べる、「のべに」から来たものという。紅を「べに」と呼んで色名とするのは近世からで、古くは「くれない」と読んでいる。しかし、古代の中紅《なかくれない》と、近世の中紅《なかべに》とは紅色の濃さが異なる。『延喜縫殿式』による③中紅《なかくれない》は深紅《こきくれない》との濃度の差が大きく、かなり淡い紅色であるが、『燕脂染方秘傳』による中紅《なかべに》は、④濃紅《こいべに》との差が少なく、中くれないより濃い、色票程度の色である。また、その色相は、中くれないのような紅の単一染ではなく、鬱金《うこん》の黄の下染に紅色を加える手法によれば、より暖かみのある、はなやかな色になる。中紅《なかべに》は「ちゅうもみ」とも読まれる。「もみ」というのは、紅花を揉《も》んで振り出すという染の手法から来たといわれている。

英名「チェリー　ピンク」—さくらんぼの淡紅色。

①江戸中期、正徳五年（一七一五）に刊行された、わが国はじめての図説百科辞書。一〇五巻八一冊、寺島良安著。染織関連記事には、衣服類・女工具・各国の土産・染料植物と染色技法が記されている。
②紅・紫・茜の染法及び金鍍・亜鉛鍍の秘法を黒羽藩主大関増業が飯田侯堀大和守に伝授した書。文政十二年頃（一八二九）成立。
③韓紅花（深紅）は綾一疋に、紅花大十斤を用いるに対し、中紅花は貲布一端に、紅花大一斤四両を用いる。
④濃紅《こいべに》絹一反（掛目七十五匁）に付片紅七十五匁。中紅《なかべに》絹一反（掛目同じ）に片紅五十二匁五分。

5　桜《さくら》色《いろ》

桜の花の色に似て、ほんのり紅みを含んだ淡紅色をいう。それは、『延喜縫殿式』の「退紅《あらぞめ》」（後出）より更に淡く、紅染の最も淡い色である。桜に因んだ色名は平安文学の装束の重色の名称によくあらわれてくるが、染色《そめいろ》の名称の桜色はこの時代には見当らない。「桜」の重色の配合については諸説があるが、その中で実物の花色に最も近いのは「表白・裏赤花」とする説（『女官飾抄《じょかんかざりしょう》』①）であろう。この色目は、赤味を帯びた若葉の上に白い花を咲かせた山桜を表わしたものである。織色では、経《たて》を紅、緯《ぬき》を白にとったものがこの色に近い。染色の「桜色」は江戸時代後期の『手鑑模様節用《てかがみもようせつよう》』②「新古染色考説附色譜」や、中期頃のものとされている『紺屋伊三郎染見本帳』にも見えているから、この染色は中期頃には広く行われていたのではないかと思われる。

英名「ベリー　ペール　オーキッド　ピンク」―らんの花に見る紅味のごくうすい色。

①一条兼良（一四〇二―八一）の著。女官の衣の色目を季節によって、五期に分類、説明した有職の文献である。成立年代未詳。

②京と江戸に店舗をおいた呉服商梅丸友禅が古今の染色を色譜によって解説し、また、四季模様、家紋を解説したもので蜀山人の題詠がある。刊行年次不詳版本。

6　退《あら》紅《ぞめ》

桜色と一斤染の中間の淡い紅花染をいう。「退紅《あらぞめ》」は『延喜縫殿式』では、帛一疋に、紅花小八両、酢一合、藁半囲、薪三十斤を用いている。退紅の

「退」は褪と同義で「褪《さ》めた紅」の義である。この染色は『西宮記《さいぐうき》』①に「洗染《あらいぞめ》」、『江家次第《ごうけしだい》』②に「荒染《あらぞめ》」と書かれているが、本字は退紅である。この字を「あらぞめ」と読むことについて、『歴世服飾考《れきせいふくしょくこう》』③は「退紅ヲアラゾメト訓ズルハ麁《あら》々に染ル義ナルベキ歟」と記している。「麁」は粗、即ち、「さっと一染した」色の義。これに対して、『装束色彙《しょうぞくしきい》』は、「退紅ノ二字クレナヰヲシリゾケルトヨム、紅退テ色ウスクナリタル意ナリ是ヲアラソメト云ヒ洗染ノ略語ニテ紅ノ色ヲ洗ヒ退タル意也」と説いている。いずれにしても退紅は色票程度の淡い色で、紅花の搾《しぼ》り滓《かす》でも染めたという。この染色は『延喜弾正台《えんぎだんじょうだい》式《しき》』④では車馬女従の服色とされており、それを着用する者は一般に「退紅《たいこう》」と呼ばれる。そのことについて『貞丈雑記』は「退紅と云もいやしき者の服也。退紅とは桃色に染たる布の狩衣也。それを着る故退紅と云也」と記している。また『装束抄《しょうぞくしょう》』⑤には「退紅。……笠持、沓持等ノ着物也……」とある。

このように、退紅は、淡い紅染の名として、又、それを着用する下賤の者の代名詞としても用いられるが、この場合は、あらぞめでなく、たいこうとよむ。

英名「ペール　オーキッド　ピンク」—ごく淡いランの花の淡紅色。桜色の英名に同じ。

①源高明（九一三—九八二）の日記。有職故実の宝典として平安時代より珍重された。写本。
②大江匡房（一〇四一—一一一一）著。天永二年（一一一一）成立。平安末の朝廷の恒例、臨時の儀式、礼法を記す。
③田中尚房編。明治二十六年（一八九三）成立。日本の衣服制度の沿革を図説。
④延喜式の律令の中で、内外の非違を糺弾し風俗を粛正することを掌る役所が施行する法令。
⑤一巻。三条西実隆（一四五五—一五三七）抄物の装束書で、装束に関する用語を拾出して、起源、意味等を通俗的に説明したもの。室町時代。

7 薄《うす》紅《べに》

前出の「中紅《なかべに》」より更に淡い片紅《かたべに》染で、紅梅色より少し淡い色をいう。「薄紅」の染法は前記の『燕脂染方秘傳』（文政一二頃／一八二九頃）「紅染方」に、絹《きぬ》一反（掛目七十五匁ニ付）片紅四十五匁を用い、下染には鬱金《うこん》三十匁で極く薄い玉子色を染めることが記されている。この染法によると、紅《べに》の濃さは中紅《なかべに》と差があるのに、下染の鬱金の濃さは同じであることから、色相は中紅より黄みがちの暖かみのあるものになる。

英名「ローズ　ピンク」―バラの花の淡紅色。紅梅色の英名に同じ。

8 鴇《とき》羽《は》色《いろ》（鴇色《ときいろ》）

「鴇《とき》」は「朱鷺」、「紅鶴」、「桃花鳥」などと書かれる鳥（今日では天然記念物となっている）をいう。その体色は全体的には白色であるが、翼の内側や、風切羽、尾羽の基部などが淡紅色で、飛翔中はこの色が見える。「鴇羽色」はその羽色に因んだ暖味の淡紅色をいう。これに類する「桃染《つきそめ》」と称する淡紅の染色が古代で行われたことは、前に桃色の項で記した通りであるが、鴇羽色或いは鴇色と称する染色が行われるのは江戸時代からと思われる。この染色は『手鑑模様節用』の色譜に示されており、「とき羽色。一名しののめ色」とある。ときという鳥名がいつ頃から呼ばれるようになったか未考であるが、『大言海』[①]には「古名、ツキ」とあり、ときは「つきノ轉」とある。大野晋氏は『日本語とタミル語』[②]「音韻の対応・子音」の章で、タミル語「ツギル」―赤い珊瑚―と、日本語「トキ」を対応させて、「桃色を古くはツキといった。…桃花をツキと訓む例は日本の古典に多い。タミル語がTUKIRであることを考えれば、日本ではTUKI、TOKI両形があるのは当然である」とのべている。言語学上の問題は門外漢であるが、氏の説でツキが赤い珊瑚を指す語であるというのは注目を惹く。著者の生国の土佐の童《わらべ》うたに「お月さん桃色　誰が云うた　あ（海女）が云うた　あまのくちをひきしやけ」というのがある。③『土《と》佐《さ》郷土《きょうど》童《わらべ》謡物《うたもの》語《がたり》』によると、お月さんというのは、幡多郡月灘《つきなだ》村の隠し言葉で、元禄の頃そこの海底に立派な桃色珊瑚があることがわかり、土佐藩はそれを幕府に献上させられるのをおそれて他国に漏れぬよう厳しく取締ったとのことである。その地名「つきなだ」は、桃色珊瑚の「つき」に因んだものと思われる。さて、鴇（羽）色は和服ではポピュラーな色であり、特にその名の染法を記したものは見られないが、その色調から見て、その頃行われた「桃色」（前出）の手法によると思われる。鴇色は「時色」とも書かれるが、これは借字である。しかし、江戸中期以後の染色見本帳にはこの字をあてたものが多い。

英名「キューピッド　ピンク」—古代ローマで愛の使者とされているキューピッドの肌の色。

①古代から現代に至る普通語・学術語・外来語などの語源・出典を記した国語辞典。昭和三十一年冨山房発行。
②日本語とタミル語の対応語に関する研究書。昭和五十六年新潮社発行。
③土佐各地に伝わる郷土童謡を集め物語風にまとめた書。桂井和雄著。昭和二十四年高知県同胞援護会発行。

9　桜《さくら》鼠《ねずみ》

桜色を鼠がからせた、淡い紅鼠色をいう。この染色は江戸中期頃の『吉井《よしい》藤吉《とうきち》染《そめ》見本《みほん》帳《ちょう》』を初め後期の見本帳にもよく見えているが、その染法を記したものは見当らない。桜鼠のように、花の名に「鼠」をつけた染色はほかに「梅鼠」や「藤鼠」などがある。鼠を名とする染色が行われるようになるのは江戸初期頃からであるが、「何々鼠」と呼ばれる鼠の変相色が多くなってくるのは中期頃からである。その中で藤鼠（後出）は比較的早くから知られており、元禄以前にはじまった浄瑠璃土佐節の「染色づくし」①に詠み込まれているが、「桜鼠」の名はない。また『女重《おんなちょう》寶記《ほうき》』②の「萬染色之名」にもあがっていない。桜鼠の色名が呼ばれるようになるのは、元禄以後ではないかと思われる。この頃から茶系統に次いで鼠系統の色が多くなり、末期頃には鼠は茶を凌ぐようになった。後期の染見本帳に桜鼠がよく見られることから、当時この染色は広く用いられたと思われる。下って、明治になると、茶系統の退潮にかわって鼠が進出し、桜鼠は二十四年と三十年に流行色としてあらわれている。

英名「シルバー　ピンク」—明るい灰みのピンク。

①土佐浄瑠璃節事稽古本の一。延宝（一六七三）～貞享（一六八八）頃。当時行われていた染色を節事の中によみ込んでいる。元禄五年（一六九二）版『染色註初春抄』に引用。

②艸田寸木子（本名、苗村常伯）編。元禄五年刊。五巻五冊本。「染様の事」、「萬しみ物おとしやうの事」、「女節用集子尽」、「萬染色之名」などの絵入婦女教養書。

10 長《ちょう》春《しゅん》色《いろ》

紅みを含んだ鈍い赤色をいう。その名「長春」は、「四時に花のあること」の意で、四季咲きの花をいうが、ここでは、中国原産の「長春花」と呼ばれるバラの花を指す。このバラは四季咲きで、紫紅色や淡紅色の花を開く。染色の「長春色」はその花に因んだ鈍い紅赤色をいう。それは、長春バラの褪せた花色を象徴的にあらわしたものであろう。この種のバラは平安時代では「薔薇《しょうび(そうび)》」と呼ばれ、庭先に植えて観賞された。重色目にもそれに因んだ「薔《そう》薇《び》」があるが、その色目は、表紅・裏紫（『胡曹抄』）となっており、この「長春色」より少しはなやかな色になっている。ところで、長春色の名は中古の文学書にも、江戸時代の染色本や染見本帳にもあらわれていない。このことから、長春色というのは、明治以後にあらわれた流行色で、しかも、それは英名の「オールドローズ」（オールドは色あせたことの形容語）を長春花におきかえたものでないかと思われる。オールドローズは大正初期に流行しており、以後も訪問着の色に愛用されている。

英名「オールド　ローズ」—色あせたバラの色。

11 韓《から》紅花《くれない》（深紅《こきくれない》）

紅花の濃染による艶麗な紅赤色で、奈良時代ではこの種の濃い紅花染を「紅《くれない》①の八塩《やしお》」（『萬葉集』）と呼んでいる。八塩とは八回染め重ねることで、濃染のことをいう。さて、「韓紅花」という染色名があらわれるのは平安時代からで、その名に冠せられた「韓《から》」について『大言海』は「からは赤《あから》の略で、紅の鮮明なことをいう」と記し、『貞丈雑記』は「唐土より渡りしと云物にてはなし。只紅のこき色にて黒みあるほどをさして云也」と記している。この染色は『延喜縫殿式』では、綾一疋に、紅花大十斤、酢一斗、麩一斗、藁三囲、薪一百八十斤、を用いることになっている。麩《ふすま》を用いるのは紅色の染めつきをよくするためであろう。紅花は古くは和名で「くれのあい（呉国伝来の藍＝染料の意）」と呼ばれた。「紅《くれない》」という色名はその染料名に由来する。『縫殿式』では韓紅花は紅花の単一染となっているが、式外染でははなやかさを出すために支子《くちなし》の黄の下染に紅を重ねる手法も行われたようである。平安時代では紅花染は②高価なためにその濃染は③禁制となったが、それでも貴族の間では、『宇津保物語《うつぼものがたり》』に「紅の黒むまで濃き」とあるような、『式』の基準をはるかにこえたものが用いられた。中には帛一疋に紅花約二十斤を用いるものもあったという。その値段は約二十貫文で、当時の米価で十三石分にあたるとのことである（『日本色彩文化史』）。これによって、当時の貴族が紅の濃染を如何に愛好したかがわかる。

英名「ローズ　レッド」―バラの赤。

①巻十一（二六二三）
紅の八塩の衣朝な朝ななれはすれどもいやめづらしも

②延喜十七年（九一七）三善清行の奏議によれば当時の紅花一斤の値段は一貫文で、「式」の基準通り染めても、綾一疋には十貫文かかる。

③三善清行の奏請により、延喜十四年六月一日（九一四）に美服紅花深浅染が禁止される。
同十八年三月（九一八）「火色（紅花大一斤で絹一疋を染めた色、一斤染に同じ）を禁じ、本様色（ためし色）を諸公卿に示した」（『日本紀略』）。

12　臙《えん》脂《じ》色《いろ》

顔料の臙脂の色を黒みがからせた深紅色をいう。色調は韓紅花（前出）に類するが、より濃厚である。臙脂という名称は、もともと、化粧料のべにや、絵具の材料である顔料や、染料の名称であって、色彩名ではない。江戸時代安永七年（一七七八）版の①『更紗便覧《さらさべんらん》』に「生燕脂《しょうえんじ》ときよふの事」が見えているが、これは勿論顔料名であり、また、②『機織彙編《きしょくいへん》』（文政十三／一八三〇）に「燕脂製方」と見えているのは染料名であって、古い時代では「えんじいろ」は一般色名にはなっていない。臙脂色の名が染色名や一般名として現われるのは明治以降のことであろう。えんじの漢字は古来色々に書かれ、『正倉院文書』には「烟子」、「烟紫」と見えており、その他、烟支、焉支、燕支、燕脂などと書かれているが、今日では一般に臙脂と書かれることが多い。

色料の臙脂には、紅花から製した植物性の③「正臙脂《しょうえんじ》」と、東印度地方の樹枝に寄生する④ラックカイガラ虫（紫鉱）や、メキシコ地方に生育するサボテンに寄生するコチニールの雌虫から製した動物性の「生臙脂《しょうえんじ》」（猩臙脂《しょうえんじ》）とがある。両者は共に濃い紅色であるが、生臙脂の色は紫みを含み濃厚である。そのためか、『天工開物《てんこうかいぶつ》』は生臙脂の⑤紫鉱《しこう》の方を上とし、正臙脂を次としている。この生臙脂のような純度の高い色が広く染め出されるようになるのは、化学染色が一般的になった明治中期頃からで、「臙《えん》脂色《じいろ》」という色彩名はその頃から呼ばれるようになったのではなかろうか。

英名「クリムソン　レッド」—深紅色。

①蓬萊山人帰橋著。更紗染に関する技術書。安永七年（一七七八）刊。
②大関増業著。巻二に燕脂製方・紅解方並染方を記す。文政十三年（一八三〇）刊。
③紅花の色素を灰汁で抽出し、酢でこれを沈殿させる。
④ラック介殻虫。体中に紫紅色の色素を含んでいる。この虫は樹枝に密集し、樹脂状の殻の中で死ぬ。その殻を採り、アルカリ液に浸して生臙脂をつくる。
正倉院にある「紫鉱」はその樹脂状の殻である。ラック介殻虫の色素はコチニールより堅牢である。
⑤「燕脂古造法以紫鉚（紫鉱）染綿者為上、紅花汁及山榴花汁者次之…」とある。

13 深《こき》緋《あけ》（黒《くろ》緋《あけ》）

茜の下染に紫根を上掛けした、紫みの暗い赤をいう。「深緋」は『延喜縫殿式』では、綾一疋を染めるのに、茜大四十斤、紫草三十斤、灰三石、薪八百四十斤を用いることになっている。その色調は『歴世服飾考』に、「深緋といふは緋の色甚深くして黒くなりたるをいふ。たとへば桑の実の、初は赤きが、後黒となりたるが如しといへり」とあるように、黒みの強い色である。ただし、『縫殿式』での深緋規定の紫草三十斤は大斤で、後の四貫八百匁にあたり、その使用量は「深紫」に等しい。しかも、下染には茜大四十斤を用いるから、その交染は暗い紫赤色になる。そのため、深緋は「くろあけ」とも読まれる。深緋は『衣服令』では四位の色となっている。ところがその色調は一位の深紫に似ていることから位色に混乱が生じやすい。そこで、深紫と深緋との色差を強めるために深紫を『式』の規定以上に濃染とし、黒みを増した。このことが契機となって一條天皇の（平安後期／一〇〇四—五）寛弘以来、四位以上一位まですべて黒袍を用いるようになったのである。深緋は名義上から「緋」の濃い色と見られ易いが、上述のように赤と紫の交染であるから、緋の色感はない。一般に「緋《あけ》」、或いは「赤《あか》」と称される色は、『式』に定められた茜の単一染の「浅緋」の方である。

英名「ローズ　ブラウン」—暗い紫褐色。

14　甚《じん》三《ざ》紅《もみ》

かすかに黄みを含んだ中程度の濃さの紅赤色をいう。この染色は紅花の代りに、茜《あかね》又は蘇芳を用いた代用紅染で、『本朝世事談綺《ほんちょうせじだんき》』①に「承応（江戸前期／一六五二―五五）の頃、京、長者町桔梗屋甚三郎といふもの、茜を以て紅梅にひとしき色を染出す。又中《ちゅう》紅《もみ》と云」とあり、また、西鶴の『日本永代蔵《にっぽんえいたいぐら》』（貞享五／一六八八）には、甚三郎が「蘇芳木の下染其上を酢にてむしかへし、本紅《もみ》の色にかはらぬ事を思い付」とあって、蘇芳《すおう》で染めたことになっている。そのいずれとも断じ難いが、手法の安易と、本紅の色相の類似の点から見ると、蘇芳が用いられたのではないかと思われる。その染色は『嬉遊笑覧《きゆうしょうらん》』②に「天明（江戸後期／一七八一―八九）ごろ…軽き者甚三紅とて色あしきながらも赤きを…」とあるように、品位は本紅に劣るが、町家の婦女の衣服の胴裏や、御殿女中の全裏に用いられたことが『守貞漫稿《もりさだまんこう》』③に記されている。甚三紅に類する紛《まが》い紅《べに》は本紅《ほんべに》に比して安価なので禁制されず、庶民に愛用された。

英名「フレンチ　ローズ」―明るい紅赤色。

①菊岡沾涼著。享保十九年（一七三四）刊。江戸時代民間常用の器物等の起原を示し、時に図をもって示した。事物起原辞典ともいうべきもの。五巻三冊。

②喜多村信節著。文政十三年（一八三〇）成立。和漢の書からわが国近世の風俗習慣歌舞音曲に関する事物を集めて考証した随筆。十二巻、付録一巻。

③喜田川守貞編。天保八年―嘉永六年（一八三七―五三）に至る近世の風俗全般にわたって叙述した風俗事典。其後も慶応年間の末まで追書を施した。

15 水《みず》がき（とき浅《あさ》葱《ぎ》）

うすい灰みの紅赤色をいう。この染色は『手鑑模様節用』の「新古染色考説附色譜」に、「水がき、俗にとき浅黄」と注記され、色票のような色が示されている。また、後の『大澤善七染見本帳』にも見えている。水がきは「水柿」、とき浅黄は「鴇浅葱」が本字であろう。水がきの名は水色がかった柿色の意。とき浅葱は鴇色がかった浅葱（浅黄はあて字）色の意と解される。江戸時代では柿渋と紅柄で染めた柿渋色（赤茶）も「柿《かき》」と呼んでいるから、水柿の柿は『手鑑』の色譜の色からみて、柿渋色のことと解される。それと同色とされるとき浅葱は、名称からみれば水がきより幾分青みを帯びた色になるが、両者は染色上では同色異名となっている。とき浅葱は名義からいえば、鴇色がかった浅葱であるが、この時代の色の呼称では、例えば、藤紫を紫藤とも呼んだように、形容名と基本名を入れ替えて洒落た名で呼ぶことがある。とき浅葱もそうした名称のものであろう。

英名「アッシュ　ローズ」―灰みを帯びた薄バラ色。トネリコの木肌色。

16 梅《うめ》鼠《ねずみ》

赤みがかったうすい鼠色をいう。梅鼠の「梅」は梅屋渋《うめやしぶ》の染に見るような赤みの形容語である。この染色は明治初期の『福印《ふくじるし》福田与兵衛《ふくだよへえ》染見本帳《そめみほんちょう》』を初め、当時の見本帳によく見られる。江戸後期から明治にかけて各種の鼠を名とする色があらわれるが、明治三十年頃には梅鼠をはじめ桜鼠・利休鼠《りきゅうねずみ》・藤鼠・鳩羽鼠《はとばねずみ》などの鼠色が流行した。「梅鼠」の染法は明治以前の染物書には見当らないが、梅屋渋に、灰汁、明礬、石灰、鉄漿を用いれば微妙な赤みの鼠を得ることが出来る。梅鼠系統の色に桜鼠（前出）があるが、この色は梅鼠より淡く赤みを帯びている。江戸時代の染色には、俗に「四十八茶百鼠」といわれるように、茶と鼠系統の色が多くあらわれるが、著者の調査によると、鼠を名のる色は同色異名を含めると百をこえる。鼠系統がふえ初めるのは明和（江戸中期／一七六四―七二）頃からで、それ以前は少ない。

英名「ローズ　ダスト」―ほこりっぽい薄バラ色。

17 蘇《す》芳《おう》香《こう》

蘇芳の赤に黄を加えた紅みの褐色をいう。これは香染《こうぞめ》の変相色で蘇芳の香ともいう。本来の香染は丁字染《ちょうじぞめ》であるが、材料が高価なために支子と紅花の交染で代用香染が行われた。蘇芳香は紅花のかわりに蘇芳を用い、同じく黄色を加えて褐色がからせた代用香染の一種である。「蘇芳香」は染色のほか、重色目にもある。その配合法は『胡曹抄』に「表蘇芳・裏黄ヲサス」とあり、それを重ねると染色に似たものになる。蘇芳香に類する色に「蘇芳褐《すおうかち》」がある。この色は①『助無智秘抄《じょむちひしょう》』に「大嘗会御禊日、六位袍色」と記されている。一般に、褐は暗く茶色がかった色をいうから、蘇芳褐の色調は蘇芳香よりも暗く茶がかったと色解される。江戸時代では香染系統の色は一般に「茶」と呼ばれるが、蘇芳香は茶の中では赤茶に属する。

英名「コリンス　ピンク」―ギリシャの壺の色から。

①著者不詳。永万二年（一一六六）頃の書で、年中行事の諸儀に出仕する人々の服飾について仮名文で説明したもの。一名、「年中行

事装束抄」という。

18 赤《あか》 紅《べに》

色票のような派手な紅赤色をいう。この色は寛文六年（江戸前期／一六六六）刊の『御ひいなかた』の小袖の地色に見えており、江戸初期から愛用された染色で、特にその鹿の子染は天和―貞享（一六八一―八八）の頃大流行となった。当時は赤紅のほか緋綸子や紅鹿《べにか》の子《こ》地の小袖が愛好され、①『女鏡《おんなかがみ》秘傳書《ひでんしょ》』は「あかきものめし玉はば緋綸子《ひりんず》紅かのこなどよし」と推賞している。このように、この期では赤、紅、系統に人気があったが、それらの染色には紅花のほか、蘇芳を用いる代用紅染が盛んに行われ、②雛形本の地色名では「赤」となっている。この種の赤が雛形本にとり上げられる回数は、『諸国御ひいなかた』（貞享三／一六八六）や『源氏ひなかた』（貞享四／一六八七）を見ても断然多い。赤紅の染法は③『紺屋《こんや》茶染《ちやぞめ》口傳書《くでんしょ》』（寛文六　一六六六）に「あかべにかのこ。かたつけて、しろまめこく候を三へん引。又其上にすはう四へん引。但し一へん一へんほしつけて水にみやうばんを粉のふくほどあはせ、とめに引申候…」と記されている。

英名「ゼラニウム」―ゼラニウムの花色から。

①慶安三年板。著者未詳。
京都上流婦人の小袖の好みを記した著。全四冊。上巻に、小袖の地の事、小袖召す模様の事。中巻に、かたびらの事、下巻におびの広さのこと、おびの染めようの事が書かれている。

②模型・手本の類をいう。染色関係では江戸時代に出版された小袖の柄・地色の見本帳をいい、「小袖模様雛形」・「衣裳雛形」と呼ぶ。板行の数は寛文六年（一六六六）刊の『御ひいなかた』から文政三年（一八二〇）刊の『萬歳ひいなかた』まで百数十種。

③江戸時代最古の染色技法書。上下二巻の一冊本。寛文六年（一六六六）刊。著者不詳。

19 真《しん》朱《しゅ》

天然産の良質の朱砂の色のような、黒みの濃い赤色をいう。真朱の名の真は、人造の銀朱に対して真の朱の意である。真朱をわが古代では「真朱《まそほ》」（①『萬葉集』巻十六）と呼んだ。その化学成分は銀朱と同じ硫化水銀であるが、色調は銀朱より深み、品位がある。真朱は一般に「辰砂《しんしゃ》」と呼ばれるが、それは、良質の朱砂が中国の辰州（現、湖南省）から産出し「辰州砂《しんしゅうしゃ》」と呼ばれたことに由来する。朱砂の最良のものは「光明砂《こうみょうしゃ》」と呼ばれ、唐代では天子、貴人の彩色料として重用され、人造の銀朱は一般の使用に供されたという。『芥子園畫傳《かいしえんがでん》』にはそれを研《す》って極めて細かくして彩色料とすることが記されているが、真朱の顔料となるのは、研った後、上《うわ》ずみの黄色い「朱標《しゅひょう》」と称するものを別の容器にとったあとの粒子の細かい紅色のものである。染色の「真朱」はその色調を模したものである。しかし、古い染物書にはその染色は記されていない。中国では「朱」の染色は茜染の四染（緋の濃く黒みがかった色）を指す。②『詩経《しきょう》』に「朱深纁也」とある。それは真朱の色にあたる。

英名「カーディナル」―茜染の赤。

①萬葉集巻十六（三八四三）
　いづくにぞ真朱ほる岳こもだたみ平群のあそが鼻の上をほれ

②中国周代の詩集。三一一篇。篇者は孔子といわれているが不詳。

20 小豆《あずき》色《いろ》

赤小豆の実の色のようなにぶい紅赤色をいう。小豆は古くから知られた食用植物で、赤小豆のほか青小豆などちがった色のものがあるが、「小豆色」といえば赤小豆の色を指す。赤小豆は平安初期の①『本草和名《ほんぞうわみょう》』や②『倭名類聚鈔《わみょうるいじゅうしょう》』に見えているが、その実の色に因んだ染色があらわれるのは江戸時代からで、その名は近松の作品にも見えている。③『反古染《ほごぞめ》』によると、江戸元文（江戸中期／一七三六—四一）の頃、赤小豆縞が市松染や丹後かすり縞と共に流行したとのことである。「小豆」を冠した染色はこのほか、「小豆茶」、「小豆鼠」がある。小豆茶は茶がかった小豆色で、その染色は江戸後期の染物技法書④『傳書《でんしょ》』に見えており、小豆鼠は小豆色の鼠がかった色で『吉井藤吉染見本帳』（江戸中期）に見えている。いずれもこの小豆色を基調とする色である。小豆系統の色は江戸時代から今日まで和服に愛用されている。

英名「アンティック　ローズ」—古典的趣きのバラ色。

①延喜十八年（九一八）深根輔仁撰。中国の本草書『新修本草』に拠り、和名を付した、我国初期の薬物書、二巻。
②源順撰。承平五年（九三五）頃成立。日本、中国の物名の語義、音、訓を解説した辞書。
③一巻。越智為久の随筆。享保の半ば頃から天明までの染色、紋章、衣服に関する事柄を考証したもの。成立年次不詳。
④金子伝作が大河内平作に伝授した染織技法虎の巻。文政十二年（一八二九）写。

21 銀《ぎん》朱《しゅ》

顔料の銀朱の色に似た強い黄みの赤色をいう。「銀朱」の名は、その顔料が水銀から製造されることから来ている。その化学成分は硫化水銀である。

銀朱は古くは天然の朱砂を製錬して得た水銀からつくられた。しかし、上質の天然朱の色調は紅みを含み銀朱より品位があることから、中国では水銀に製錬せずにそのまま研り用いた。明代の科学技術書①『天工開物《てんこうかいぶつ》』によると、皇室で用いる朱には辰・錦二州から産する良質の朱砂を研《す》ったものを使用し、水銀からつくられた銀朱は用いないとのことである。また、②『芥子園畫傳《かいしえんがでん》』「設色各法」にも「銀朱。万一朱砂無ければ当に銀朱を以て之に代ふべし」とあって、天然朱砂を第一とし、銀朱を次とすることが記されており、わが国の③『畫筌《がせん》』にはこれが引用されている。しかし、「朱色《しゅいろ》」といえば一般には銀朱の方の色を指す。銀朱の色相は水銀製錬時の加熱温度によって紅、或いは黄み赤になるが、色名上の銀朱の色は黄み赤の方を指す。わが古代ではこの系統の色を一般に「あか」と呼んだ。『貞丈雑記』は「赤き色とは朱にて俗に真赤といふものなり」とのべている。その色調は赤紅（前出）と「猩猩緋」（後出）の中間である。

英名「ペッパー　レッド」―唐辛子《とうがらし》の赤。

①科学技術書。一六三七。
明末の宋應星の著。穀類、衣服、染色、製陶、鋳造、製紙、製錬、兵器、朱墨等、各種の製造技術を解説し、多数の図版を収録している。

②清代初期の画譜。王槩の編集。初集、二集、三集がある。後にはこれを補修して四集も出た。早くからわが国に伝わり、南画、更に浮世絵にも大きな影響をあたえた。

③六巻。林守篤著。享保六年（一七二一）刊。絵を描く種々の方法及び注意すべき点・絵具の製法などを記述。

22 海《え》老《び》茶《ちゃ》（蝦手茶色《えびちゃいろ》）

伊勢えびの色に因んだ「海老色《えびいろ》」の茶がかった色をいう。江戸中期の『吉井藤吉染見本帳』には「海老皮茶《えびかわちゃ》」と見えている。海老茶の染法は江戸時代の書には見られないが『本多次郎翁植物染色法』[①]（昭和四／一九二九）には「蘇芳の上に夜叉とかね（鉄漿）。夜叉もかねも水を半々位にまぜて別に染める。濃い海老茶は海老茶と同じ。ただ、蘇芳を薄くしてほかのものを濃くする」と記されている。海老茶は明治中期から後期にかけて女学生の袴の色に流行し、当時、「海老茶式部《えびちゃしきぶ》」という語が女学生の代名詞になった。式部は紫式部をもじったもので、学のある女性（女学生）を指す。明治初期の『武江年表《ぶこうねんぴょう》』[②]に「嘉永四年（一八五一）海老色といふ染色はやり出す」とあるが、海老茶もこの頃流行したのではないだろうか。海老茶に類する染色に「葡萄茶《ぶどうちゃ》」がある。葡萄は古くは「えび」と読まれることから「葡萄茶《えびちゃ》」とも呼ばれる。海老茶と葡萄茶の色相を比較すると、海老茶の方が赤みが強い。

英名「インディアン　レッド」―暗い赤褐色。

①本多次郎翁による、昭和四年四月より同年五月までの実習伝授記録。
②十二巻。幸藤幸成編。
正、続、二篇。天正十八年（一五九〇）―明治六年（一八七三）にわたる江戸府内外におこった事柄を年表体に記したもの。

23 栗《くり》梅《うめ》

栗色がかった濃い赤茶色をいう。この染色は①『毛吹草《けぶきぐさ》』（寛永十五／一六三八）に「色こきは栗梅ぞめの紅葉哉」と見え、江戸前期から行われている。「栗梅」の名は「栗色の梅染」が略されたものという。その染法は『紺屋茶染口傳書』（寛文六／一六六六）では豆汁と梅皮が用いられているが、後の、②『染物早指南《そめものはやしなん》』（嘉永六／一八五三）では、蘇芳、濃い茶、からし水が用いられている。栗梅色は③『色道大鏡《しきどうおおかがみ》』に、廓《くるわ》の遊客の小紋や羽織の色によいと記されている。また『反古染』には元文（江戸中期／一七三六―四一）の頃小袖の色に、明和（江戸中期／一七六四―七二）の頃麻裃《あさかみしも》の色に流行したことが記されている。『守貞漫稿』によれば、文化―天保（江戸後期／一八〇四―四四）にかけて、赤みの栗梅色が「芝翫茶《しかんちゃ》」（後出）と呼ばれて流行したとのことである。栗梅に類する色に「栗皮茶《くりかわちゃ》」があるが、これは栗梅より黄みの強い茶色である。栗梅は後、明治三十年（一八九七）にも流行した。

英名「ダーク　カーディナル」―暗い茜色。

①七巻五冊の俳諧書。杉江重頼編。寛永十五年（一六三八）成立。
②染色技術書。好染翁編。染汁・染物伝授の部から成る。嘉永六年（一八五三）刊。
③十八巻。畠山箕山著。
遊廓の風俗、習慣を実地に長年月研究し纏めたもの。延宝七年（一六七九）成立。

24　曙色《あけぼのいろ》

明け方の空の色のようなあさい黄赤色をいう。曙色は江戸前期に流行した「曙染《あけぼのぞめ》」の地色に由来するように思われるが定かでない。曙染は寛文（江戸前期／一六六一―七三）の頃、京で考案された模様染の一種で、この染色では裾の部分を三寸―五寸程白で残し、それより上の方を紅・紫・藍・鼠などで濃く暈してゆき、裾の白の部分には必ず友禅模様が描かれる。暈しの部分の色彩は、もとは、その名の通り曙の空の色に染められたといわれている。曙色はそこから出たのではないかと思われる。しかし、後には紫や鼠などで染められるようになった。この染色の名は西鶴の①『好色二《こうしょくに》代男《だいおとこ》』（貞享元／一六八四）に「曙染の裏を貝の口に紐《くけ》合し…」と見えている。この染色が考案された寛文期は、明暦の江戸大火（明暦三／一六五七）のため衣類が不足し、それを早急に補うために曙染のような模様の少ない色彩の美しい染色が流行した。曙染は後世、明治三十四―三十六年にかけて小付模様に流行しているが、曙色の名は見当らない。しかし、大正三年秋の流行色に「薄曙色《うすあけぼのいろ》」が見えている。曙色は「東雲色《しののめいろ》」ともいわれる。

英名「サーモン　ピンク」―鮭《さけ》の身の色。

①八巻。井原西鶴の浮世草子。貞享元年（一六八四）刊。

25　珊瑚珠色《さんごしゅいろ》

珊瑚の珠玉の色のような明るくはなやかな赤橙色をいう。珊瑚珠の色には、白、桃色、赤の三種があり、赤の中でも深い赤色は血色と呼ばれる。

「珊瑚珠色」は、赤珊瑚の中の色票程度の色をいう。実物の珊瑚珠は一般に装身具や装飾品に加工されるが、『芥子園畫傳』によると、宋代（九六〇―一二七九）では印肉の色にこれを用いたとのことである。同書「設色各法」の条には「唐代の画の中に、一種の紅色で長い年月を経ても変色せず、鮮かなこと朝日のようなものがある。これは珊瑚の屑を絵具として用いたのである。宣和（宋の徽宗皇帝の年号）の内府の印にもこれを用いたものが多い」と記されている。ところが、珊瑚珠の色に因んだ珊瑚珠色の名は昔の染物書にも文学書にも見られない。しかし、その染色のかわりに実物の珊瑚珠を縫付けて南天の実をあらわしたという延宝（江戸前期／一六七三―八一）の頃の衣裳競《くら》べの話（武野燭談）は『嬉遊笑覧』に見えている。

英名「コーラル　ピンク」―珊瑚のピンク。

26 猩《しょう》猩《じょう》緋《ひ》

色票のような冴えた黄赤色をいう。猩猩というのは猿に似た伝説上の動物で、その血はもっとも赤いとされている。中国では「猩血」という語を、物の色の甚だ赤い喩えに用い、濃い紅色を「猩色」、紅《あか》いきものを「猩袍」といい、猩猩の血のようにあざやかな紅色を「猩紅」と呼んでいる。「猩猩緋」はその紅を緋にかえた日本名であろう。「猩猩緋」が文献に見られるのは、江戸時代の初め、南蛮船が来貢し鮮明な緋色の羅紗を献上してからであるが、この緋の羅紗はしばしば虎の皮と共に輸入されたことから、「猩《しょう》々《じょう》皮《ひ》」と書かれているものもある。寛文八年（江戸前期／一六六八）に幕府が長崎役所に下した令に「一、羅紗　一、羅脊板　一、猩々皮右ノ品ハ之ヲ齎スヲ禁ス」とある。猩々皮は『和漢三才圖會』「羅紗」の条に「紅黒青白褐之数色有リ。其ノ絳（緋色）ノ者ヲ猩々皮ト名ヅク」（著者読下し）と記されている。猩猩緋は「ケルメス」と呼ばれる動物性染料で染められ、安永、天明の頃この染色が胴着に流行したという（『反古染』）。

英名「ポッピー　レッド」―ケシの花の赤。

27 芝《し》翫《かん》茶《ちゃ》

文化・文政年間（江戸後期／一八〇四―三〇）、江戸、京、大坂を通じて人気のあった三世中村歌右衛門から出た役者色をいう。彼の俳名は初め「芝翫」、後に「梅玉」と変った。「芝翫茶」は元の俳名の時打出されたものである。その染色について『手鑑模様節用』は、「当時通名しくわん茶といふは此いろ（栗梅）とえんしう（遠州）茶の中間を染めたり」と記している。『守貞漫稿』によれば、文化・文政・天保（一八〇四〜四三）にかけて京坂で芝翫茶、璃寛茶、市紅茶が、江戸では路考茶、梅幸茶が流行したとのことである。中村芝翫は大坂の役者で容貌、体格、声はさほどすぐれてはいなかったが、芸は巾が広く達者であった。そのため東西で人気があり、贔屓客が多く、彼から出た流行は芝翫茶のほか、化粧品、薬品、食物に及んだ。芝翫香もその一つ。当時大坂では、芝翫に対して、容姿、美声共随一といわれた二世嵐璃寛（本名吉三郎）が活躍しており、彼と贔屓を二分した。芝翫が璃寛と人気を競ったのは文化年中のことであるが、その競争の様子については「璃寛茶」の項でのべることにする。

英名「コッパー　ローズ」―銅色かかったバラ色。

28 柿《かき》渋《しぶ》色《いろ》（柿色《かきいろ》）

柿渋、紅柄《べにがら》で染めた、にぶい黄赤（赤茶）色をいう。この染色は江戸時代では「柿色」と呼ばれているが、その名は「柿渋色」を略したもので、柿の実の色に因んだ「柿色」とは異なる。歌舞伎の台詞に「柿の素襖《すおう》の羽づくろい」とある三舛《ます》大紋の素襖の地色がそれである。この衣裳は[1]『歌舞伎の衣裳』の「暫《しばらく》」に見えている。この柿色は市川家の狂言によく用いられる色であることから、俗に「団十郎茶《だんじゅうろうちゃ》」とも呼ばれる。三舛は大、中、小の三つの正方形の舛形を重ねた紋で、市川家の家紋である。また、柿色は市川家ゆかりの色であり、代々の師弟、常磐津の連中が裃《かみしも》に用いている。柿渋色（柿色）は染め方によって濃淡はあるが、通常柿色と呼ばれるのは色票程度の色である。この染色は『手鑑模様節用』の染色譜に示されている。なお、この柿系統の色に「鍋島柿《なべしまがき》」があるが、染見本帳では柿色より黄みがちのものとなっている。

英名「ブリック　ダスト」―煉瓦のくすんだ色。

①国立劇場監修。一巻。歌舞伎衣裳を原色図版で示し、衣裳付帳一覧・衣裳と色彩・衣裳の名称と種類等について解説。昭和四十九年婦人画報社発行。

29 紅《べに》樺《かば》

紅がかった樺色の意で、褐色みの橙赤色をいう。『手鑑模様節用』に「紅かば。一名紅かうじ（柑子）俗に紅うこんと云。又和名に朱《かば》さくらといふうす紅の黄はみたる也」とあり、色譜に茶がかった黄橙色を示している。これによると、紅樺は紅鬱金に似た明るい色になるが、「樺」は蒲《がま》の穂の色に似た茶褐色を指すから、本来の紅樺はそれの紅がかった深い紅色と思われる。「紅樺」は①『御染物聞書日記《おんそめものききがきにっき》』(元禄元年写)(江戸前期／一六八八)や、寛保二年(江戸中期／一七四二)刊の小袖雛形本『雛形竜田川』の地色に見えている。ところが、宝暦十年(中期／一七六〇)刊の『雛形都の富士』には紅樺の代りに「紅かば茶」が見えている。紅かば茶は、名義上では、紅かばの茶がかったものであるが、樺系統の色は普通、茶の類と見られているから、当時、紅かばと、紅かば茶とは厳密に区別されなかったのではないかと思われる。ともあれ、紅樺系統の色は江戸中期頃小袖の地色に愛用されていたことがわかる。紅樺の染法を記したものに『紅蒲《べにかば》形付の事』(明治初め頃の覚え書)がある。それには「下た水阿膠一度引、其上黄草の中へばん二匁程入一度引、石灰汁水よく澄し一度引干上…」とある。

英名「アムバー　レッド」—褐色がかった赤。

①元禄元年(一六八八)写。この頃行われた染色法を書き記したもの。佐藤平弥、佐藤信政の花押がある。

30 紅《べに》鳶《とび》

鳶色の変相色の一つで、紅色がかった濃い赤褐色をいう。紅鳶の染法は①『紺屋仁三次覚書《こんやにさじおぼえがき》』(天明四／一七八四)に「下地うこんにして紅せんじ三へん引なり」と記されており、②『染物秘傳《そめものひでん》』(寛政九／一七九七)には「下地楊梅皮一返、其上蘇芳三べん、明凡四匁入て止める也」とある。下って、『染物早指南《そめものはやしなん》』(嘉永六／一八五三)には「蘇芳、水等分裏表三遍づつ、めうばん水」とある。これによると、紅鳶の初期の染色は、後世のそれよりも黄みがちだったことがわかる。この染色が行われた天明(江戸中期／一七八一—一八九)の頃は「鳶色」をはじめ、

「藍蔦」、「紺蔦」、「紫蔦」など、蔦系統の色が流行している。紅蔦の記事は見られないが、この時期は「蜀黍色《とうもろこしいろ》」(暖味の黄色)が流行し、その影響で蔦色も黄みがちになっていることから、同じく紅蔦も黄みがちになったのではないかと思われる。紅蔦の色は『手鑑模様節用』の色譜に色票のような色で示されている。

英名「ポンペイアン　レッド」—ポンペイの遺跡に見る赤。

①紺屋仁三次手写の染色技法覚え書。天明四年(一七八四)写。
②染屋清三郎手写の染色技法書。寛政九年(一七九七)写。

31 紅《べに》檜《ひ》皮《はだ》

檜皮色《ひはだいろ》(赤褐色)を少し紅がからせた染色をいう。「檜皮色」は中古から染色や重色に見えているが、紅檜皮の名は見られない。その名の染色は江戸時代でも前期にはまだ行われていない。元禄五年(江戸前期　一六九二)の『女重寶記』の「万染色之名」には檜皮色はあるが紅檜皮はあげられていないし、当時の染物書にもない。その染色が見られるのは、管見では天明四年(江戸中期　一七八四)の『紺屋仁三次覚書』からである。それには「下地うこんにして紅せんし四へん引也」とある。これと、前出の「紅蔦」とを比較すると、同じ手法ではあるが、紅檜皮が紅色を引く回数が一ぺん多くなっており、その色調は紅蔦より幾分濃いめになる。しかし『染物秘傳』(寛政九年　一七九七)では「下かりやす一返、立梅三返、立梅に白凡二匁入」となっている。

英名「オックス　ブラッド　レッド」—雄牛の血の色のような赤。

32 黒《くろ》鳶《とび》

鳶色（暗い赤褐色）を更に暗くした色をいう。この染色は『源氏ひなかた』（貞享四／一六八七）や『友禅ひいなかた』（貞享五／一六八八）、『新板和国ひいなかた大全』（元禄十一／一六九八）などの、流行小袖雛形本の地色に見えており、江戸前期から行われた染色である。その染法は『萬染物張物相傳』（元禄六／一六九三）に「くろとびいろ。右はしぶき二へんひき、すかねにて一へんそめよくすすぎほし、すわうよくせんじ五六へんひき、ゆ一升程にみやうばん引ちや三ふく程入、一へんひき、水にてすすきほし申候」とあり、①『日本居家秘用《にっぽんきょかひよう》』（元文二／一七三七）には「蘇木の煎じ汁にて二返そめ、その上を楊梅皮の汁にて二返そめ、又蘇木の汁にて三返そめ、椿の灰汁にてとめ、鉄漿をかける。緑礬をかくるもよし」とある。その染色は②『諸色染《しょしょくそめ》手鑑《てかがみ》』（安永五／一七七六）や『手鑑模様節用』の色譜に示されている。『反古染』によると、黒鳶は享保（一七一六―三五）の頃、黒や黒媚茶《くろこびちゃ》と共に小袖に流行し、また、安永（一七七二―八〇）の頃には黒鳶さやが帯に流行したとのことである。

英名「ウッドランド　ブラウン」―森林地帯の褐色。

①十二巻六冊。三宅建治著。中国書「居家必要」に準じ日用須知の諸事項を記したもの。巻二に衣服門、巻八に染色門がある。元文二年（一七三七）浪花書林刊。

②武藤某書。染布を付した色見本書。五十種の茶系統の色を示す。安永五年（一七七六）刊。

33 紅《べに》緋《ひ》

紅花と鬱金或いは黄蘗《きはだ》を用いて染めた、冴えた黄みの赤をいう。これに類する色に「猩猩緋」、「黄丹《おうたん》」があるが、紅緋はその中間の色である。江戸時代の染物書に紅緋の染法を記したものは見当らず、それに関する記事としては、わずかに『諸衣類垢 を去伝 徳用之傳』（江戸後期の版本）に「紅緋ちりめんを洗て色さめざる伝」が見えている程度である。明治初期の染色では従来の天然染料と化学染料を併用しているが、紅緋系統の染色でも混用が行われており、当時の染物覚え書きと目される『絹糸染物秘傳』に「緋縮緬染粉合セ方。紅花目方一匁、ウコンゴ目方二十匁、焼メウバン一分。酒二勺。ハクライベニコ二分。口伝、近来ヒコ（緋粉）ト云モノアル由」と記されている。当時、紅緋染にはこの法が行われたと思われる。「緋」は古代では茜染の赤を指し「あけ」と呼ばれたが、中古から茜のかわりに、支子の黄の下染に明礬媒染の蘇芳の赤を重ねた紅緋系統の色が染められ、これが「ひ」と呼ばれるようになった。女官の緋袴《ひのはかま》がそれである。しかし、「紅緋」の名が呼ばれるようになるのは近世以後ではないかと思われる。

英名「スカーレット」―紅緋色。

34 照《てり》柿《がき》

熟した柿の実の色に似た、濃い赤み橙色をいう。この色名は①『萬金産業袋《ばんきんすぎはいぶくろ》』の「平御所染《ひらのごしょぞめ》」の染色の中に見えている。照柿の色は『手鑑模様節用』の色譜に、「照柿。丹土《にど》染。古名くちばいろ。此いろに薄藍を兼ねたるを柑子《かうじ》いろ又萱草《くわぞう》色ともいう」

と記されている。しかし、柑子・萱草色は後述のように照柿よりは淡く黄みがちである。照柿の染法は『萬染物張物相傳』（元禄六／一六九三）に「てりがき。むめ（梅）二升に石はい手一合ほと入、草ほうきのきれいなるにてよくふりたて、七八へんひき、まめをすりごにして二へんほとひき…」と、梅で染めることが記されている。照柿に類する色に「紅柿《べにかき》」があるが、その染法は『紺屋茶染口傳書』（寛文六　一六六六）に「べにかき。したにむめ四へん引、其うへにしろまめにいしばい少くわへ四えん引申候」とあって、両者のちがいはほとんどないことがわかる。「柿」を名とする染色には、照柿のように柿の実の色に因んだものと、前にあげた柿渋染の「柿色」とがあって、色調が異なる。

英名「バーント　オレンジ」―焦げた橙色。

①三宅也来著。享保十七年（一七三二）頃の刊。六巻。文具、刀剣、各種の細工、染織、衣服、飲食物の見聞を記した商工便覧の書。

35 緋《あけ》

茜と灰汁で染めた褐色味の赤色をいう。その和名「あけ」は日や火の色を指す「あか」と同意語である。緋《あけ》は中国古代の「纁《くん》」や「絳《こう》」に当り、茜染の三染の色である。推古天皇十一年（六〇三）の冠位十二階の「礼《らい》」の位色や、孝徳天皇大化三年（六四七）の冠位十三階の「錦冠」の位色の「真緋《あけ》」や、『衣服令』に定められた五位の服色の「浅緋《うすあけ》」はこの色である。浅緋は『延喜縫殿式』の用度によると、綾一疋を染めるのに、茜大三十斤、米五升、灰二石、薪三百六十斤を用いることになっている。普通「緋」といえばこの浅緋の色を指し、それは天平以来、紫と共に僧位をあらわす袈裟の色に採用されている。この緋は平安中期頃から茜の代りに支子と蘇芳の交染で華やかな色になったことは紅緋のところで記した通りである。このように、同じ名称でも時代によって読み方や色の内容が変るものがある。

英名「フレンチ　バーミリオン」―フランス古典派の朱色。

36 江《え》戸《ど》茶《ちゃ》

江戸を冠して、新趣好の茶であることを強調した濃い赤褐色で、のちには「当世茶《とうせいちゃ》」と呼ばれている。江戸茶は江戸前期に憲法染《けんぽうぞめ》や鳶色と共に広く愛用され、『御ひいなかた』（寛文六／一六六六）の小袖地色にもこの色が見えている。この種の小袖雛形本は今のファッションブックに当り、流行の先端を示すものであることから、江戸茶は当時流行色として愛用されたにちがいない。江戸茶は『色道大鏡《しきどうおおかがみ》』（延宝七／一六七九）にも「帯（遊廓に通う客の）は黒きを最上とす。茶色またよろし。茶の中にも、江戸茶、黄唐茶《きがらちゃ》を制す」と記されている。江戸茶の染法は、『紺屋茶染口傳書』（寛文六／一六六六）に「かわ二しほ三しほほどそめ申候。…但これもいろあかめなるときは、すはうを二合程入、そめ申、とめにあくをかけ申候」とあり、また、『①當世染《とうせいぞめ》物鑑《ものかがみ》』（元禄九／一六九六）には「下染ももかわに而一ぺん染ほしあげ、二へんめにみぎのしるへあかねすこし入。其うへあくとめなり。きぬもめん同じよう也」とあり、楊梅皮の下染に蘇芳又は茜で赤味を加えている。

英名「ガーネット　ブラウン」―柘榴《ざくろ》石の褐色。

① 染色技法書。元禄の頃行われた染色六十種の染法が記されている。著者不詳。元禄九年（一六九六）野田屋利兵衛板。

37 紅《べに》柄《がら》色《いろ》（辨柄色《べんがらいろ》）

顔料の「紅柄《べにがら》」の色に因んだ濃い赤みの褐色で、「べんがら色」ともいう。べんがらの名は東印度の地名「ベンガル」のポルトガル語で、そこから良質の赤褐色の粉末（酸化鉄）が産出したことからその産地名が顔料名となった。辨柄、榜葛剌とも書かれる。紅柄はその音転のあて字であるが、一般にはこの字がよく用いられる。人造の紅柄は黄土を焼いてつくられるが、高温度では紫みを帯びてくる。これが日本画絵具の「紫土《しど》」である。紅柄は絵具や塗料として用いられるほか、紺色に赤みを含ませるために藍染にも用いられた。また、江戸時代では柿色の赤茶染にもこれが用いられた。紅柄色の名は一般色名として用いられるが、染色名には用いられていない。

英名「コッパー　ラスト」—古びた銅の色。

38 檜《ひ》皮《はだ》色《いろ》

檜の皮の色のような赤褐色をいう。「檜皮色」は平安時代の『宇津保』や『源氏』の物語に染・重色の名称としてあらわれている。重色の配合は、表檜皮色・裏檜皮色、或は縹（『三條家装束抄』①）、表蘇芳黒味アリ・裏花田（『胡曹抄』）など十五説ほどあるが、この二説が実物の色に近い。古代の檜皮色の染法について記したものは見当らないが、重色の表が蘇芳黒みアリ、となっていることからみて、蘇芳と灰汁と鉄漿を用いたのではないかと思われる。後、江戸時代では『紺屋茶染口傳書』（寛文六／一六六六）に「ひわだ。下そめをかわ（楊梅皮）一ぺんつけ、うえをすわうにてあかくなるまでそめて、大かた色つき申候はば、うわ色のとめにあくをつねよりうすくしてかけ申候」とあり、これがこの時代の一般的手法であるが、別法では蘇芳のかわりに茜を用いている（『當世染物鑑』元禄九／一六九六）。『手鑑模様節用』に「とび色、古名ひわだいろ」と見えているが、檜皮色は鳶色より赤みが強く、やや明るい。

英名「アティック　ローズ」—アティックはアテネ風の意で、古典的ローズ。

①三条家装束の書。一巻。袍・下襲など、諸種の装束について色目・寸法を説明したもの。建久七年（一一九六）の頃成立。

39 宍《しし》色《いろ》（肉色《にくいろ》）

人間の肌色のような淡い黄み赤色をいう。「宍《しし》」は『書紀』孝徳天皇大化二年（六四六）の条に「衣《きもの》衿は以て宍を朽すに足るばかり」とあり、『倭名類聚鈔』に「肉・和名之々《しし》、肌膚之肉也」と記されている。それを色名とした「宍色」は天平古文書①『大安寺資材帳《だいあんじしざいちょう》』に見えている。日本人の肌色はうすい黄赤系（ピンク肌）と、黄み橙系（オークル肌）の二種類があるが前者の肌色がこの宍色に当る。わが飛鳥—奈良時代ではこの肌色の乙女を②「あからおとめ」、③「さにづらう妹」、「くれない匂う少女」と呼んでいる。当時血色のよいピンク肌は美人の条件の一つだったから、女性達はその美を強調するために顔色を更に美しく紅で化粧（紅粧）をした。宍色は肉色とも呼ばれ、仏菩薩の体躯にもこの色がほどこされたが、後には普通の人形の肌にも彩色されることから「人色」と呼ばれることがある。宍色には色票より少し淡い色もある。

英名「ピーチ　チント」—淡い桃の実色。

①奈良大安寺の三綱と僧綱、国司などが実物を検知して記帳した財産目録。天平十九年（七四七）成立。
②應仁記
　三栗の中の枝のほつもり阿迦良袁登売をいざささば良らしな…。
③萬葉集巻十（一九一一）に左丹頬経妹を思ふと霞立つ春日もくれに恋ひわたるかも。

40 洗《あらい》朱《しゅ》

朱の色を洗い弱めたような、淡い赤橙色をいう。これに似た色に「赤香色《あかこういろ》」や「深支子《こきくちなし》」があるが、いずれも洗朱より黄みがちである。「洗」をつけた染色にはこれより黄みの淡い「洗柿《あらいがき》」があり、元禄の頃から見えているが、「洗朱」の染色名はこの時代には見られない。明治時代になると、従来の天然染料に代って化学染料が普及し始め、明るくはなやかな色や鮮明な色が好まれるようになり、洋風の新感覚の流行色があらわれて来たが、これに対して伝統的雰囲気を伝える日本調の色も新しく登場した。「洗朱」はそうした流行色の一つであろう。洗朱の染色は明治後期の大和絵の愛好や有職模様の復興につれて流行し、また、昭和の初めにも和装の色に流行したとのことである[①]（『明治百年日本傳統色』）。

英名「ライト　コーラル」―明るい珊瑚色。

①昭和四十二年九月刊。明治百年を記念して日本流行色協会が明治初期からの色彩変遷を色票で示し、解説した、流行色の研究資料書。

41 赤《あか》香《ごう》色《いろ》

赤みがかった「香色《こういろ》」（浅い赤橙色）をいう。「赤香色」の名は『①宇《う》治拾遺《じしゅうい》物語《ものがたり》』に「赤香のかみしもに簑笠を着て」と見えているから、当時通用の名称にちがいないが、他に染色や服色に関する記事は見られない。『装束色彙』に「狩衣、所見ナシト雖モ香色ノ紅勝タルナルベシ」とある。香色というのは淡い丁字染《ちょうじぞめ》のことで「淡き香」とも呼ばれる。染料に用いる丁子は本来は香料で非常に高価であることから、代用染には紅花と支子の淡染が広く行われた。「赤香色」はその香色の赤みの強いもので、色票程度の色と思われる。「香」を名とする色で、香色よりずっと濃い色は「濃き香」又は「香染《こうぞめ》」、「こがれ香」、或いは「丁子染」と呼ばれている。

英名「ドーン」—夜明けの空の色。和名の「曙色」よりも黄みがちの色をいう。

①十五巻。編者不詳。建暦二—承久三年（一二一二—一二二一）ごろの成立。鎌倉時代のすぐれた説話集で、仏教思想に関するものや、民話もとり入れられている。

42 ときがら茶《ちゃ》

あさい赤みの橙色をいう。この色は『手鑑模様節用』の色譜に見え、名称は仮名書きになっている。色譜に示された色から見て、「とき」は「鴇」、「がら茶」は「唐茶」の訛ったものと解される。唐茶の色は後に見るような中明度の赤茶色であるから、ときがら茶はそれの鴇色がかったあさい茶色を指すわけである。しかし、『手鑑模様節用』の色譜で見る限り茶色よりもピンク色に近い。但し、この色は『手鑑』以外の色譜にも、染色本、雛形本にもあらわれていない。その色をあげた『手鑑』が刊行された時期は定かでないが、蜀山人の題詠があることから、江戸後期の寛政―化・政の頃で、ときがら茶は、その色譜に名づけたファンシーネームの一つでないかと思われる。『手鑑』の色譜には古代の伝統染色のほか、近世の新しい染色もあげられている。

英名「メロン　ピンク」―メロンの中身のピンク。

43 黄《おう》丹《たん》

曙の太陽の色を模して、支子の下染に紅花を上掛けした、冴えた赤橙色をいう。その色相は欝金と紅花による「紅緋」（前出）に似ているが、紅緋より黄みが強い。「黄丹」の名は、本来は顔料の鉛丹《えんたん》の別名であるが、この染色が顔料の黄丹に似ているところからその名を借りたものである。黄丹の染色名があらわれるのは大宝令《たいほうりょう》（七〇一）の服制からで、『衣服令《いふくりょう》』では白（天子の色）に次ぐ色（皇太子の色）となっている。それは、黄丹を曙の太陽の色と見て、やがて天位につく皇太子の地位を表わしたものである。勿論、臣下の使用は禁じられている。黄丹の染色は『延喜縫殿式』では、綾一疋に、紅花大十斤八両、支子一斗二升、麩五斤、藁四囲、薪百八十斤を用いることになっている。ところで、この黄丹は、天武天皇十四年（六八六）の服制にあらわれる「朱華《はねず》」と同色異名とされている。そのわけは、朱華が、「朱の華やかな色」を指し、その色相が黄丹に似ていることや、その着用は親王、諸王の皇族に限られ、また、色彩の序列は黄丹同様に紫の上におかれているなど、類似点が多いからである。黄丹は平安時代でも禁色となっている。

英名「オレンジ　バーミリオン」―橙みの朱色。

44 纁《そひ》（蘇《そ》比《ひ》）

茜と灰汁による明るい赤橙色で、『令集解《りょうのしゅうげ》』①に「纁。俗云蘇比也」とある。「纁」は緋《あけ》と同色相であるが、緋よりも淡く、『衣服令』の服色序列では第八位で、緋より三階級下に位置づけられている。纁の染色について『令義解《りょうのぎげ》』②は「謂。纁者。三染絳也」と説いている。しかし、これは中国古代の染色の纁《くん》のことである。そのちがいをここでのべておかなければならない。中国後漢書『爾雅《じが》』③によると、茜染の赤系統の色は染める回数によって、一染は「縓《せん》」（淡い赤）、再染は「赬」（少し濃い赤）、三染は「纁《くん》」（赤色）になるとのことである。また、同時代の『説文《せつもん》』④には「纁浅絳也」とあって纁は四染の「朱《しゅ》」よりやや浅い赤だと説いている。絳《こう》というのは赤色のこと。ところが、わが『衣服令』の纁《そひ》の色は中国の纁《くん》のように濃くはない。それは一染の縓ないし、再染の赬程度の淡い赤と見られる。そのわけは、『衣服令』の服色尊卑の序列は、同色相の場合は、身分の軽重を色感の軽・重にあてはめて、濃い色を上位に、淡い色を下位においているからである。先にあげた「緋」は中国の三染の纁《くん》に当り、纁《そひ》と濃淡の差があるから、三階級の差をつけたわけである。纁のうすさは色票に示した程度であろう。要するに、わが纁《そひ》は、文字だけを中国名とし、和名に読み変え、濃度を淡めた茜染の色である。

英名「キャロット　オレンジ」―人参の橙色。

①三十巻。養老令を注釈した諸家の説を集めた書。惟宗直本撰。延喜年中に成立か。
②十巻。養老令の注釈書。養老令の解釈を統一するため清原夏野らが撰集し、承和元年（八三四）より施行。
③三巻。中国古代の経典の語を解説した最古の字書。天文、地理、音楽、器材、草木、鳥獣など周代から漢代の諸儒が諸経書の伝注を採録したものという。十三経の一。

④『説文解字』の略。十五巻。中国後漢の字書。許慎撰漢字九千字を集輯し、九百四十部に分類して字義を解説。

45 遠《えん》州《しゅう》茶《ちゃ》

江戸時代前期の茶人で造園家として知られた小堀遠州（遠州守、政一《まさかず》）から出た、鈍い赤みの橙色をいう。「遠州茶」は『手鑑模様節用』の色譜に「もとおりものの地色にして小堀遠州侯のこのみ給うところと云」と記されている。遠州侯がこの織物を愛用したのは彼が茶道、造園で活躍した寛永（一六二四―四三）の頃かと思われるが、「遠州茶」の染色が行われるようになるのはそれ以後であろう。遠州侯はこの赤茶（遠州茶）と共に鳶色も愛用したとみえ、『色道大鏡』に「鳶裏（小袖の）一ふしあり、小堀遠州是を好みて　常に着用せられし…」とある。遠州茶は『新雛形《しんひながた》曙《あけぼの》桜《ざくら》』（安永十／一七八一）の小袖の地色にも見えている。わが国の伝統色名に人名を冠したものがあらわれるのは江戸時代からであるが、人名を冠するものには、①その色に直接関係のない人物の名を借りてつけたもの（例、利休茶）、②その色を実際に愛用した人物名をつけたもの（例、遠州茶）、③その色の染法の創案者の名をつけたもの（例、宗傳茶、甚三紅）の三種がある。なお、②の中に入るものに、江戸後期に人気のあった歌舞伎役者から出た「路考茶」や「芝翫茶」などがある。

英名「コーラル　ラスト」―錆びた珊瑚色。

46 唐《から》茶《ちゃ》

浅い赤みの茶色をいう。その名の「唐」は、唐国伝来の事物に添える語であるが、転じて外国より新来の物に添える語となり、更に、「新しい」、「美しい」ことの修飾語にも用いられた。「唐茶」の唐は後者であろう。この染色が行われるのは江戸前期からで、その染法は『當世染物鑑』（元禄九／一六九六）に「絹した染ももかわに而一ぺん染ほしあげ、二へんめに右のしるへ入、扨其うへ金くろみ少かけ、上あくとめいたしすすぎてよし」とあり『日本居家秘用』（享保一六／一七三一）には「下地をすはうの汁にて一へんそめ、其上を楊梅皮の汁にて二返そめ、その上を椿の灰汁にてとむる」とある。更に『染物秘傳』（寛政九／一七九七）には「苅安一返、石灰梅三返、同白凡三匁入て一辺、是にてよし」とあって、染法が異なり、その色調は後世ほど明るいものになっているが、色票の色は中間の『日本居家秘用』によった。

英名「シナモン」─香辛料肉桂の色。

47 樺《かば》茶《ちゃ》

濃い茶み橙色の「樺色《かばいろ》」を更に茶がからせた色をいう。この染色は江戸前期から行われており、①『男色大鑑《なんしょくおうかがみ》』（貞享四／一六八七）巻八に「黄色な肌着に青茶と樺茶の縞の小袖をかさね」と見えている。次いで『世話字節用集』（元禄五／一六九二）には「樺茶染」が、同年刊の『女重寶記』「萬染色之名」には「椛茶《かばちゃ》」が見えており、その色調は『手鑑模様節用』の色譜に示されている。樺茶は右のように、樺色を茶がからせた色であるが、樺色自体が茶がかった色であることから、一般には、樺色と樺茶は同色視されている。しかし、染色では二者を区別している。その染法のちがいを『染物秘傳』（寛政九／一七九七）でみると、「かば色。苅安を二返、梅皮の汁二返、此内に石灰少入染、其上かり安に白凡二匁入染。其後盥に水を入、石灰を少入くる也」とあり、かば茶の方は、「すわう一返、其上梅皮一返、石灰梅二返、其上梅皮かりやす半分宛煎じ、白凡三匁入おさへる」とある。

英名「エトルスカン　オレンジ」―エトルスク美術のオレンジ。

①井原西鶴作。一名本朝若風俗。八巻。武家・寺院・歌舞伎若衆の男色をとり上げた浮世草子。貞享四年（一六八七）刊。

48　宗《そう》傳《でん》唐《から》茶《ちゃ》

唐茶を少し黒ずませた、赤みの褐色をいう。「宗傳」はこの色を染め出した京の染師の名で、『世話字節用集』（元禄五／一六九二）に「宗傳茶―都に鶴屋宗傳といふものそめ出せる色なり」と見えている。この染色があらわれた時期について『手鑑模様節用』の色譜に、「かばちや、天和《てんな》（一六八一―八四）の頃そうてんがらちやの名ありて一時のりうこうたり」と記されている。これによると、宗傳唐茶と樺茶は同色ということになるが、宗傳唐茶が流行したという天和の頃からさほど後ではない『當世染物鑑』（元禄九／一六九六）に「かばちや。絹下染ももかわに而一ぺんそめほしあげ、其上をあかねうすくかけ、あくとめなり」とあり、別に「さうでんから茶。絹下染ももかわに而三べん染。其上あかね一ぺむそめ、くろみ少かけうへあくとめなり」とあって、かば茶より黒みをおびた色になっている。宗傳唐茶は「宗傳茶」とも呼ばれ、貞享三年（一六八六）の小袖雛形本『諸国御ひいなかた』を初めとして各代の雛形本にしばしばあらわれている。西鶴の『男色大鑑』（貞享四／一六八七）には「宗傳から茶の畳帯《たたみおび》」と見えている。

英名「エトルスカン　ローズ」―エトルスク美術の赤。

49 雀《すずめ》茶《ちゃ》

雀の頭の色（雀頭色《じやくとうしよく》）のような赤黒い茶色をいう。これより淡く赤みがかった色を「雀色《すずめいろ》」と呼ぶことがあるが、雀茶と雀色は厳密に区別されない。雀を名とする色は一般に雀茶即ち「雀頭色《じやくとうしよく》」を指すことが多い。雀頭色の染色は中国では古くから行われており、『周礼《しゆうらい》』①鍾氏注に「染纁者三入而成、又再染以黒則為緅、緅今礼俗文作爵頭色也」とある。即ち、「纁《くん》は赤の染料に三回つけ染めたもの、これを黒であと二回染めると緅《しゆう》になる。緅は今の礼では爵の字に書く。爵頭色（爵＝雀）である」というのである。これによると、中国の爵頭色はわが国の雀茶より暗い色になると思われるが、雀茶の染色に関する記事は江戸時代の文献に見当らない。この茶色があらわれるのは、明治以後のことではなかろうか。

英名「ブリック　レッド」―レンガの赤。

①周代の官制を記した書。周公旦の作と伝えられる。三礼の一。古くは周官、唐以後は周礼と称される。

50 栗《くり》皮《かわ》茶《ちゃ》（栗皮色《くりかわいろ》）

栗の実の皮の色に見るような暗い赤褐色をいう。この色は「栗皮色」、「栗色」とも呼ばれる。『藻塩草《もしおぐさ》』①に「栗色赤黒シ、経ハ紫、緯ハ紅ナリ…」とあるように、織色にもその名がある。栗の実色に因んだものは、他に平安時代の「落栗色《おちぐりいろ》」がある。この名は『源氏物語』に「落栗とかや何とかや…」と見えている。その色調は『花鳥余情』（文明四／一四七二）に「落栗トハ濃紅ノ黒ミ入タルホドニ染タルヲ云ベシ」とあり、重色では落栗色は表蘇芳、黒気アリ・裏香②（『四季色目』）となっている。これと後世の栗皮茶を『手鑑模様節用』の色譜によって比較すると色調にちがいはない様に思われる。栗皮茶は江戸時代の茶染の中では「濃い茶」に属し、その染法は『染物秘傳』（寛政九／一七九七）に「栗色。梅皮二返。水かねにてくり、其上水かねにて一返、石灰水にて返す」とある。栗皮茶の染色は『守貞漫稿』（嘉永六／一八五三）によると、弘化年中（一八四四―四七）江戸で女帯に流行したとのことである。「栗」を冠した茶系統の色には、ほかに、「栗梅」（前出）や、栗皮茶をくすませた「栗煤竹」がある。

英名「チェスナット」―栗の実の色。

①装束の重色目を十二ヶ月・雑に分け、表・裏の色の配合について記述したもの。編者、成立時期不詳。
②梨陰散人編。文政十三年（一八三〇）衣服の色目に関する故実書の諸説を集録した辞書。別名「色目分」。

51 百《もも》塩《しお》茶《ちゃ》（羊羹色《ようかんいろ》）

百塩の「百」は回数の多いこと、「塩」は「入」で浸染をいい、何回も染め重ねた濃い色を指す。「百塩茶」はその染法から名付けられた江戸時代の染色だが、古代の「紅の八塩の色」（前出）の八塩もこれと同じく濃染を指す。百塩茶は『手鑑模様節用』の染色譜に見えており、その色調は赤みの焦茶色で、今日の「チョコレート色」に近い。百塩茶の色は①『染物重寶記《そめものちようほうき》』（文化八／一八一一）の「茶染惣名に品あること」の茶の分類では、こげちゃ、くりかは茶などと共に、濃い茶の部類に入れられている。又、同書の「茶にまぎらはしき名」の所には「ようかん色というは、ももしほ茶の事也」と記されている。「羊羹色《ようかんいろ》」は時に、僧侶の墨染の色が褪めて赤みを帯びたことを形容していうが、色名では、菓子の羊羹の色のような暗い紫褐色をいい、百塩茶と同色である。百塩茶の染法を記したものは見当らないが、その染色は檜皮色のように、楊梅皮と蘇芳を用いたのではないかと思われる。

英名「アラビアン　レッド」―アラビアの暗い赤。

①染色の技法及び染色関係の種々の事項を挿絵入りで記述した書。著者不詳。文化八年（一八一一）刊。

52 鳶《とび》色《いろ》

鳶の羽色のような暗い赤褐色をいう。この色は『手鑑模様節用』の色譜に「とびいろ。古名ひわだいろ」とあるが、鳶色の方が赤みが少ない（38檜皮色参照）。鳶色は江戸前期からあらわれた代表的茶色であり、その染色は初期の小袖雛形本『御ひいなかた』（寛文六／一六六六）以来、小袖雛形本の地色にしばしばあげられている。前出の『色道大鏡』（延宝七／一六七九）は廓《くるわ》の遊客の羽織の色に鳶色を推し「八丈郡内の鳥目を引きたる又面白し、此色は鳶色に限る」とのべている。鳶色は『女重寶記』（元禄五／一六九二）や『世話字節用集』（同上）にも見えており、この時代ではポピュラーな色であった。鳶色の服色は天明の頃男子の間に流行し、この色を基調とした「紅鳶」、「紫鳶」、「黒鳶」の変相色もあらわれた。『嬉遊笑覧』（文政十三／一八三〇）によると、享保の頃（一七一六―三六）黒鳶が、安永―天明（一七七二―八九）の頃には紫鳶が小袖の色に流行したとのことである。鳶色の染法は『紺屋茶染口傳書』（寛文六／一六六六）に「下そめをかわ一ぺんそめ、うえおば、すわうにてあかくなるほどそめ、くろみおば、みるちやのごとくにゆにあはせてうはいろにかけ中候」とある。これによれば、鳶色は色票のような赤黒い色であることがわかる。鳶色は音通で「飛色」とも書かれる。

英名「ココナット　ブラウン」—ココナットの褐色。

53 胡《くる》桃《み》染《ぞめ》

山野に自生する胡桃の樹皮や果皮の煎汁と灰汁で染めた灰みの黄褐色をいう。この染色は天平時代では写経用の染紙をつくるために行われた。正倉院文書『天平時代の造物所作物帳』に「胡桃皮」が見えているが、それは染紙に用いられるものと思われる。染紙の色は濃度によって、深、中、浅の三級に分けられているが、全体に薄茶系統で、深胡桃の色でも色票程度の濃さであろう。染紙と同様に、糸や布の灰汁媒染の胡桃染の色も灰黄褐色になる。『延喜弾正台式』ではこれを囚獄司の物部の刀の緒の色と定めている。『延喜縫殿式』には「行幸供奉飼鷹胡桃衫料細布」とあり、胡桃染は飼鷹の衫に用いられている。これの胡桃染には深・浅は見られないが、その色調は大体染紙色の程度ではあるまいか。重色にも胡桃色があり、配合は、表香・裏香（『四季色目』）となっているが、表の香色は多くは紅花と支子による代用香染であるから、その色目は比較的にはなやかなものであろう。

英名「ピンク　ベージュ」—赤みのうす茶色。

54 蒲《かば》色《いろ》（樺色《かばいろ》）

水草の蒲《がま》の穂の色に似た褐色みの橙色で、その名「かば」は「かま」の音転という。蒲色は「樺色」とも書かれる。樺は借字であるが、かばの色名にはこれが用いられることが多い。延宝四年（一六七六）刊の『合類節用集』の染色名には樺色が、元禄五年（一六九二）の『世話字節用集』には樺茶染が見え、同年刊の『女重寶記』には椛《かば》茶と書かれている。前に樺茶の項でのべたように、樺色は褐色みの橙色であることから樺茶と同色視されることが多いが、色調にちがいがあり、両者は染色上では区別されている（47樺茶の項参照）。

英名「バーント　オレンジ」―赤茶がかった橙色。

55 黄《こう》櫨《ろ》染《ぜん》

櫨《はぜ》の木の黄の下染に蘇芳又は紫根を上掛けした黄褐色をいう。この染色は『延喜縫殿式』に「綾一疋に、櫨十四斤、蘇芳十一斤、酢二升、灰三斛、薪八荷、帛一疋に、紫草十五斤、酢一升、灰一斛、薪四荷」を用いることが規定されている。この染色は弘仁十一年（八二〇）に天皇の晴の儀式に着用の袍の色と定められ、地の文様は、桐、竹、鳳凰（後に麒麟が加えられる）で、天皇以外は用いることが出来ない「絶体禁色」とされた。黄櫨染の色調については、後世種々の論議を呼んだが、この染色は中国の隋～唐代に帝王の袍色とされた黄がかった代赭色の「赭黄《しやこう》」に倣ったもので、この色は天位の象徴色として、盛夏の太陽の輝きをあらわしたものといわれている。ところで、黄櫨染の遺品の色調は古い時代のものほど黄みが強いとのことであるが、それは、年と共に上掛けの蘇芳或いは紫根染の赤みが消えて、下染の黄みがあらわれてくるからであろう。

英名「バーント　アンバー」—黄焦茶。

56 焦《こげ》茶《ちゃ》

ものの焦げたような黒褐色をいう。「焦茶」は元禄頃までは染本の類や小袖雛形本には見られない。それは、享保十二年（一七二七）刊の『當流模様《とうりゅうもよう》雛形《ひながた》天《あま》の橋立《はしだて》』以来、『當流模様ひなかた千代の春』（寛延三／一七五〇）や、『新雛形京小袖《しんひながたきょうこそで》』（明和七／一七七〇）、『新雛形若みどり』（安永二／一七七三）の小袖の地色や、『諸色染手鑑』（安永五／一七七六）の色見本帳などに見られるようになる。また、江戸中期の『吉井藤吉染見本帳』には「黒焦茶」も見えている。焦茶の染法は『諸色手染草《しょしょくてぞめぐさ》』①（明和九／一七七二）に「むめやしぶにて一ぺんそめ、中染にももかわせんじしるにて一ぺん染、うえのとめには石ばいとだしがね少し入、水にてかきたてそめてよし」とあり『染物重寶記』（文化八／一八一一）には「桃皮にろうはを入二へんほし付、石はい水をかけてよし」とある。

英名「ヴァンダイク　ブラウン」—画家ヴァンダイクの絵に見られる褐色。

①染色技法書。編者不詳。明和九年（一七七二）京、田中屋半兵衛板。

57 深《こき》支子《くちなし》

紅花と支子の交染の黄橙色をいう。支子は古くから黄染の染料に用いられており、『衣服令』の「黄丹」にもこれが用いられている。しかし、「支子」を名のる色彩名があらわれるのは平安時代からである。「深支子」はその一つで、『延喜式』に「正月斎会講師着之」とあり、同『縫殿式』には「深支子綾一疋、紅花大十二両、支子一斗、酢五合、藁平囲、薪三十斤、帛一疋、紅花大八両、支子七升、酢四合、藁半囲、薪三十斤」と用度が示されている。支子に紅花を加えるのは支子の濃い感じをだすためである。この用法は黄丹と同じであるが、深支子の紅花の用量は黄丹より少ない。したがって、その色調は黄丹より黄がちで淡い感じになるが、当時は一般に濃染に傾き、紅みを強めて禁色の黄丹に紛らわしくなったため、元慶五年（八八一）十月「支子染ノ深キ色ニテ黄丹ヲ濫《みだ》ルベキモノハ服用スルヲ得ズ、而テ年来茜、紅ヲ以テ交染シタルモノ尤モソノ色ヲ濫ル、自今以後茜若クハ紅交染ノ支子ハ浅深ヲ論ゼズ宜ク禁制ヲ加フベシ」と制せられた（『三代実録』①法曹至要抄）。その淡染の「浅支子」も紅花を用いる故に禁じられたのである。

英名「アプリコット　バフ」—杏のにぶい黄色。

①五十巻。源能有、藤原時平、菅原道真等の撰したもので、清和天皇から光孝天皇までの三代三十年間の歴史。延喜元年（九〇一）成立。

58 洗《あらい》柿《がき》

「洗柿」は、「洗われてうすくなった柿色」の意で、浅い橙色をいう。この染色は『手鑑模様節用』の色譜に示されており、「あらひ柿、又薄かうじと云」と記されている。この時代の柿系統の淡染にはこのほか、「薄柿」、「洒落柿《しやれがき》」（晒柿《されがき》に同じ）があるが『手鑑』の洗柿はそれより少し濃い色で示されている。洗柿の染法は『萬染物張物相傳』（元禄六／一六九三）に「しろきごを一へんひき、その上をに石、すみすこし入、なるほどうすく色あい見あわせ、はけにてむらなく一へんひき、又しろきごを一へんひき候」と記されている。洗柿の染色は西鶴の『好色一代男』（天和二／一六八二）に「あらひがきの袷帷子《あわせかたびら》」と見えていることから天和の頃にはひろく行われていたことがわかる。『反古染』（天明頃）によると、安永〜天明の頃に薄柿が流行したとのことだから、それに類する洗柿も愛用されたと思われる。洗を冠した染色にはこれより赤みの強い「洗朱」（前出）がある。

英名「サーモン　バフ」—鮭の身の鈍い黄がかった色。

59 代《たい》赭《しゃ》色《いろ》

顔料の代赭の色のような黄褐色をいう。天然性の代赭の顔料は、赭土の粉末を水に入れその上澄みを精製したもので、主成分は酸化鉄である。赭土には質の硬いものや泥状のものがあり、色調もちがうので、顔料をつくるには色、質のよいものが選ばれる。『芥子園畫傳』に「赭石」とあるのがそれである。中国では昔、代州（現、山西省）に良質の赭が産出し、「代州赭」と呼ばれて広く愛用されたが、その名はいつしか赭の顔料の一般名となった。「代赭」はその略名である。代赭の色には黄みがかったものと、赤みがかったものがある。また、赤土を焼くと赤みの強い代赭色の紅柄になり、更に熱すると「紫土《しど》」と呼ばれる紫みの赭になる。この種の赭は「煮石《にいし》」と呼ばれ、染料にも用いられる。にいしは前出の洗柿の染法に見えている。「代赭色」は一般色名として用いられているが、染色名には用いられていない。染色ではこれの黄みがかった色に「丁子《ちょうじ》茶《ちゃ》」（後出）があり、宝暦の頃（一七五一—六三）流行した。

英名「テラコッタ」—赤土の素焼の色。

60　赤《あか》白《しろ》橡《つるばみ》

櫨《はじ》の黄の下染にうすく茜の赤を上掛けした色票のようなうすい橙色をいう。平安時代の文学書はこれを単に「赤色」と呼んでいる。『歴世服飾考』（明治二六／一八九三）は「此赤色ハ赤白橡ノ事ナリ、赤黒クシテ深緋ノスコシアカミテウルハシキ色ナリ」と述べているが『延喜縫殿式』の「赤白橡綾一疋に、黄櫨大九十斤、灰三石、茜大七斤、薪七百二十斤、帛一疋に、黄櫨大七十斤、茜大五斤、灰二石、薪六百斤」の用度によれば、それほど濃い色にはならない。この染色は大政天皇（上皇）の着用の色とされており（地文は窠中竹、桐、後世は窠中八葉菊に菊唐草、雲鶴など）禁色であるが、その色の袍は上皇のほか「天皇、皇太子着御、又上卿内宴時着用」（『西宮記』）となっており、『延喜弾正台式』では参議以上の着用が聴《ゆる》されている。この色は『源氏物語』に「赤き白橡」と見え、「白橡」（後出）を基本名とした色名であるが、『花鳥余情』（文明四／一四七二）はその色名について「白橡に二色あり春は青いろ秋はあかいろ。ともにつるばみは入れざるに、此名得たるはいと心得ぬ事なり」と述べている。

英名「ピーチ　ベージュ」―赤みの桃果のベージュ色。

61　礪《との》茶《ちゃ》

礪とは、金物の研ぎはじめに用いる「はやと」（粗砥）と呼ばれる砥石のことで、「礪茶」はその色に因んだ茶褐色をいう。この染色は江戸前期から行われており、寛文六年（一六六六）刊の『御ひいなかた』を初め、以後刊行の小袖雛形本の地色にしばしばあらわれ、また、『世話字節用集』（元禄五／一六九二）や同年刊の『女重寶記』『萬染色之名《よろずそめいろのな》』にも見えている。浮世草子では、西鶴の『好色一代男』（天和二／一六八二）に「との茶小紋のひっかえし」と見えている。礪茶の染法は『紺屋茶染口傳書』（寛文六／一六六六）に「かわ二しほつけて、みやうばんもみして、あくをかけ、しぼりあげて、ゆをぬるめにわかし、桶に一はい入、酢をひしゃくに一はい入、くろみをしゃくに半分入かきまわして、色つけ申候…」とあり、その他の染物書にも同じような染法が記されている。しかし、この時代にはこれとは別の「沈香茶《とのちゃ》」（後出）と称する灰みの青緑色がある。

英名「ブロンズ」—銅色。

62 煎《せん》茶《ちゃ》色《いろ》

飲料の煎じ茶の色のような濃い黄褐色をいう。この色は煎じ茶の煎汁で染められることから、染法を名として「せんじ茶染」ともいう。『萬染物張物相傳』（元禄六／一六九三）に「せんじちゃそめ、右はつねのせんじちゃなる程こくせんじ、三へんほど引、まへのとおりまめをごにして、ねつみいろほとに一へんむらなくそめ申候。かわりたるいろにて候」とあり、また『機織彙編《きしよくいへん》』（文政九／一八二六）にも同じ染法が記されている。このせんじ茶色、即ち「煎茶色」は『手鑑模様節用』の色譜に「愚案に、苦茶と書てしぶ茶とよみきたれば官服にもちゆるにがいろは此いろなるべきか」とある。重色にも「苦色《にがいろ》」があり、その色目は「表香黒味アリ、裏二藍」（『胡曹抄』）となっており、色みは煎茶色に似たものになる。江戸時代の「茶」と称する色には、煎じ茶の色から出た赤茶と、碾《ひき》茶色から出た緑茶があるが、赤茶の色について『①愚雑俎《ぐざつそ》』(文政八／一八二五)は「京《きょう》摂《おおさか》にて煤竹焦茶の類を(茶と)いうは煎じ茶の煮がらしのいろなればなり…」と、関西では「茶色」は煎茶の色を指すとのべている。

英名「タバコ　ブラウン」—たばこの色の褐色。

①田宮仲宣。随筆。
前後集五巻。前集は文政八年(一八二五)刊、後集は天保四年(一八三三)刊。

63 洒《しや》落《れ》柿《がき》

前出の「洗柿《あらいがき》」より更に淡い柿色をいう。この染色は『①諸藝小鏡《しょげいこかがみ》』(貞享三／一六八六)に「しゃれがき。下ぞめを梅にて思ふ色にそめて、其上に石灰を水にてときて、それにつけてをけば梅の上色の赤みぬけて、され色になるなり。下染の浅深にて好次第なり」とある。洒落柿《しやれがき》のもとの名は晒柿《されがき》で、元禄五年刊の『女重寶記』の染色名にも、同年板の『染色註初春抄』に引用の土佐節「②染色盡《そめいろづくし》」にも晒柿と見えている。しかし、後の染物書や小袖雛形本に見えるのは「しゃれがき」の名が多い。また、『手鑑模様節用』の色譜にも「しゃれ柿」の名称で見えている。江戸時代の中期頃になると新趣好の染色が次々あらわれるが、中には洒落柿のように従来の色名をもじって新趣好の色のように印象づけたものもある。「しゃれがき」は「されがき」より語呂がよく、軽快、新奇な感じで、江戸人の好みに合った洒落た染色名である。『反古染』の流行記事によると、この服色は安永—天明(一七七二—八九)の頃に流行したとのことである。

英名「ライト　アプリコット」—淡いあんず色。

①六巻六冊。京の書肆の中村孫兵衛の編集による諸芸の全書。貞享三年（一六八六）刊。
②恋に朽葉や身は晒柿の、逢はぬ縁は薄柿や…

64 薄《うす》柿《がき》

前出の「洒落柿」に類するごくうすい柿色をいう。「薄柿」はうすい柿色を総括的にいう場合と、洒落柿より少しうすい柿色を指す場合とがあるが、ここでいうのは後者の方である。『萬染物張物相傳』（元禄六／一六九三）には洒落柿と薄柿の染法を併記し、うすがきについては「右はしゃれかきのとおり、うすかきのつちをよくすり、なる程うすくかげんして二へんひきよくほし、又水にてぬらしほし申候」とあって、うすがき染の方を少し薄くしている。また、『機織彙編』（文政九／一八二六）にも「薄がき染。ご水にて石（煮石《にいし》）をよくすり交せ刷毛にて村《むら》なくよく引、水にてぬらし干なり。此色をこく染ればしゃれかき染と云」とあって、薄柿を洒落柿の淡色としている。『反古染』によれば、安永、天明の頃（一七七二―八九）帷子の染色に薄柿、しゃれ柿が、また、足袋の色に「白薄柿」が流行したとのことである。

英名「ヴァニラ」―ヴァニラエキスの色。

65 萱《かん》草《ぞう》色《いろ》（柑《こう》子《じ》色《いろ》）

百合科の植物、萱草の花の色に因んだあかるい黄橙色で、古くは「くわぞう色」ともいわれた。この染色はまた、柑子蜜柑《こうじみかん》の色に因んで「柑子色《こうじいろ》」とも呼ばれるが、実物の色からいえば、萱草色が赤みが強い。萱草色の染色は、もとは支子、或いは黄蘗と紅花で染めたが、『桃花蘂葉』（文明十二／一四八〇）に「萱草色。柑子色ニ大略同ジ、蘇芳ニダウサオ入テ染…」とあるように、紅花のかわりに蘇芳の明礬媒染も行われた。萱草色は『源氏物語』に「萱草の袴」、「萱草など、澄みたる色」などが見え、その色の註釈に「黒味を帯びたる黄色」（『日本古典文学全集』）とあるが、その染法及び花の色から見て、色票のような黄み橙色と解される。植物の萱草は「これを植えて玩味すれば憂を忘れしめる」との中国のいい伝えから、わが国では「忘れ草」とも呼ばれ、又、「醜《しこ》の醜《しこ》草」すなわち、いやな草とされて、その色は服喪時に着用の凶色とされた。

英名「マリーゴールド」—キンセンカの花の色。

66 梅《うめ》染《ぞめ》

梅屋渋《うめやしぶ》（梅木の煎汁に榛皮の煎汁を加えたもの）で浅く染めた赤みの淡茶色をいう。梅染の初見は『日本染織譜』[1]（昭和三十九／一九六四）によると、『蜷川親元日記』寛正六年（一四六五）の条であるとのことで、室町時代から行われた染色である。その染法は『秘事記』[2]（宝永二／一七〇五）に「梅染の法。梅の木をこまかに打わりて、水にせんず。布一端には、水三升程入、二升二合程にせんじ、早稲藁を黒焼にして、右の煎じ汁を三四返そそぎ、其灰汁にて三返染る。もし渋染にせば、右の灰汁にて数へんそめて色よき時、其上を薄渋にて二三返そむればはげず」と記されている。この梅染を少し濃く染めて赤みを強くしたものは「赤梅」、更に濃く黒みがからせたものは「黒梅」と呼ばれる。『貞丈雑記』はそれについて、「梅染赤梅黒梅三品あり。梅やしぶにてざっと染たるは梅染色。少数を染たるは赤梅也。度々染て黒みあるは黒梅也」とのべている。この梅染は製産地名をつけて、「山城梅染」、「加賀黒梅染」と呼ばれる。その染料の梅屋渋は江戸時代の家庭茶染の主要な染料であった。梅染の色は、用いられる灰汁、明礬、石灰、鉄漿の配合や分量次第で色々な茶色が得られる。

英名「ピーチ　バフ」―赤みの淡い黄革色。

①後藤捷一著。凌霄文庫所蔵の和漢の染織関係図書を蒐録し、多くの図版を掲載し解説を付した染織研究資料書。昭和三十九年東峰出版株式会社発行。
②萬寶鄙事記。貝原篤信（益軒）著。八巻。衣食住その他日常必要事項を記述。巻之四は染物の項。宝永二年（一七〇五）刊。

67 紅《べに》鬱《う》金《こん》

鬱金の下染に紅花を上掛けした黄みの橙色をいう。紅鬱金は『手鑑模様節用』に「紅かば一名紅かうじ俗に紅うこんと云。又和名に朱《かば》さくらといふ。うす紅の黄ばみたる也」とあり、紅樺、紅柑子、朱桜と同色と見なしている。しかし、紅樺は紅鬱金と色調が異なる。右の中では紅柑子が紅鬱金の色に一番近いであろう。紅鬱金は西鶴の『好色一代男』（天和二／一六八二）に「紅うこんのきぬ物」と見えており、江戸前期に愛好された染色である。その染法は『當世染物鑑』（元禄九／一六九六）に「うこんのこ（粉）ゆにてつけ、よくすりぬのに而《て》こしそめ、あかねをみようばん入、よくたきすましうすくしてかけてよし。みぎのしようにいたし、ほんべにに而《て》うえをそめ候えば本べにうこんなり」とある。また、『諸色手染草』（明和九／一七七二）には「下地をうこんの汁にてそめ、其上にすわうをうすくして、みようばん少しくわえ染てよし。但し本紅を遣《つか》う時は右のごとく下染のうええ紅染のごとく染てよし」とあり、その染色の上掛けには、茜、蘇芳、紅花の三通りの染料が用いられた。江戸時代の染色には紅鬱金のように「紅」を冠した名称が多くあらわれている。

英名「マジョリカ　オレンジ」―マジョリカ焼のオレンジ。

68 丁子茶《ちょうじちゃ》

平安時代から行われた「丁子染」（香染）を茶がからせた黄褐色をいう。丁子染は『安齋随筆《あんさいずいひつ》』①（天明四／一七八四）に「丁子を濃く煎じ出して其汁にて染めたるなり是本式なり。然れども後には丁子を不用して似せ色を染めたり、今世俗に丁子茶と云う色なり」とある通り、本式の丁子染は香料の丁子を転用して濃く染めたものである。しかし、「丁子茶」にも、本染と代用染がある。その染法は『諸色手染草』（明和九／一七七二）に「本ちゃうじちゃはちゃうじをせんじて二へんそめてよし。又まがひはももかわのしる一ぺんにむめやしぶ一ぺんそめ、石ばひ水にかね少し入染てよし」とある。丁子茶色の流行について『賤《しづ》のおだ巻』（享和二／一八〇二）は「衣服の色も其比《ころ》（宝暦頃／一七五一―六四）は丁子茶と云色流行《はやり》出て、男女貴賤を論ぜず、賤者のひとつ布子さえ丁子茶に染て著たり。紙肩衣さえ其頃は丁子茶に染たりけり」とのべている。丁子茶は『當流模様雛形宿の梅』（享保十五／一七三〇）以来、小袖雛形本にもしばしば見うけられる。

英名「タン」―なめし皮の色。

①伊勢貞丈（享保二―天明四／一七一七―八四）著。有職故実を始め、事物の起源沿革、文字の訓、その他諸般に亘る雑録。伝うるもの数本あり、巻数も異なる。

69 憲《けん》法《ぽう》染《ぞめ》（吉岡染《よしおかぞめ》）

江戸時代初期の兵法師範吉岡憲法が明人の法を伝えたとされる黒茶染をいう。「憲法」の色名は『毛吹草』（寛永十五／一六三八）の山城見物の条に「吉岡染憲法染」とあるのが初見であるが、ほかに兼房と書かれ、染法の由来にも異説がある。『雍《よう》①州府志《しゅうふし》』（貞享元／一六八四）吉岡染の項に「西洞院四条吉岡氏人、始メテ黒茶色ヲ染ム、故ニ世、吉岡染ト謂、倭俗事毎ニ法ノ如ク之ヲ行ウ、憲法ト称ス、斯染家吉岡祖、毎事此ノ如シ、故ニ世憲法染ト称ス」とその由来が記されている。『手鑑模様節用』の色譜には、「くろ茶。一名けんぽういろ」とある。この染法は『紺屋茶染口傳書』（寛文六／一六六六）に「かわ三しほつけて、くろみ一ぺんかけ、ぬれながら水にてすすぎほしつけて、又かわ三しほそめてくろみをかけ、右之ごとくほしつけてくりかへし二三べん程そめつけ申候」とあり、『當世染物鑑』（元禄九／一六九六）には「下染はないろにしてももかわに而四へん染、金くろみかけすすぎてよし…」とある。また、『手鑑』「くろ」の色譜に「上品《じやうひん》をびんろうじそめといふ。下たそめあさぎなるを吉岡染といふ」とあり、吉岡染（憲法染）の黒茶は日常の衣服の黒として広く愛用された。この憲法黒を地色にした小紋染を「憲法小紋」という。

英名「ブラウン　ダスク」—黒褐色。

①十巻。山城国の地誌。
山川、城池、寺社、土産などについて記したもの。
黒川道祐（？—一六九一）の著。貞享元年（一六八四）の序がある。

70　枇《び》杷《わ》茶《ちゃ》

熟した枇杷の実の色（枇杷色《びわいろ》）を茶がからせた、浅い黄褐色をいう。この染色は『手鑑模様節用』の色譜に「びわ茶、俗にかわらけいろといふ」と記されている。かわらけとは、神前に供える素焼の土器のことで、その肌色が枇杷茶の色に似ていることからその別名となったのであろう。枇杷茶の染法は染物書に見られないが、その基の色である「びわ色」の染色名は①『式内染鑑《しきないそめかがみ》』（享保十四／一七二九）の増補（江馬本）に「枇杷色。実ノ色ナルベシ」と記されている。著者はその色票に接していないが、それは実の色の黄橙色と推測される。枇杷茶の別名と見られる「かわらけ色」の染法は『日本居家秘用』（享保十六／一七三一）に、「すすたけ染（後出）のごとくうすくして染る」とあり、煮石と大豆の汁に石灰を加え、刷毛でひき染することが記されている。

英名「オーカー　ベージュ」—浅い黄褐色。

①徳川八代将軍吉宗が享保十四年（一七二九）から吹上御苑に染殿を設け、浦上直方、後藤縫殿らに命じ延喜の古式を按じて布帛を染めさせた際、染色の実物を集めて一帖としたもの。民間流布のものは、実物染布の代わりに絵具を以って色目を表わしたものが多い。江馬務所蔵の「吹上染紙」には増補七色が松岡辰方によって享和二年（一八〇二）に加えられている。

71　琥《こ》珀《はく》色《いろ》

琥珀の石の色に見られる茶がかった黄橙色をいう。琥珀石は松などの樹脂が埋れて出来た鉱石で、古くは「くはく」、「あかだま」ともいわれ、珊瑚《さんご》、硨磲《しゃこ》、瑪瑙《めのう》などと共に貴石とされた。その色は良質なものは透明な黄色であるが、多くは不透明な黄橙色で、これが琥珀色とされている。しかし、琥珀色の染色の記事は見当らない。『萬金産業袋《ばんきんすぎはいぶくろ》』（享保十七／一七三二）「衣服門、唐物類」の中に織物名の「琥珀」が見えているが、これは特種な光沢の織地のことで、色彩のさだめはない。『反古染』（天明頃）によると、元文の頃（一七三六―四一）、丹後琥珀が、宝暦の頃（一七五一―六四）は黒琥珀の帯が流行し、享保―元文（一七一六―四一）頃は袷の裏地に黒琥珀や黒茶丸が流行したとのことである。また、文化・文政の頃深川に通う下町の大家の息子の姿を描写した『石場婦言』に「藍色唐こはくの帯をしゃんと猫じゃらし結び…」と書かれている（『江戸時代前半期の世相と衣裳風俗』）が、これらはみな織物の琥珀である。染色の琥珀が見られるのは明治後期の流行色からではなかろうか。

英名「アンバー」―黄褐色。

72 淡《うす》香《こう》

丁子で淡く染めた色をいう。「淡香」は、「濃き香」（後出）が丁子と鉄分と灰汁を用いて濃く染めるのに対し、それらの媒染剤を用いない素染の淡い黄褐色である。本式の淡香は濃き香（丁子染に同じ）同様、香料の丁子で染めるところから、染めて暫くは衣に丁子の香りを伴う。香という染色名は、香料で染めたことに由来する。薫香趣味が盛んであった平安時代では淡香色が愛用され、その服色は『源氏物語』に「うすいろのこうのさしぬき」、『栄花物語』に几帳の「薄香染」、『枕草子』に「あるかなきかの色したる香染の狩衣」と見えている。香に形容名をつけたものは、ほかに、「赤香」、「蘇芳香」があるが、これらの色は淡香より少し赤みのつよい香色である。淡香や濃き香は本物の丁子を用いない、支子と紅花による代用染も行われた。淡香は、濃き香が「香染」とも呼ばれるのに対し、「香色」とも呼ばれる。したがって、香染と香色とは濃淡がちがうわけである。

英名「ビスケット」—菓子のビスケットの色。

73 朽《くち》葉《ば》色《いろ》

朽ちた落葉の色に似た褐色みの黄橙色をいう。この色を『歴世服飾考』は「俗ニイフキガラチヤ（黄唐茶）ニテ黄色ノウルミタルナリ」と述べている。この「朽葉色」を基本として、俗に「朽葉四十八色」といわれるように、赤みの強い「赤朽葉」、黄みの強い「黄朽葉」、緑みの強い「青朽葉」の三系統に分化する。朽葉の名称にはこのほか「濃き朽葉」「淡朽葉」があるが、前者は赤朽葉の色が濃く感じられるところから、後者は黄朽葉が淡く感じられるところから、その別称ではないかと思われる。基本となる「朽葉色」には、染、織、重、の三種の色があり、染色は紅花と支子、若しくは茢安の交染、織色は経紅・緯黄（『物具《もののぐ》装束《しょうぞく》抄《しょう》』[1]）、重色は表山吹・裏黄（『雁衣《かりぎぬ》鈔《しょう》』[2]）、或いは表黄・裏紅（『四季色目』）となっている。朽葉の服は『延喜式』に「中宮夏季…袷《アハセ》抱六領藍并朽葉之類料」とあり、夏季の服色とされている。また、平安文学には「朽葉の唐衣」（『枕草子』）や「朽葉のうすもの」（『源氏物語』）などが見えている。朽葉系統の色は、江戸時代では「何々茶」と呼ばれるが、平安時代では、飲料の茶はまだ、薬として上級貴族だけしか服用されていないので、それに因んだ「茶」の色名はまだあらわれない。

英名「ゴールデン　バフ」—金色がかった鈍い黄革色。

①装束の書。一巻。著者、成立年代不詳。奥書に「応永十九年（一四一二）八月二十一日書写之、本者花山院亜相忠定卿自筆也云々」とある。

正服の場合の装束及び装身具等の種類を、上部、下部のものに至るまで説明したもの。

②装束の書。一巻。著者不詳。

狩衣について種類をあげ、色目を示し、用、不用について説明したもの。鎌倉時代末期の成立か。

74 金《きん》茶《ちゃ》

黄金の色のような黄褐色をいう。黄金に似た色には、このほか「山吹茶《やまぶきちゃ》」があるが、山吹茶は金茶より明るく黄みがちである。「金茶」の染色は江戸前期から行われ、その染法は『當世染物鑑』（元禄九／一六九六）に「下染ももかわに而一ぺんそめほし、二へん目に右のしるへみやうばん入、くろみ少かけてよし」とあり、後の『機織彙編』（文政九／一八二六）には「金茶染法。しぶ木にて染上、欝金の粉を糸の目方程入煮し染、其上に蘇木を煎し懸て鉄漿糸三十目に付小蛤貝一つ程入、水三升にて能く交てむらなく染る」とある。その染色は『諸色染手鑑』（安永五／一七七六）や、『紺屋伊三郎染見本帳』（江戸中期頃）に見えている。下って、明治三十年代の流行衣裳を詳説した『都の華』[①]は、令嬢の衣服の記事で、帯揚に金茶色の絽縮緬が流行したことをあげている。又、明治四十一年にも金茶が流行したとのことである（『明治百年日本傳統色』）。

英名「ブラウン　ゴールド」—褐色みの金色。

①都新聞附録雑誌。工芸美術に関する意匠、図案、衣服の流行等を挿画入りで毎月紹介。部門は、衣服、粧飾、技芸、飲

食、園芸、楽事、雑事門に分けられている。衣服門には明治三十年代の色彩の流行が詳細に報道されている。第一号明治三十年六月発行。

75 丁字染《ちょうじぞめ》(香染《こうぞめ》)

「丁字染」と称する染色には、本染と代用染があり、それらの色調は染料の相違からいくぶんちがったものになる。本染の方は南方産の丁花の蕾と少量の灰汁と鉄分を用いた濃い褐色で、「香染」、「濃き香」、或いは「こがれ香」と呼ばれる。この染色は左大臣源高明の創案と伝えられているが、真偽はともかく、当時、高価な香料を材料に転用した染色を用いることが出来たのは一部の高位貴族だけで、一般には紅花と支子による代用染が用いられた。丁子を染料とする本染の色調には落着きがあり、また、染色当時は丁子の薫りが伴うが、代用染は褐色味の乏しい黄橙色で本丁子染の色調とはいくぶんちがったものになる。江戸時代では代用染料に楊梅皮を用い濃く染めて「丁子茶」と呼んだ(前出)。丁子染は平安文学に「丁子染の、こがるるまで染める…」(『源氏物語』)、「丁子に黒むまで染め返りたる一襲…」(『狭衣物語』)と見えている。

英名「バフ」—革の黄褐色。

76 狐《きつね》色《いろ》

狐の背の毛色に似た黄褐色をいう。これに類する色に、中国隋、唐朝の「赭黄《しやこう》」や、その流れをくむわが平安朝の「黄櫨染《こうろぜん》」(前出)があるが、「狐色」はそれよりは黄みが強く、しかも、その名があらわれるのはずっと後世のことである。竹田出雲作、浄瑠璃『芦屋《あしや》道満《どうまん》大内《おおうち》鑑《かがみ》』（享保十九／一七三四）には、狐の徳をたたえて「色中和をかねて死すれば丘を首とす」と語られているが、これは中国後漢の『説文』に見える狐の三徳「其色中和、前ニ小ニ後ニ大、死スレバ即チ首ヲ丘ニス、之三徳ト謂ウ」（著者読み下し）を引用したものである。その中で、其色中和というのは、『国分直一博士古稀記念論集』によれば、中和とは、中央、土、黄色を意味するとのことである。黄色は「陰陽五行説」では五方（東、南、中央、西、北）の中の中央の正色（正統な色）で、土気を象徴する重要な色とされている。その意味で黄色の色である狐の徳をたたえたものである。しかし、狐色という名称はこの時代の染色関係の文献にも、流行の記事にも見当らない。狐色に類する色としては、「黄雀茶」（後出）が、江戸前期の寛文―延宝（一六六一―八〇）の頃流行し、以後も愛用されている。色は愛用されながら、染色に「狐」の名が見られないのは、それが敬遠されたからであろう。

英名「タウニイ　ゴールド」―褐色みの黄金色。

77 柴《ふし》染《ぞめ》

栗、櫟《くぬぎ》、樫などの柴木《しばき》の煎汁で染めた暗い黄褐色をいう。柴木を染料とする染色は鉄媒染では黒褐色になり、灰汁媒染では黄褐色になる。柴染では黒みの黄褐色を染めるために灰汁と鉄分を併用している。柴を「ふし」と読むのは、『古事記』上巻、「青柴垣」に「訓柴云二布斯《フシ》一」と注記していることから明らかである。「柴染」は、古代では下位の色と見られており、『衣服令』の服色尊卑の序列では「蓁《はりぞめ》」に次ぐ下位の色となっている。鎌倉時代の

『平家物語』にも「げす男ふしぞめの直垂に立烏帽子」とあって、この時代でも下賤な色と見られていたことがわかる。しかし、江戸時代では茶色系統の流行から、柴染に類する「昆布茶《こぶちゃ》」（後に媚茶《こびちゃ》）が楊梅皮と灰汁、鉄分で染められ流行するようになるが、それは柴染よりいくぶん黄がちの色である。後出。

英名「ドラブ」—くすんだ黄褐色。

78 伽《きゃ》羅《ら》色《いろ》

「キャラ」は梵語のキャラアグルの略で、キャラは黒、アグルは沈香《じんこう》木を指す（『大言海』）。沈香木は印度地方に産し、その心材の枯れたものを香料とするが、上質のものは堅く重く水に沈む故に沈香と呼ばれる。「伽羅色」はその沈香木の色に因んだ暗い黄褐色で茶系統の色であることから「伽羅茶《きゃらちゃ》」とも呼ばれている。伽羅茶の名は小袖雛形本の『雛形絹笠山』（元文四／一七三九）や『新雛形糸柳』（安永五／一七七六）の地色に見えている。また、安永二年（一七七三）の『新雛形若みどり』には伽羅色を黒ずませた「伽羅すす竹色」が見えている。この頃では「伽羅」の語は香木を指すほか、「賞美」の意味にも用いられた。伽羅すす竹は、すす竹色が流行した江戸中期頃に呉服屋が流行を策して名付けた染色ではないかと思われる。上述のように、伽羅色は香木の色に由来することから、丁字による「香染」（前出）と混同されやすいが、それとは別色である。

英名「ラセット　ブラウン」—暗い朽葉色。

79　煤《すす》竹《たけ》色《いろ》

煤けた竹の色に似た暗い黄褐色をいう。この染色は「江戸茶」や「鳶色」と共に江戸前期から行われており、『色道大鏡』（延宝七／一六七九）は廓の遊客の衣服の色について、「茶を自然として、黒を常とすべし、外の色には煤竹道にのれり」とのべ、また、帯の色についても、黒と茶の「外の色を求んには鼠色、煤竹なるべし」と煤竹を推している。下って、元禄の『世話字節用集』や『女重寶記』の染色名にもその名が見え、当時知られた浄瑠璃土佐節「染色盡し」には「恋をすす竹藤鼠」とうたい込まれている。煤竹は『友禅ひいなかた』（貞享五／一六八八）以後の小袖雛形本の地色にもしばしば見えており、また、煤竹を基調とした「銀すす竹」、「藤すす竹」、「伽羅すす竹」、「南京すす竹」などの変相色も見えている。その他にも煤竹を名のる色は多い。このように、煤竹色は江戸前期から中期にかけて分化し、流行した。『反古染』には煤竹色が享保―宝暦（一七一六―六四）の頃男子の小袖に愛好されたことが記されている。煤竹色の染法は『①諸藝《しょげい》小鏡《こかがみ》』（貞享三／一六八六）に「下地をねずみに染て、上をももかはのせんじ汁にて染るなり。色をこくしたき時は下染をこうし、上染をいく度もすべし」と記されている。

英名「ロー　アンバー」―暗い黄褐色。

①諸芸に関する先人の文献内容を抜萃し、六巻六冊に纏めたもの。京の書肆中村孫兵衛が同地の隠士弾松軒閑窓（本名不詳）に納めた冊子によって編輯。貞享三年（一六八六）刊。

80 白《しら》茶《ちゃ》

古代の「香色」（淡香）に類する、ごく淡い茶色をいう。「白茶」の色には黄みがかったものと、赤みがかったものがある。またその濃さは、『手鑑模様節用』に「しらちゃ。おりいろ、染いろの差別により、濃薄《こいうす》の二種あり」とあるように、織・染の色に濃淡のちがいがある。色票の色は黄みの白茶の一種である。白茶の染法は『當世染物鑑』（元禄九／一六九六）に「下ぞめももかわうすくしてそめ、みづ大ぶんの内へかねくろみ少入て染、すすぎてよし」とあり、『紺屋仁三次覚書』（天明四／一七八四）には「下地をねずみにして其上ももかわ木綿には一へん、きぬには二へん也」とある。白茶は『小袖ひいながた』（元禄五／一六九二）以来、多くの小袖雛形本の地色にあらわれているが、それが最も愛用された時期は元禄初めから中頃までであろう。その頃には白、欝金の黄、玉子色なども流行した。元禄の中頃からそれまで流行の黄系統の色は浅葱色《あさぎいろ》にとってかわられるが、白茶は依然白と共に愛用された。その後、文化・文政の頃には「煤竹廃《すた》れて白茶起り」（『糸柳』）とあるように、またまた流行した。

英名「サンド　ベージュ」―砂色の薄茶。

81 黄《おう》土《ど》色《いろ》

顔料の黄土のような黄褐色をいう。黄土の顔料は水分を含んだ赤土を精選したもので、その化学成分は含水酸化鉄である。古くから絵画の下塗料として用いられるほか、粒子の粗いものは壁の「中塗料黄土」（『正倉院文書』）として用いられた。顔料としての黄土は、乳鉢でこれをよく研《す》って皿に入れ、膠と水を加えて用いるが、これはまた、丹土と同様染色にも用いられたようである。その染法は別に記されていないが、丹土の染色と同じく粉末を水にとき、ふのりを入れて染めたのではないかと思われる。黄土色の名は染色名にはないが、黄土色より黄みがちで、より冴えた染色に「黄雀茶《きがらちや》」（後出）があり、江戸中期頃に流行色となっている。また、明治時代前期では黄土色の淡色の「黄大津《きおおづ》」が流行色になっている。この染色は壁の上塗りの漆喰の色に因んだものである（『明治百年日本傳統色』）。

英名「イエロー　オーカー」―黄土の色。

82 銀《ぎん》煤《すす》竹《たけ》

銀煤竹の「銀」は「うすい」の意で、煤竹色（前出）の少し淡い黄褐色をいう。銀煤竹は紀州侯愛好の色だったことから「紀州茶」ともいわれ、また『手鑑模様節用』の染色譜には「銀すす竹。一説に①宗佐所好といふ」と記されている。『嬉遊笑覧』（文政十三／一八三〇）によると、銀煤竹は享保（一七一六―三六）の頃、小袖の色に流行したとのことであるが、この染色は元禄の頃すでに行われている。煤竹色から何々煤竹へと分化してゆくのは江戸前期の元禄頃だから、銀煤竹があらわれるのもその頃であろう。元禄九年（一六九六）刊の『當世染物鑑』には銀煤竹のほか十六色の煤竹を名のる染色があげられている。それには銀煤竹の染色について、「下染ももかわ二へん染、ほしあげ其うへかねくろみ大ぶんかけ、すすぎほしあげて、はりなしにきぬまきに而よくうち候へばぎんいで申也」と記されている。しかし、後には、刈安と蘇芳、明礬、緑礬による手法も行われている（『機織彙編』文政九／一八二六）。

英名「メープル　シュガー」—かえで糖の色。

①千宗左。茶道千家流千宗旦の三男。宗左の後を表千家という。

83 黄《き》唐《がら》茶《ちゃ》（黄雀茶《きがらちゃ》）

褐色味の濃い黄橙色で「黄雀茶」とも書かれる。『手鑑模様節用』の染色譜には「黄雀茶。古名きはぢぞめ、又木らんいろに同じ、はぢ紅葉《もみぢ》のいろか」とあり、古代の「櫨染《はじぞめ》」や「木蘭」（黄橡《きつるばみ》）の系統の色と見ている。黄がら茶の染色は江戸前期から愛用されており、寛文六年（一六六六）刊の『御ひいなかた』の小袖地色に見えている。また、『色道大鏡』（延宝七／一六七九）は廓の遊客の帯の色について「茶色またよろし、茶の中にも、江戸茶、黄唐茶を制す」と記しており、西鶴の『好色一代女』（貞享三／一六八六）に「黄唐茶に刻稲妻の中形」、同、『日本永代蔵』（貞享五／一六八八）には「独り娘に黄唐茶の振袖」が見えている。これによっても、この時期の黄唐茶の流行を察することが出来る。その染法は、『紺屋茶染口傳書』に「江戸茶のごとくにかわばかりにてそめ中候。但えどちやよりかわ一ぺんほどうすくそめて、うは色はあくばかりをかけ中候」とあり、後の『機織彙編』（文政九／一八二六）には「下地を欝金にて濃く染、苅安草、蘇木を水にて煎じ明礬少し入かき廻し染る。色薄くは二番を煎じ明礬を入二度染る」とあって、初めとはちがった手法で染められている。色票の色は後者の染法及び同じ頃の『手鑑模様節用』の色譜の色を参考にした。

英名「メープル　リーフ」―かえでの葉色。

84 媚《こび》茶《ちゃ》（昆《こ》布《ぶ》茶《ちゃ》）

色票のような濃い黄みの褐色をいう。「媚茶」の字義は『大言海』に「こびは濃帯の約か…こいちや」とあるが、この色は昆布の色に似ていることから、初め昆布茶と呼ばれ、それから転じた名である。昆布茶の染色は『當世染物鑑』（元禄九／一六九六）に見えているが後にはあまり見えなくなり、それにかわって語呂よく洒落た媚茶があらわれた。このように、初めの名を語呂よく呼びかえたものに洒落柿《しゃれがき》がある。これは元の名の「晒柿《されがき》」を呼びかえたものである。当時の雛形本にはもとの色名とあとの色名を混用しているものがあるが、それらは別の色ではない。さて、媚茶の染色は『御ひいなかた』（寛文六／一六六六）以来、雛形本の小袖の地名にしばしばあげられており、また、『世話字節用集』（元禄五／一六九二）や同年刊の『女重寶記』の染色名にもあげられている。媚茶は江戸時代では主要な染色となっており、多くの染物書や染色見本帳にはその名が見えている。『守貞漫稿』（嘉永六／一八五三）によると、媚茶は天保年中（一八三〇―四四）江戸で流行したとのことである。また、『嬉遊笑覧』（文政十三／一八三〇）は「黒媚茶」が享保の頃小袖に流行したことを伝えている。媚茶の染法は『紺屋茶染口傳書』に「こびちや。かわ三しほつけて、うわいろはみるちやより少かねをこく入て、みるちやのごとくに色をつけ申候」とある。

英名「オールド　ゴールド」―黒ずんだ金色。

85 浅《うす》黄《き》

苅安草と灰汁で浅く染めたうすい黄色をいう。「浅黄」は「あさき」と読まれることから「浅葱《あさぎ》」色（浅い緑み青）と、この浅黄《うすき》との色相の解釈に混乱が生じたことがある。これは平安中期のことであったが、近世になっても「浅黄」を「あさぎ」と読んで「浅葱色」を指すことが多い。江戸時代ではうすい黄色の名には「浅黄」を用いずに「うす玉子」の別名で呼んでいる。『手鑑模様節用』の色譜「玉子」に「古名あさぎ、延喜縫殿寮式にあさき黄いろなるをもって浅黄と唱ふるよし」と注記されている。平安時代の染色では「浅」をあさと読んだり、うすと読んだりしているが、色相の誤解のないように、浅黄の字は淡黄の意に用いるべきだろう。『装束色彙』にもこのことが記されている。浅黄①は『延喜縫殿式』の用度では「綾一疋に、苅安草大三斤八両、灰一斗二升、薪三十斤。帛一疋に、苅安草大二斤。糸一絇に苅安草大十一両、灰二升、薪二十斤」となっている。これに対して、「深黄《こきき》」の用度は、「綾一疋に、苅安草大五斤、灰一斗五升、薪六十斤…」となっている。以上の浅黄と深黄との苅安の用度の差によって、浅黄《うすき》の黄色の濃度を知ることが出来る。

英名「ストロー」—麦藁の色。

①浅黄

「袍ノ浅黄ハ右ニ注スルガ如ク刈安草ニテ染ルユエ即薄黄也、縫殿寮式ニ浅黄トアル是ナリ、ウスキト訓スベシ、アサギト訓スベカラズ。中古以来直衣直垂指貫ナドノ色ニ浅黄ト記セルハ浅縹ナリ、アサキト訓スベシ、ウスキト訓スベカラズ、浅黄ノ字ヲ用ユルハ借訓ニシテ正字ニアルベカラズ或人ノ曰浅黄ハ本字浅葱ナルベシ云々。」

86 山吹色《やまぶきいろ》

山吹の花の色のような冴えた赤みの黄色をいう。この色は黄金の色に似ていることから「黄金色《こがねいろ》」とも呼ばれる。「山吹」の色名は平安文学には「山吹の袿」（『源氏物語』）。「山吹の織物の表著」（『栄花物語』）など、重色、織色としてよくあらわれる。重色では、表淡朽葉・裏黄（『装束抄』）、織色では、経紅・緯黄（『物具装束抄』）となっている。染色の山吹は、①『満佐須計装束抄《まさすけしょうぞくしょう》』の「女房装束うらやまぶき」に、「うらみなこきやまぶき」とあるのがそれで、『装束色彙』に「染成シテ款冬色《やまぶきいろ》ト称スル物アリ」と記されている。山吹の染色は支子と茜、若しくは紅花との交染であるが、後の江戸時代でも右に似た染法で山吹色が染められたと思われる。その色名は文化十一年（一八一四）版の『役者見立染物盡』や、天保二年（一八三一）版の『大芝居染物青物見立』の染色の中に見えている。

英名「マリーゴールド　イエロー」―キンセンカの花の色。

①装束の書。一巻。源雅亮著。平安後期の嘉応元年（一一六九）以後の成立と推定されている。装束の抄物では最も古いものの一つ。

87 玉子色《たまごいろ》

鶏卵の黄身《きみ》の色に似た曖昧の明るい黄色をいう。「玉子色」の染色は江戸前期から行われており、貞享四年（一六八七）刊の『源氏ひながた』「下巻目録品定」に「一、とをつつ十もかさね着の玉子色染、出ず入らず上美ず下卑ず中納言模様」と評価されている。またその淡色の「薄玉子色」は西鶴の『好色二代男』（貞享元／一六八四）に「地は薄玉子色に承平の染紋」と見え、同じく『好色一代女』（貞享三／一六八六）には「島曝のかたびらに薄玉子の帯やはらかに結ひ」と見えている。又、『好色三代男』（貞享三／一六八六）には「紋郡内の玉子茶」が見えており、玉子色は当時はやりの色だったことがわかる。「玉子」は『手鑑模様節用』の色譜にも見えている。玉子の染法は『①秘傳世寶袋《ひでんせほうふくろ》』（明和二／一七六五）に、「玉子色染法。砥粉を漿水の内へませ刷毛にて引くべし。鬱金の汁を加へ、或は山梔《くちなし》、黄栢《きはだ》など入る。赤くするには丹《たん》など少しくはへてよし」とあり、『諸色手染草』（明和九／一七七二）に「玉子色。たまご土をごまめのしるにてすりつぶしこして染べし。又色のこきうすきは土にてかげんすべし」とある。「玉子色」は、前述の黄身《きみ》の色とは別に、地玉子の殻の淡褐色を指すことがある。この色は重色目にいうところの「鳥ノ子色」にあたる。

英名「ヨーク　イエロー」—卵黄。

①日下部不錬著。三巻。呪法術の類を収録。明和二年（一七六五）野田藤八が出版。

88 櫨《はじ》染《ぞめ》

山櫨の黄色い心材の煎汁と灰汁で染めた深い暖味の黄色をいう。山櫨だけで染めても支子や苅安、黄蘗などの黄より暖味をおびた黄色になるが、これを灰汁媒染すると深い暖味の黄になる。「はじ」の木は、昔は「はにし」（蠟《ろう》をとるはにしめの略）と呼ばれた。はじの名はその略であるという（『①萬葉植物新考』）。櫨の木は『倭名類聚鈔』（承平五／九三五）に「櫨今之黄櫨木也」と記されているように、わが古代では黄櫨と書かれているが、実は山櫨《やまはぜ》で黄櫨とは別種のものであるとのことである。山櫨による染色は『正倉院文書』（奈良時代）に「深波自」、「浅波自」の二級で見えているが、これは染紙であって、裂染の色は『衣服令』にも『萬葉集』にも見られない。櫨を用いた裂染が見られるのは『延喜縫殿式』の「黄櫨染」（前出）である。山櫨は鉄媒染では暗い黄褐色になるが、「櫨染」の色は灰汁媒染の方である。

英名「イエロー　ゴールド」―黄みの金色。

①松田修著。万葉集の中にあらわれる植物を、草本・木本・竹笹・雑類の四つに分類し解説。昭和四十五年社会思想社発行。

89 山《やま》吹《ぶき》茶《ちゃ》

山吹色を茶がからせた褐色味の黄色をいう。この色は『手鑑模様節用』の色譜に見え、「山ぶき茶。古名支子染、法曹至要鈔ニ曰、支子染可濫黄丹以茜紅交染」と記されているが、これに黄丹を濫《みだ》る（紛らわしい）とある支子染の色は支子の単一染の黄色のことではない。それは、綾一疋に、紅花大十二両、支子一斗（『延喜縫殿式』）を用いて染める黄橙色の「支子染」のことである。この染色は『手鑑模様節用』の色譜に見る山吹茶よりかなり赤味の強い色である。この時代の染物書には山吹茶の染法を記したものは見当らないが、山吹茶よりやや暗く赤みを含んだ色に「黄唐茶」（前出）がある。色調の類似から見て、山吹茶の染色にはこの黄唐茶に類する手法が用いられたのではないかと思われる。

英名「ゴールド」―黄金色。

90 桑《くわ》染《ぞめ》（桑茶《くわちゃ》）

養蚕の桑の木の煎汁で染めた、褐色味の黄色で、古代名は「桑《くわぞめ》」と書かれている。桑は『衣服令』の服色尊卑の序列では「纁《はなだ》」の下、「黄《きぞめ》」の上に位置づけられている。桑の木は中国では古くから薬料としても用いられており、『日本上代染草考』[①]によると、『敦煌石室古本草』に桑の煎汁の薬効が記され、「又云桑皮煮汁、可染褐色、久不落」と記されているとのことである。わが古代の桑染の法は中国から本草学と共に伝わったものである。桑染は近世になっても行われたと見え、『當世染物鑑』（元禄九／一六九六）に「くわそめ。下染もかわうすくしてそめ、其上くわの木せんじ二へん染て吉」とあり、その染色は「ちうぶ（中風）着て吉」と附記されている。それは桑の木の薬効から出たものであろう。桑染の古法は桑の木の単一染であるが、木に黄の色素が少なく繰返し染めねばならぬ事から余り行われなかったようである。『手鑑模様節用』の色譜に「桑茶」が見えているが、その色調は桑染と変らない。江戸時代では、黄色の桑染とは別に桑の実の汁で染めたものも桑染（後出）と呼んでいる。この色は『装束色彙』（安永七／一七七八写）に「当世桑染ト称スルハ桑子（実）ノ色ニテ赤黒也」と記されている。

英名「メイズ」―トウモロコシの色。

①上村六郎著。日本上代の染草及び織繊維に関する研究書。昭和九年大岡山書店発行。

91 生《なま》壁《かべ》色《いろ》

塗り上げてまだよく乾かない壁色のような、灰みの黄褐色をいう。この染色は江戸中期頃の染色見本帳『津之井平蔵染見本帳』に見えているが、「生壁色」の染法についてはその頃の染物書に記されていない。それが見られるのは『伊勢崎織物同業組合史』（昭和六／一九三一）で、それには正藍、矢車、鉄漿で染めることが記されている。江戸中期から後期にかけて、彩度の低い鼠調の色が染められるようになる。生壁色はその一つである。この生壁色を基調として、それの藍がかった「藍生壁《あいなまかべ》」や、藤色がかった「藤生壁《ふじなまかべ》」、藍生壁に紅みを含ませた「江戸《えど》生壁《なまかべ》」、暗く緑がかった「利休《りきゅう》生壁《なまかべ》」などの変相色が次々にあらわれた。これら生壁系統の色は破調色特有のやわらかくクールな、洒落た色である。明治になって洋風の新鮮な色が入ってくると、従来染色の主流であった茶系統の色は好まれなくなったが、鼠系統の色はひきつづき愛好された。その頃、西洋風への反省から東洋趣味が流行し、この生壁色に類する破調の茶が「文人茶」と呼ばれて流行した。

英名「タウニー　オリーブ」―黄褐色のオリーブ。

92 支子《くちなし》（梔子《くちなし》）

支子の実で染めた暖味のある黄色をいう。くちなしは「梔子」、「枝子」とも書かれるが、一般には「支子」と書かれることが多い。支子は古くから薬料、染料として用いられており、『倭名類聚鈔』（承平五／九三五）「染色具」に「梔子。唐韻云、梔音支子木実可染黄色者也、今案醫家書等用支子二字。和名久知奈之」とあり、『本草和名』（延喜十八／九一八）には「枝子。一名木丹、…和名久知奈之」とある。支子による黄染は奈良時代では「黄丹《おうたん》」（前出）を染める場合、支子の下染に紅花を上がけしているが、この時代には「支子」の染色名はまだ見られない。その名が見えるのは『延喜縫殿式』からである。『式』には「深支子《こきくちなし》」、「浅支子《うすくちなし》」、「黄支子《きくちなし》」の三種の支子染があげられている。その中で深、浅、二種の支子の染色は紅花と支子の交染であり、黄支子だけが支子の単一染の黄色である。深・浅の支子は元慶五年（八八一）に禁制（57深支子参照）となっているが黄支子は禁制外の色である。平安文学に見える装束の「くちなし」は後者の黄支子の色を指すと思われる。この染色は「言はぬ色」（『狭衣物語』）と呼ばれることがあるが、それは「くちなし」を「口無し」にかけて「いわぬ」といったものである。「くちなし」の和名について『大和本草』①（宝永五／一七〇八）は「和名クチナシト名ツケシハ…梔子ハカラアレトモ口ナシ故ニ名ツク…」とのべている。この著者貝原益軒は『萬寶鄙事記』（宝永二／一七〇五）に「梔子染の法。梔子皮も実も細に刻み、一夜水にひたし、よくもみて後、布嚢にて漉し、滓を去り、其汁に帛を漬け、一夜置く、あけの日絞りあげ、糊を付け、きぬの裏を日おもてにして干す…」と記している。このように支子は媒染しなくても染まるが、灰汁を用いれば色を安定させることが出来る。

英名「エンパイア　イエロー」―フランス帝政時代の黄色。

①本草学の書。十一巻。
貝原益軒著。
鉱物、草木、魚介、鳥類、獣類全般に亘って解説。宝永五年（一七〇八）成立。

93 玉蜀黍色《とうもろこしいろ》

とうもろこしの実色のような、暖かみのある浅い黄色で、「もろこしいろ」ともいう。その名は安永（一七七二―八一）頃の黄表紙『俚諺もちは餅屋』に「大の意気人はもろこし色を真似、三紋の長羽織、ひわ茶繻子の帯は流行り、鳶色と名はいへども、矢っ張りもろこし色なり」、「呉服屋の若い衆の羽折《はおり》は前かたからもろこし色、栗梅といふも、もろこしが思ひ附より余程凄いものにて」（『近世時様風俗』）と見えている。この記事から、玉蜀黍色は安永・天明（一七七二―八九）の頃、鳶色や鶸茶と共に流行したことがわかる。玉蜀黍色の染法は染物書に見当らないが、これに類する「唐土鼠《もろこしねずみ》」の染法は『染物早指南』（嘉永六／一八五三）に「もも皮うすくして一遍引」と見えている。これには媒染剤が記されていないから唐土鼠と玉蜀黍色とのちがいはわからないが、楊梅皮と明礬によれば玉蜀黍色を染めることが出来る。

英名「ゴールデン　コーン」―実のった穀物の色。

94 白《しろ》橡《つるばみ》

「白橡」の名は正倉院古文書に見え、『延喜弾正台式』には「凡公私奴婢服、黄…白橡…等色聴之」、「凡親王以下車馬従服色…其女従衣者、通著…白橡墨染等色」とあって、公私奴婢・女従に著用が聴《ゆる》されているが、平安前期の古実書『西宮記』には「天皇白橡御服ヲ服ス」とある。この両者の記事を見ると、白橡というのは上は天皇から下は奴婢まで貴賤を問わず着用の服色ということになるが、この白橡について『装束色彙』（安永七／一七七八写）

は「青白橡赤白橡ノ二ツヲ通ジテ称スルコトニテ、別に白橡トテ有ニハ非ザルト見エタリ。又弾正台式、公私奴婢ノ服及女従衣等ノ色ノ中ニ白橡トアルハ何様ノ色ナルヤ考ヘ難シ」と述べている。『装束色彙』のいうように、白橡を赤・青の両白橡を通じた略名とすれば、赤白橡の袍は参議已上（『弾正台式』）、青白橡は天皇の褻《け》の袍色となっているから、これが奴婢・女従にゆるされる筈はない。『装束色彙』のいう白橡（赤・青白橡）と、奴婢女従にゆるされた白橡とは別種の色でなければならない。これを染法上からみると、禁色の赤・青両白橡は橡を染料に用いない色である。これに対して、奴婢・女従に聴《ゆる》された白橡は、橡を用いたものにちがいない。それは、無媒染の素染で、色票のような白茶系統の色と解される。名称の白は素の意と思われる。

英名「フラックス」―亜麻色。

95 黄《き》橡《つるばみ》

橡《つるばみ》（櫟《くぬぎ》の実）の煎汁と灰汁とによって染めた黄褐色をいう。橡染の色には、このほか鉄媒染の紺黒色があるが、『衣服令』ではこの方を単に「橡」と呼び、灰汁媒染の黄褐色を「黄橡」と呼んでいる。しかし、『延喜縫殿式』では「橡」は灰汁媒染の色を指すようになった。その染色は「綾一疋に、搗橡二斗五升、茜大二斤、灰七升、薪二百二十斤」を用い、黄橡に少し赤みを加えたものになっている。『日本上代染色考』は『式』が橡を赤みがからせることについて、「延喜式の当時には至尊の服色として黄櫨染が現れて来たので、それとの区別を明らかにするためであろうか」とのべている。黄橡は『衣服令』の服色尊卑の序列では紅に次ぐ色で、第七位に位置づけられている。『僧尼令』では黄橡は「木蘭《もくらん》」と呼ばれ、僧尼の衣色とすることが聴《ゆる》されている。しかし、本来の木蘭色は木蘭の樹皮で染めたもので、その色には黄橡系統の色や葡萄《えびぞめ》系統の色があるという（①『令集解』）。

英名「キャリー　イエロー」―カレーの黄色。

①三十巻。養老令を注釈した諸家の説を集めた書。惟宗直本撰。延喜年中成立か。

96 藤《とう》黄《おう》

顔料の藤黄の色のような暖昧の冴えた黄色をいう。藤黄は印度支那やタイ国に生育する「海藤《かいどう》」という樹木を傷つけ、その傷口から滴り落ちる樹液を採集し固めた植物性の顔料で、化学成分は硫化砒素で毒物である。『芥子園畫傳』は、「之を舐れば舌が麻痺する故、口に入れてはならぬ。藤黄は筆の軸のような形のものを択び用いるがよい。これを筆管黄という」と記述している。藤黄は『正倉院文書』や『倭名類聚鈔』には「同黄」とあり、江戸時代の①『図書正誤《ずがせいご》』（天保四／一八三三）には「今人誤テ銅黄ト云。銅ハ藤音ノ謬也」とあって、藤黄は銅黄とも書かれている。植物性の「藤黄」に対して、同じく硫化砒素を成分とする鉱物性の黄色顔料に「雌黄《しおう》」又は「石黄《せきおう》」と呼ばれるものがあるが、その色相が同じことから、後に誤って雌黄と呼ばれた。これについて、江戸時代の②『箋注倭名類聚鈔《せんちゅうわみょうるいじゅうしょう》』は「今俗絵彩具呼二雌黄一者是也、或謂二之草雌黄、蓋以別二真雌黄一也」と記している。藤黄の顔料は友禅の挿色にも用いられるが、その名は染色名にも、また、一般名にもない。ここでは参考までにその色をあげたわけである。

英名「サンフラワー」―ヒマワリの色。

①二巻。狩野宗得編。
東洋画の顔料に関する諸説を編集、解説したもの。天保四年（一八三三）刊。

②十巻。狩谷棭斎著。
倭名類聚鈔の注釈書。文政十年（一八二七）成立。

97 花《はな》葉《ば》色《いろ》

「花葉色」は本来、織色の名称である。『餝抄《かざりしょう》』①に「花葉色。経黄色緯欵冬《やまぶき》色。大略花欵冬色歟。裏青打」とあり、又、『装束抄』（西三條実隆公抄）にも同説が記され、三月着用の服色となっている。この織色では経糸の黄色より緯糸の山吹（欵冬）が強くあらわれるから、その色調は色票のような赤みの黄色になるが、山吹色よりは黄みがちの色である。その名称の「花葉」が何に因んだものかは定かでないが、『餝抄』の説から見て、青い葉の上に黄色い花を咲かせた、山吹の花と葉に因んだものではないかと推測される。そう見ると、花葉色の着用季節が三月となっていることが花（山吹）の季節と一致する。

英名「サン　ゴールド」―太陽の金色。

①装束の書。三巻。
中院通方著。成立嘉禎元年（一二三五）頃。

98 鳥《とり》ノ《の》子《こ》色《いろ》

鶏卵の殻の色のような、ごく淡い灰みの黄色をいう。「鳥ノ子色」はもと、室町時代に行われた「鳥ノ子重」と称する重色目の名で、『装束抄』に「面《おもて》白瑩《みがき》・裏濃蘇芳、一説、表裏白瑩平絹」とあり、『装束色彙』には「鳥子重ト云ハ、表ハ白クテ中《ナカ》重《ヘ》ハ薄紅梅ニテ裏ハ黄ナル衣也」とあり、重ねた効果は色票のような色になる。『四季色目』には「卵重或ハ鳥ノ子重」とあり、卵重《たまごがさね》とも呼ばれている。この「鳥ノ子色」に対して、さきにあげた「玉子色」は鶏卵の黄身《きみ》の明るい黄色を指すから、色相は共に黄系統ではあるが、鳥ノ子色の方がはるかに淡い。この鳥ノ子色に似て、それより更に淡く白に近い色が、いわゆる「練色《ねりいろ》」である。その名は、灰汁で練った白いままの糸から来ている。『貞丈雑記』（宝暦十三／一七六三）は「練色は白くして少し薄黄帯たる色也」と述べている。

英名「アイボリー」―象牙色。

99 鬱《う》金《こん》色《いろ》

鬱金草の根を用いて染めた鮮やかな黄色をいう。鬱金による染色は、灰汁を利かせると赤みが強くなるが、酢を利かせると赤みの少ない鮮明な黄色になる。「欝金色」は後者の比較的赤味の少ない色である。それについて、『手鑑模様節用』は「うこん。そこ（底）にあかみなきを黄染といふ」と記している。鬱金の染法は『日本居家秘用』（享保十六／一七三一）に「うこんの粉を、絹一反には八両ほど水へいれ、茶碗に酢を半分ほど入そむる。但二時ばかりつけ置たるがよし。冬ならは湯にて染る」とある。鬱金色は派手で目立つことを好んだ江戸前期では、緋色についで愛用された。慶安三年刊（一六五〇）の『女鏡秘傳書』「小袖の地のこと」に、「ぬめの綸子などをうこん染めにし光ありてくらゐあるなり」とあり、寛文六年刊『御ひいなかた』の地色には鬱金色が多い。また、『當世早流雛形《とうせいはやるひながた》』（天和四年／一六八四）にも見えているが、以後の雛形には次第に少なくなり、元禄中期以後は流行界から姿を消していった。しかし、染料のうこん粉は以後も染色に常用され、また、たくあんの色つけなどにも利用された。

英名「ダンディライアン」—西洋タンポポの黄。

100 黄《き》朽《くち》葉《ば》

「朽葉色」から分化した色の一つで、黄ばんだ枯葉の色のような黄褐色をいう。この染色は『歴世服飾考』に、「支子ニ茜若クハ紅ヲ交テ歟冬或ハ黄朽葉色ヲ染タルナリ。織物ニイヘル、経紅緯黄ナリ」とあり、先にあげた「朽葉色」同様、赤と黄の交染であることがわかる。ただ、黄朽葉は黄みを強めるために紅或いは茜を少なくし、黄色を強め、渋みをあたえるために、黄に苅安を用いたのではないかと思われる。黄朽葉には、染色、織色、重色の三種類がある。織色は基本の朽葉色が経黄・緯紅であるに対し、黄朽葉は経紅・緯黄（『物具装束抄』）となっている。重色は『四季色目』（文政十三／一八三〇）に「面裏共ニ口葉（朽葉）ノ黄ミカチタルナリ」とある。黄朽葉の服色は平安文学に「きくちばのからぎぬ」（『宇津保物語』）、「黄朽葉の織物」（『枕草子』）など見え、秋末、初冬の色となっている。黄朽葉系統の色は江戸時代では一般に「黄茶」の色に入れられている。
英名「ハニー　スイート」―甘味な蜜の色。

101 利《り》休《きゅう》白《しら》茶《ちゃ》

色票程度のうすい灰みの黄褐色をいう。「利休白茶」が染められるようになった時期は定かでないが、「りきゅう染」が寛政九年（一七九七）手写の『染物秘傳』に記されていることや、「利休茶」が『手鑑模様節用』の色譜に見えていることなどから、おそくとも寛政の初年頃ではないかと推測される。名称に冠せられた「利休」は、衆知の茶人、千利休を指すが、その染色名は、利休所好に因んでつけられたものか、或いは「利休茶」や「利休鼠」に同じく彼の所好とは無関係で、名前だけを借りたものか、いずれとも断じ難い。もし、利休白茶が利休茶から分化した色だとすれば、この染色も呉服屋か染屋が商策上名付けたファンシーネームではないかと思われる。利休白茶の染法は染色本に見られないが、文化・文政の頃、白茶が流行しているから、この頃利休白茶も愛用されたと思われる。この色は茶の名で呼ばれているが、色調は鼠系統である。

英名「シトロン　グレイ」―シトロンがかった灰色。

102 利《り》休《きゅう》茶《ちゃ》

色褪せた碾《ひき》茶の色に見るような、黄みの鈍いオリーブ色をいう。「利休」は室町・桃山時代の茶人、千利休の名であるが、『手鑑模様節用』の利休茶の色譜には「利休茶。千家に見るところ当代通用の色目に反す。いづれが是か非か」とあって、それに示された色と千家の色のいずれが利休所縁の色か疑問をなげかけている。科休茶の出現が利休の活躍の時代からかなり後世の江戸中期以後と見られることから、その色名は碾茶の色の連想から、染屋或いは呉服屋が茶人利休の名を借りて名付けた流行色名と思われる。利休の名を借りたものには「利休白茶」（前出）や、「信楽《しがらき》利休《りきゅう》」、「利休《りきゅう》鼠《ねずみ》」、「利休《りきゅう》生壁《なまかべ》」なども知られているが、染色本には利休は「利久」と書かれることもある。江戸時代の人名を冠した色名には、利休茶のように、人物と色彩が直接関係ないものと、染師の創案によるものや、歌舞伎役者の愛用によるものなど、色と人物との直接的関係から名付けられたものとがある。

英名「ダスティ　オリーブ」――くすんだオリーブ色。

103 灰《あ》汁《く》色《いろ》

染色の媒染や、布帛の精練・漂白に使う灰汁の黄みを含んだ灰色をいう。灰汁をつくるには、底部に注下孔のある桶に小石を入れ、濾過用の布を敷いて、焼いた黒灰を入れ、水や熱湯をそそいで注下孔から流れ出る灰汁液を容器にうける。この作業を繰返し行ううちに液は透明になるが、「灰汁色」は、初回に流れ出る時の濁色をいう。この灰汁色に似た色に「灰色《はいいろ》」があるが、それは、木や藁や炭の類が燃え尽きたあとの中明度の灰の色をいう。灰色は暖みの無彩色の色であって、それと灰汁色を比較すれば、灰汁色の方が黄みを多く含んでいる。ところで、無彩色系の色には灰色の他に「鼠色」があるが、この方は灰色よりもややクールな感じである。

英名「カバート　グレイ」—藪の色。

104 肥《ひ》後《ご》煤《すす》竹《たけ》

黒みがかった黄褐色で、『手鑑模様節用』の色譜にその色が示されている。色名の「肥後」は、地名或いは人名に因んだものか未考であるが、「遠州茶」のように、人名に因んだものでないかと推測される「肥後煤竹」の染法は『萬染物張物相傳』(元禄六／一六九三)に「しぶき一へんひき・すわうにみやうはん少入、一へんひき、又むめ一へんひき、よくほし、又水八合程にすかね二合程入、むらなくひきよくほしはる也」とある。肥後煤竹の名は当時の節用本や『女重寶記』(元禄五／一六九二)の染色名、小袖雛形本の地色名には見えていないが、「何々煤竹」と称する染色は元禄初年に多くあらわれていることから、肥後煤竹の染色もその頃から行われるようになったのではないかと思われる。

英名「オリエンタル　ゴールド」—東洋的な金色。

105 路《ろ》考《こう》茶《ちゃ》

宝暦・明和(一七五一—七一)の頃江戸中の人気をさらった二世瀬川菊之丞から出た、黄茶の黒みがかった染色をいう。「路考」は瀬川家代々の俳名である。二世路考は王子路考と呼ばれ、その美貌は当時の役者随一とされ、人々は路考の名を小野小町同様美人の代名詞として「何々町路考」と呼んだ。次いで、三世路考(仙女路考)も天明・寛政・文化に亘って江戸でも、生地大坂でも人気があり、路考茶は京・大坂にも大いに拡まった。二世路考から出た流行物には、路考茶のほか、路考髷、路考鬢、路考櫛などがあるが、なかんづく路考茶は宝暦・明和から天保・弘化の七十年間に亘って流行した。その流行ぶりは、『反古染』に、明和の初め、女衣裳や帷子染に路考茶が流行したことが記されていること、鈴木春信や勝川春章の浮世絵美人の衣裳の色によく見られることや、①『式亭雑記《しきていざつき》』文化七年の記事に「夏冬ともに、女の衣裳に路考茶流行」とあること、又、『守貞漫稿』の文化年中の流行記事に「伊予染、路考茶、江戸に流行、(文政から)天保に亘りて京坂に芝翫茶《しかんちゃ》…、江戸に路考茶、梅幸茶はやる」とあることなどから察せられる。この路考茶が行われるようになったのは、宝暦十三年、市村座で上演の「栄花曽我」から、或いは明和三年、中村座で上演の「八百屋お七恋江戸染」からともいわれるが、その流行は彼の扮した下女お杉の衣裳が大評判になってからといわれている。『手鑑模様節用』の色譜にその色が示されている。

英名「ビーチ」―ブナの木の色。

①式亭三馬著。文化七、八両年における日記。歌舞伎役者、落語家、浮世絵師など交遊間の記事が多い。

106 海松茶《みるちゃ》

「海松色《みるいろ》」(後出)を褐色がからせた暗いオリーブ色をいう。「海松茶」は海松色の変相色の一つで、江戸時代では広く愛用された染色である。この色は寛文六年の『御ひいなかた』以来、しばしば雛形本の小袖の地色に見えているが、後、「藍海松茶」があらわれると、「素みる茶」と呼ばれている。その名の由来について『愚雑俎』(文政八/一八二五)

は「素みる茶といふは、元来はむかし寛文のころか南ばんの松羅国《すみるこく》より舶来《もちきたり》の絹の色なりしよりかくいふとなり。たまたま海松《みる》の色に似しを以て海松茶といふ」とのべているが、どうであろうか。海松茶の染法は『紺屋茶染口傳書』（寛文六／一六六六）に「かわ二しほ三しほもつけてみやうばんもみして、さてゆをよきかげんほどにぬるみかねをひしやくに三ばい四はいほど入て、いろをつけ申候、但色つきかね候は丶、又うは色を少づつ入て、しぼり見ていろのよきほどにうはいろかけ申候」とある。

英名「シーウイード　ブラウン」―海藻の褐色。

107 菜《な》種《たね》油《ゆ》色《いろ》

菜種（あぶらなの種）からしぼり取った菜種油の色のような、緑みの深い黄色をいう。「菜種色」と呼ばれる色には、このほか、菜の花色に似た黄色があるが、同じ名では色の混乱が起るため、今日では、花の色の方を「菜の花色」と呼ぶようにしている。菜種色と称する染色が行われるようになるのは、菜種の油が灯油として普及した江戸時代からであるが、『反古染』によると、この染色は元文の頃（一七三六―四一）麻裃《かみしも》の色に流行し、天明の頃（一七八一―八九）には裏付き裃に流行したとのことである。菜種色の染法を記したものは見られないが『反古染』に記されている麻裃の菜種色は、菜種油が日常の必需品で、衆知の色であること、その色調は菜の花色とちがって落着きがあることから、菜種油色にちがいない。

英名「オイル　イエロー」―油色。

108 黄《き》海《み》松《る》茶《ちゃ》

海松茶の黄みがかった、鈍い茶みのオリーブ色をいう。この染色は名が示すように海松色の変相色である。「黄海松茶」は『手鑑模様節用』の色譜に見えており、その染法は『萬染物張物相傳』（元禄六／一六九三）に「しぶき一へんひき、かりやす二へんひき、とめは、ちや、みるちやのとをりそめ申可く候」とあり、また江戸後期の染色書にも見えている。海松色の変相色には黄海松茶のほか、前出の海松茶や「藍みる茶」、「海松藍色」などがある。藍海松茶は各種の雛形本に見えているが、黄海松茶の色は雛形本にも、流行記事にも見えていない。しかし、黄海松茶よりやや明るい緑みの「鶸茶《ひわちゃ》」（後出）は江戸中期にはしばしば流行色となっている。黄海松茶もその頃愛用されたのではなかろうか。

英名「シーウイード　イエロー」―海藻の黄。

109 鶯《うぐいす》茶《ちゃ》

「鶯色」を基調とした褐色みのオリーブ色をいう。「鶯茶」は『世話字節用集』（元禄五／一六九二）には「鶯鶲茶《うぐひすちゃ》」と書かれている。この染色は『袖ひいながた』（元禄五／一六九二）以来雛形本の地色にしばしばあらわれており、その頃の愛好色の一つであったが、その名はそれ以前の浮世草子にも見えている。西鶴の『好色二代男』（貞享元／一六八四）には「紋無しの鶯茶の物を…」とある。鶯茶の染法は『當世染物鑑』（元禄九／一六九六）に「うぐひす茶。絹下染あさぎ、其上ももかわしるうすくして染ほしあげ、少かねくろみ入てうへあくとめすすぎ而よし」とある。これに対して後の『諸色手染草』（明和九／一七七二）には「うぐひす茶。ごまめのしるにあひ（藍）をまぜ、ふのり少し入、一ぺん染て、かりやすのせんじしるにて一ぺんそめうへのとめにめうばん少し水にかきたて染てよし」とあって、後者の『手染草』の方が前者の染色より淡くなっている。又、その色相を後期の『手鑑模様節用』の鶯茶の色譜で見ると、黄緑色になっており、それには「古名おみなへし、うぐひす茶ともいふ」と記されている。これらのことから、鶯茶の色調は、前期より中・後期は比較的にうすく緑がちになり、基本色の鶯色《うぐいすいろ》と紛らわしくなってきたことがわかる。後期の「茶名」の分類でも鶯茶は「やなぎ茶」などと共に薄茶の部類に入れられている（『染物重寶記』）。色票には前期の色をあげた。

英名「シーウイード」―海藻の色。

110 菜《な》の花《はな》色《いろ》

あぶら菜の花色のような、あかるくクールな黄色をいう。この色は「なたねいろ」と呼ばれることがあるが、前にのべたように、菜種の油の色も「なたね色」と呼ばれたことから、混乱のないように「菜の花色」と呼ぶようになった。一方の「菜種油色」（前出）は元文、天明の頃にあらわれ、流行しているが、この頃にはまだ菜の花色は見えていない。この名があらわれるのは現代になってからであろう。この系統の色は古くは、苅安（前出）や黄蘗《きはだ》の色として見えており、新しい色ではないが、そのクールな色感は現代的である。

英名「カナリー」―カナリヤの羽色。

111 苅《かり》安《やす》（刈安《かりやす》）

山野に自生する禾本科の草、刈安の煎汁と灰汁で染めた緑みの黄色をいう。「刈安」の名は「刈りやすし」の意で、入手しやすいことからつけられたものという。古来、刈安と称するものには、「やまかりやす」（近江刈安）と藎草《こぶなぐさ》（八丈刈安）の二種類があるが、『延喜縫殿式』にある「苅安」の黄はやまかりやすによっている。この植物はススキの類で、普通、刈安と云えばこれを指す。『倭名類聚鈔』に「黄草。辨色立成云加伊奈《かいな》、本朝式云刈安草」とあるのはこれである。古代ではススキの類は黄色染に用いられたが、中でも この刈安が愛用された。刈安は江戸時代の①『本草綱目啓蒙《ほんぞうこうもくけいもう》』に「本邦人黄色ヲ染ルニ用ル草ハ江州長浜ヨリ多ク出ス所ノカリヤスナリ」と記されている。『衣服令』に、無位の宮人、百姓《ひゃくせい》（庶民）の服色と定められた「黄《きそめ》」は、この刈安染の色である。また、刈安は緑色を染める黄染料に用いられるが、それは支子の黄とちがって赤みを含まず、藍との交染で鮮やかな緑色を染めることが出来るからである。

英名「クローム　レモン」—クロームの緑み黄。

①本草学の書。小野蘭山著。明和の頃（一七七〇）の成立か。

112 黄《き》蘗《はだ》

深山に自生する喬木の黄蘗《きはだ》（蘗木）の内皮の煎汁と灰汁で染めた鮮麗な黄色をいう。「きはだ」の名は、その内皮が黄色を呈していることからつけられたものである。『倭名類聚鈔』染色具に、「蘗。兼名苑云黄蘗補麦反一名黄木和名岐波太」とある。黄蘗による黄染は古くから染紙にも行われており、これで紙を染めると虫喰いを防ぐ効果があり、写経用の染紙に用いられた。『大日本古文書』天平宝字四年正月「東大寺写経所解」に、「黄蘗、以一斤染紙四十張」とあるのはそれである。『延喜縫殿式』ではこの黄蘗と藍とで、緑や藍色を染めている。黄蘗の煎汁は染料のほか、腹痛薬として古くから飲用されている。①『本草綱目譯説《ほんぞうこうもくやくせつ》』（明和年間／一七七〇頃）に「此皮を濃煎し、膏の如くなすを、ダラニスケと云。和州大峯山の名産なり、水にて釈けば色黄なり。又、これをもって熊膽に偽ると云へり」と記されている。以上のように、黄蘗はわが国では薬料、染料に古くから用いられているが、本家中国での黄蘗染料の発見は薬料の色からだったと思われる。

英名「レモン　イエロー」―レモンの実の黄色。

①本草綱目の注釈書。小野蘭山著。明和年間（一七七〇）頃。

113 蒸《むし》栗《くり》色《いろ》

蒸した栗の中実の色に似た、緑みの淡くやわらかい黄色をいう。「蒸栗色」の染色の記事は中国古代の書『爾雅《じが》』の「蒸栗、染紺使黄色、如蒸栗然」が最古と見られているが、これによると、中国の蒸栗の色はわが国のそれとちがうようである。わが国で蒸栗色の名がいつ頃から呼ばれたか、それは染色名としてか、或いは一般色名としてあらわれたのか不明だが、蒸栗の色を指すことは確かである。これを伝統色の中に入れてよいかどうかは今後の研究に俟たねばならないが、①『色名大辞典』に倣って、一応取上げておくことにした。

英名「シャルトルーズ　イエロー」―芳香のリキュール酒の色。

①色票、及び解説書。和田三造監修。日本色彩研究所編、昭和二十九年発行。

114 青《あお》朽《くち》葉《ば》

朽葉色の系統で、赤朽葉、黄朽葉に対し、緑みの朽葉色をいう。「青朽葉」には、染、織、重の色があり、織色は、経青・緯黄（『装束抄』）、重色は、表淡萌黄、黄気アリ・裏青（①『色目秘抄《いろめひしよう》』）となっており、染色《そめいろ》は、藍と黄蘗の交染である。青朽葉の色は『餝抄《かざりしよう》』に「其色薄青、花色トクサニ可ㇾ染歟」とあり、『装束色彙』には「尋常ノ朽葉ノ青キ方ニ寄タル色ニ染ムベキ歟」とあるが、青朽葉の名義から見れば後者の説が正しく、色票のような渋みの緑黄色になる。その色はすずしそうに見えるところから、着用時期は四、五月、或いは極熱、又は甚雨の頃となっている。『枕草子』にも「汗衫は夏は青朽葉」と記されている。青朽葉の装束は他の平安文学書にも、「青朽葉の唐衣」（『栄花物語』）、「青朽葉の御小袿」（『夜の寝覚』）などと見えている。

英名「オリーブ　イエロー」―オリーブみの黄。

①装束色目の書。写本。末尾に、「此一帖者左京大夫康実卿之集也。」とあり「寛政二年正月二十五日成定朝臣写了」とある。成立年代未詳。

115 鶸《ひわ》茶《ちゃ》

鶸色（明るい緑黄）の変相色で、緑みのにぶい黄色をいう。「鶸茶」は『手鑑模様節用』の色譜に見えており、「古名をみなへし、うぐひす茶ともいふ」と記されているが女郎花より少し暗く、鶯茶よりは黄みがちで明るい。鶸茶の染法は『當世染物鑑』(元禄九／一六九六)に「ひはちや。もんつきは下染みづいろにして、其うへかりやすにて三べん染ほしあげ、其うへあくとめなり…」とあり、『染物秘傳』(寛政九／一七九七)には「鶸茶。かりやす一返、合梅三返、其上に梅に白凡三匁入一返染」、又、「下地浅黄より薄く染、其上刈安一返引、又かりやすに明凡入引てよし」とある。鶸茶は『新板花陽雛形綱目』(宝永五／一七〇八)以来、享保、明和、安永、天明各期の雛形本の小袖の地色に見えている。『反古染』にも、同じ頃鶸茶が小袖に流行したことが記されている。また黄表紙には「鶸茶の天鵞絨《びろうど》の腰帯」、「ひわ茶繻子《しゅす》の帯」、「鶸茶小紋」などが見えている。

英名「ライト　オリーブ　イエロー」―あさいオリーブ黄。

116 女郎花《おみなえし》

山野に自生する多年草の女郎花《おみなえし》の花の色を模した緑みのさえた黄色をいう。「女郎花」には織色と重色があり、織色は、経青・緯黄(『女官飾鈔』)、重色は、表黄・裏青(『雁衣鈔』)となっている。これによれば、女郎花は織色、重色共に上記の緑黄色になり、実物の花の色よりは緑みを帯びたものになる。染色には女郎花の名はないが、これに類する色に「鶸《ひわ》色」(後出)がある。しかし、女郎花の方が黄みがちである。この色目は女郎花の花の季節に合わせて着用することになっており、『雁衣鈔』に「六月祇園会自リ同之ヲ着。秋季之ヲ通用。但九月狩衣ニ於ハ非常事歟」とある。植物の女郎花は秋の七草の一とされており、その名は『倭名類聚鈔』に

「乎美那閉之、今案花加蒸粟也」と見え、『萬葉集』にもうたわれている。その服色は『源氏物語』「野分」に「女郎花《おみなえし》の汗衫《かざみ》などやうの…」と見えている。

英名「シトロン　イエロー」―シトロンの黄。

117 鶯《うぐいす》色《いろ》

鶯の羽色のような暗い萌黄色をいう。先にあげた「鶯茶」はこの色を褐色がからせたもので、鶯色とは色調が少し異なる。しかし、茶色全盛のこの時代では、鶯茶の方が「鶯」を代表するようになり、基本の鶯色は時に鶯茶の名で呼ばれたのでないかと思われる。鶯色は元禄以前から知られた浄瑠璃土佐節の「染色盡」に「咲くや花色花に鳴く、鶯染の声あげて…」と、よみ込まれているが、『女重寶記』（元禄五／一六九二）の「萬染色之名」には鶯染はなく鶯茶の方があげられている。又、同年の『袖ひいながた』の小袖の地色にも鶯茶がとり上げられている。これに対して鶯色の名を見ることは少ない。その色が見られるのは明治後期に流行色としてである。鶯色の染法は『染物秘傳』（寛政九／一七九七）に「白豆汁一返、もみ出し豆汁一返、其上かりやすに白凡三匁入」とある。鶯を冠した染色に「鶯煤竹《うぐいすすすたけ》」というのがある。それは鶯色を黒ずませたもので、その染法は『當世染物鑑』（元禄九／一六九六）に見えている。

英名「ホリー　グリーン」―西洋ヒイラギの葉の色。

118 鶸《ひわ》色《いろ》

鶸どりの羽根の色に因んで、黄蘗に藍をうすくかけた、色票のような冴えた緑黄色をいう。その染法は『染物秘傳』（寛政九／一七九七）に「ひわ色。下を黄蘗に而染め其上を浅黄《あさぎ》に染べし」とある。これによると、実物の羽根の色より黄みがちの明るい色になる。この染色は鶸の羽根の光沢色をあらわすものと思われる。鶸どりの漢名は「金翅雀」で、この鳥名も光沢ある羽根色に因んだものである。これに対して、和名の「鶸《ひわ》」はその形姿や羽色がひわやか（繊弱）なことから名付けられたものという。「未熟」を意味する「嘴《くちばし》の黄色い」とは鶸色のような黄色を指すのであろう。ひわどりは古くから知られており、『枕草子』にもその名があげられているが、鶸色の名はこの時代の文学には見えていない。その名は鎌倉時代の[1]『布衣記《ほいき》』「狩衣事」に、「ひは」と見えており、前代（平安）では鳥に因んだ色名はまだないことから、鎌倉時代にあらわれたものと思われる。この鶸色が緑に傾くと「鶸萌黄《ひわもえぎ》」に、更に緑がかると「萌黄色」になる。また、それが少しくすむと「鶸茶」（前出）になる。

英名「ライト　ライム　グリーン」—明るいライム果の緑色。

①装束の書。一巻
斎藤助成の記録書という。永仁三年（一二九五）成立か。

119 青《あお》白《しろ》橡《つるばみ》（麴塵《きくじん》）

刈安と紫根の交染による破色調のあさい黄緑色をいう。この染色は天皇の褻《け》（平常）の袍の色で禁色となっているが、勅許があれば着用が聴るされる。青白橡は『延喜縫殿式』では「綾一疋に、苅安草大九十六斤、紫草六斤、灰三石、薪八百四十斤、帛一疋に、苅安草大七十二斤、紫草四斤、灰二石、薪六百六十斤」を用いることになっている。この染色は平安文学には「あおしらつるばみ」(『宇津保物語』)、「青き白橡」(『栄花物語』)、一般には「青色」と書かれている。『枕草子』に「青色姿」、『源氏物語』に「青色の袍衣」とあるのがそれである。この青色について、室町時代の『桃花蘂葉《とうかずいよう》』は、「青色。又麴塵ト号ス。又山鳩色ト号ス」と記している。麴塵は中国の色名で、麴《こうじ》の黴《かび》の色に因んだもの、山鳩色は山鳩の羽根の色に因んだもので、共に青白橡と同色とされている。当時は、青色といえば右の色を指すが、単に青といえば緑の濃く青みを帯びた色(成長した木の葉の色)をさす。重色目に「青」とあるのがそれである。

英名「ホップ グリーン」—ホップの草の緑。

120 柳《やなぎ》茶《ちゃ》

茶がかった柳染、の意で、にぶい黄緑色をいう。

柳茶の染色は、この時代の茶と呼ばれる色ではうす茶の部類に入れられている(『染物重寶記』「茶染物名に品ある事」)。しかし、色相別では「青茶」に属する色である。『手鑑模様節用』の「威光茶《いこうちゃ》」の色譜に「威光茶。或は柳茶ともいふ」と記されており、その色はくすんだ青緑になっているが、柳茶はそれより黄みがちである。柳茶の染法は『染物屋覚書』[①](享和三/一八〇三)に「柳茶は京鼠の上へ刈安二度引。あく留」とある。柳茶は「柳染」を変相した色であるが、その柳染は前述の土佐浄瑠璃の「染物盡」に「風にしなへてたよたよと、召した姿の柳染」とよみ込まれている。この染色は柳の葉の色に因んだ中明度の緑で、それに黄みと灰みが加わったのが柳茶である。柳に因んだ染色はこの他、「柳煤竹《やなぎすすたけ》」や「柳鼠《やなぎねずみ》」などがある。

英名「シトロン　グリーン」―シトロンの緑。

①染物屋が染賃と染方を記した覚書。筆者不詳。享和三年頃（一八〇三頃）記。

121 璃《り》寛《かん》茶《ちゃ》

文化・文政の頃、大坂の劇壇で人気があった、二世嵐璃寛（吉三郎）から出た暗い緑褐色をいう。この染色は「藍媚茶《あいこびちゃ》」に似ており、『手鑑模様節用』の色譜には「藍こび茶、一名りくわん茶」と記されている。二世璃寛は初代同様大坂に深い縁故があり、美貌、美声、優姿をもって大坂劇壇で活躍し、先にのべた中村芝翫（三世歌右衛門）と贔屓を二分した。この両者は同座したままで十八年間一度も同じ舞台に立たなかったほど対抗し、また両者の贔屓筋の競争も激しかった。両者の人気から出た流行物《はやりもの》は、染色を初め、衣服、化粧品、調度、玩具、食物、薬品まで数十種にのぼるが、一方が何か流行物を出すと、他方も負けじと同種のものを出した。その中で「璃寛茶」と「芝翫茶」の染色は流行を二分したという。そのことは、文化十一年（一八一四）の春、両者から出たはやりものを比較した「芝翫、璃寛はやり物見立勝負附」の最後尾に芝翫茶・璃寛茶を配し、分《わけ》（勝負なし）としていることでもわかる。①『近世時様風俗』はその競争ぶりを一方に芝翫柱といふが建てらるれば、一方には李冠（初期俳名）柱といふが立つといふほどにて」と記している。両者の染色は文化・文政から天保ごろ京坂で流行したことが『守貞漫稿』にも記されている。

英名「オリーブ　ドラブ」―褐色味のオリーブ。

①斎藤隆三著。江戸初期から天保頃までの風俗の変遷を論述。昭和十三年三省堂発行。

122 藍《あい》媚《こび》茶《ちゃ》

媚茶（前出）を藍がからせた暗い緑褐色をいう。この染色は『諸色染手鑑』（安永五／一七七六）や、『手鑑模様節用』其他、江戸後期の染見本帳に示されている。又、雛形本では、『雛形都の富士』（宝暦十／一七六〇）や『雛形吉野山』（明和五／一七六八）の小袖地色に見えており、文化・文政（一八〇四―三〇）の頃ではこれに似た「璃寛茶」が京坂で流行している（『守貞漫稿』）。藍媚茶の染法は『萬染物張物相傳』（元禄六／一六九三）に「下地あさぎにそめさせ、しぶき二へんひき、すかね一へんひき、そのまま水にてすすきほす也」とあり、又、『諸色手染草』（明和九／一七七二）には「ももかわのせんじしるにて二へんそめ、其うへをかりやすのせんじしる少し入、めうばん水にかきたてそめてよし。但し下地をうす浅黄に染れば、地つよくして色をよし」とある。

英名「ダーク　オリーブ」―暗いオリーブ。

123 苔《こけ》色《いろ》

苔の色のような濃い萌黄（黄緑）色をいう。「苔色」の名は中世の重色に見えており、その色目は、表香黒ミアリ・裏二藍（『装束抄』）、或いは、表、裏共に濃萌黄（『薄様色目』）となっているが、その染色名は見られない。しかし、一般色名として後世には広く用いられている。江戸時代の染色で苔色に類する色では、それより明るい「柳茶」や、それより暗い「海松色」が愛用されている。苔色に当る染色は当時それらの名で用いられたのではなかろうか。平安文学には「苔《こけ》」や「苔衣《こけのきぬ》」などが見えているが、これは、苔を衣に見たてて、僧侶や世捨人の粗末な衣服を指すのであって、苔色の服色の名はまだあらわれていない。古代の服に苔色を名とするものが見られないのは、それが「萌黄《もえぎ》」色の一種と見られていたからではなかろうか。苔色は明治以後、英名で呼びかえられ、その新鮮で落着きのある色調は大戦後の昭和二十年代に愛好され、流行色となった。

英名「モス　グリーン」―苔色。

124 海《み》松《る》色《いろ》

浅海の岩の上に生える海藻の一種、海松《みる》（別称みるめ）の色に因んだ、暗い黄緑色をいう。海藻の海松は『倭名類聚鈔』に、「海松。…水松状如松而無葉和名美流」と見え、『萬葉集』にも詠まれているが①、それが服色名にあらわれるのは平安以後のことと思われる。海松色は『物具装束抄』に「海松色、面色青黒ニテ海松ノ如シ、裏白」とあり『藻塩草』には「海松色衣黒ミ入程ノ萌黄」とあって、その色調には少しちがいがあるが、実物の色は後者の方が近い。海松色の幽暗でクールな色調は、質実剛健を旨とした鎌倉武士や、幽玄を心とした室町文化人に愛好されたと思われる。しかし海松色に関する文学上の所見は少なく、わずかに、『太平記』に「海松色の水干著タル…」とあるのを見るにすぎない。海松色は江戸時代になると、それの茶がかった「海松茶」を初め、藍気がかった「藍海松茶」、「海松藍色」などの各種の変相色を生んだ。
英名「シーモス」―海苔の色。

①巻二（一三五）
韓の崎なるいくりにぞ　深みる生ふる荒磯にぞ……

125 千《せん》歳《さい》茶《ちゃ》

千歳緑（濃く暗い緑）を茶がからせた、暗い緑褐色をいう。千歳は千哉、仙斎、千才とも書かれている。『世話字節用集』、『女重寶記』（元禄五／一六九二）の染色の名には千哉茶と見えている。千歳茶の染法は『紺屋茶染口傳書』（寛文六／一六六六）に「したぞめ、うすはな色にそめて、かわのつけやう右あゐみるちやのごとくにそめ申候」とあり、『①女《おんな》小学《しょうがく》そめもの秘傳」（享保十／一七二五）には「あいみるちやにくろみをおおく入てそむるなり」とある。又、『手鑑模様節用』の色譜には「せんさい茶。一説にむくの実染にいろおなじ。当世さわらび色と号」と記されている。千歳茶は、千歳緑から出た緑茶系統の色であるが、この時代ではもとの千歳緑より愛好され、雛形本には『雛形絹笠山』（元文四／一七三九）以来しばしばとり上げられている。また、『反古染』によると、この染色は宝暦（一七五一―六三）の頃、男子の小袖に流行したとのことであり、『守貞漫稿』（嘉永年間）によると、文政の頃、婦人の紬の紋付にこの色に似た「藍ビロード」と呼ばれる緑の黒みの染色が行われたとのことである。

英名「ブロンズ　グリーン」―青銅色。

①女子修身上注意すべき諸事項を仮名文で書いた女子教養書。書は佐藤慎一郎、画は大石真虎、彫は樋口与兵衛。享保十

年（一七二五）刊。

126 梅《ばい》幸《こう》茶《ちゃ》（草《くさ》柳《やなぎ》）

安永・天明（一七七二―八九）の頃、歌舞伎の大立者であった初代尾上梅幸（菊五郎）の趣好による、灰みの淡萌黄色をいう。『手鑑模様節用』の「草柳《くさやなぎ》」の色譜に「当世通名梅幸茶」と附記されている。この記事から、草柳よりも梅幸茶の名が広く用いられていたことがわかる。また、式亭三馬の『梅幸茶婀娜《あだ》な染色』（文化十三／一八一六）にもその名があげられている。梅幸茶は名称上では茶の類となっているが、色相は黄緑、すなわち、萌黄系統である。当時の流行は浅葱色が全盛であったが、これに対して萌黄色を打出したのは世上への宣伝効果を考えてのことと思われる。彼は京都の生まれで、はじめ女形として舞台に立ったが、後江戸に下り、立役として人気をあつめた。彼の人気は美貌よりも達者な芸であった。彼の趣好による「梅幸茶」も花やかさの中に渋みを含み、彼の芸風をうかがわせるが、梅幸茶の流行は路考茶のように大流行とはならず通人の間にとどまったようである。それは、彼の贔屓客が主に芝居通の人々だったからだろう。

英名「シルバー　セージ」―銀色調の明るいサルビヤの葉の色。

127 岩《いわ》井《い》茶《ちゃ》

文化・文政年間（一八〇四―三〇）、町人社会に取材した生世話物《きぜわもの》を当り役とした女形、五世岩井半四郎から出た黄みの灰緑色をいう。この染色は

『手鑑模様節用』の色譜にも見えており、また、彼の扮装を描いた錦絵の衣裳にも見られる。半四郎は当時、七世団十郎と並んで江戸の人気をあつめたから、岩井茶も流行したと思われるが、それを報じた記事は見当らない。彼から出たはやりものには岩井茶のほか、「半四郎鹿《か》の子《こ》」、「岩井櫛」、「半四郎小紋」、「岩井香」、「岩井せんべい」などがあり、中でも半四郎鹿の子は有名である。この鹿の子模様は文化六年（一八〇九）、江戸河原崎屋での狂言「其往昔《そのむかし》恋《こい》江戸《えど》染《ぞめ》」に八百屋お七の役を演じた時に着用した振袖の浅葱色の麻の葉鹿の子で、江戸の婦女子の間で大評判になり、娘から老婆まで襦袢や半襟、袖などに用いたという（『近世時様風俗』）。岩井茶はこの麻の葉鹿の子と共に流行したのではないかと思われる。

英名「スレート　オリーブ」―石板色のオリーブ。

128 鶸《ひわ》萌《もえ》黄《ぎ》

鶸色（前出）と萌黄（黄緑）の中間の、黄みの強い、色票程度の萌黄色をいう。この染色は『手鑑模様節用』の色譜に、「ひわもえぎ。古名浅みどり」と記されている。また、江戸中期の『紺屋伊三郎染見本帳』にもみえていることから、中期頃には広く行われていたと思われる。「鶸萌黄」の染法は『染物早指南』（嘉永六／一八五三）に、「かや（刈安）こくにつめて裏表二へんづつあいけし」とある。緑色の染色には古来、刈安が黄染に用いられているが、この染色では刈安を強く、藍を弱くして黄みの強い緑になるようにしている。鶸萌黄の名はどの雛形本にも見当らず、また、その流行を報じた記事もない。それは広く用いられた色であろうが、雛形本などにそれが見られないのは、一般には萌黄色の一種と見られたからにちがいない。「鶸」を冠した染色は、他に「鶸茶」（前出）がある。

英名「フレッシュ　グリーン」―新緑の色。

129 柳《やなぎ》煤《すす》竹《たけ》

煤竹色（前出）の緑がかった色をいう。この染色は『當世染物鑑』（元禄九／一六九六）の序に「近年染物屋方上手に成候故か、亦好み方上手に成候哉、色々の茶ぞめ、すす竹、替りたる染出し有之…」とあるように、「柳煤竹」はこの頃あらわれた煤竹色のかわり染の一つである。その染法は同書に「下染ももかわに而一ぺん染、かねくろみに水大ぶん入、またみやうばん少し入」とあり、江戸末期の『廣益秘事大全』（嘉永四／一八五一）には「下地を薄浅黄にそめ、其上をかりやすのせんじ汁にて一へんそめ、その上を同じ汁に明ばん少し加へてとむる」とある。これによると、後世の柳煤竹の色調は元禄の頃に比してかなり緑みの明るいものになっている。柳煤竹は『新雛形京小袖』（明和七／一七七〇）や『新雛形若みどり』（安永二／一七七三）の小袖地色にあげられている。この柳煤竹を更に黒ずませたのが「柳煤竹茶」である。その染法は『機織彙編』に「下地を浅黄に染、其上を藎草にて両面へ引。ご水に墨を摺り入、鼠色程に成る時刷毛にて引なり」と記されている。

英名「ディープ　シーモス」―濃い海苔の色。

130 裏《うら》柳《やなぎ》（裏《うら》葉《は》柳《やなぎ》）

柳の葉裏の色に因んだ淡い黄み緑で、「裏葉柳《うらはやなぎ》」ともいう。「裏柳」は『手鑑模様節用』の色譜に見えており、その注に「古名青色或は麴塵御袍のいろ」と記されているが、麴塵は前出の青白橡と同色で、裏柳よりは黄みを含み色調が異なる。裏柳の染色は江戸末期頃の『イ印當世色本帖』や同期の『亀印まつや伊兵衛色本帳』、『福印福田与兵衛色本帳』に見えているが、その染法を記したものは見当らない。『手鑑』や染見本帳に示された色からみて、藍と刈安による淡萌黄染の手法によるのではないかと思われる。裏柳の染色名は小袖雛形本の地色や染色の流行記事には見当らない。

英名「ミスト　グリーン」―霞んだ緑。

131 淡《うす》萌《もえ》黄《ぎ》（苗色《なえいろ》）

稲の苗色のような淡い萌黄（黄緑）色で、重色では「苗色」という。その色目は、表淡萌木（黄）・裏同、黄ヲサス（『胡曹抄』）、表淡青・裏黄（①『薄様色目』）となっており、表・裏の裂を合わせると「淡萌黄」色になる。『助無智秘抄』にも「苗色トハ黄気アル青物（淡萌黄）也」と記されている。すべて、重色目の色の配合では、表の色に対して裏色が微妙な影響をあたえるが、色目の効果を主導するのは表の色である。したがって、苗色の色調は表の色（淡萌黄）によって主導されるわけであるが、表・裏が同色ないし、裏が白色の場合は表の淡萌黄色がそのまま苗色を表わすことになる。苗色に似た重色に「若苗色《わかなえいろ》」があるが、この方は、表淡青・裏淡青（『四季色目』）、或いは、表淡木賊・裏同（『藻塩草』）で、苗色よりは少し青みの色になる。「苗色」は平安文学には見られないが、「若苗色の小袿」は『源氏物語』に見えている。

英名「アップル　グリーン」―リンゴの緑。

①重色目の書。色板摺。
中村惟徳著。古代色三二色と四季の重色二四〇種を色摺で示し、附録に消息の古體を図説。文政九年（一八二六）刊。

132 柳《やなぎ》染《ぞめ》

柳葉の色に似て、かすかに灰みを含んだ黄緑（萌黄）色をいう。平安時代ではこれと同じ「柳」と称する色が、重色や織色に見えている。重色目の「柳」は、表白・裏青（『雁衣鈔』）となっており、織色の「柳」の出典は定かでないが、経糸萌黄・緯糸白とされている。柳の木は平安貴族に愛好され、その名の装束は文学上に「やなぎがさね」（『宇津保物語』）、「柳の汗衫」（『源氏物語』）、「柳の唐衣」（『栄花物語』）と見えているが、これらは重・織色であって、染色の柳はこの時代にはまだあらわれていない。柳染が行われるようになるのは、江戸時代の前期末ごろからと思われ、浄瑠璃土佐節の「染色盡」には「召した姿の柳染」とよみこまれている。この柳染の染法を記したものは別に見られないが、重、織の色目から見て、淡萌黄の手法で染られたと思われる。柳染は「柳葉《やなぎは》色《いろ》」とも呼ばれる。柳染から出た染色には前出の「草柳」、「うら柳」、「柳茶」、のほか、「柳鼠」（後出）や「柳媚茶」、「柳利休」などが、染色見本帳に見えている。

英名「ウイロー」―柳。

133 萌《もえ》黄《ぎ》

萌え出た若葉の色のような、冴えた黄緑色をいう。もえぎは「萌木」とも書かれる。『貞丈雑記』(天保十四／一八四三)はそれについて、「もえぎ色と云は春の頃木の葉のもえ出る時の色なり。されば萌木色と書也。萌黄と書はあやまり也。木の字を用べし」とのべている。又、「萌葱」と書かれることもあるが、一般には萌黄が用いられている。萌黄とは「黄が緑に立つ」ことをいうのであろう。萌黄色は「若草色」とも呼ばれ、『萬葉集』では「浅緑《あさみどり》」と詠まれている。①平安時代の『夜の寝覚』には「萌黄の小袿」(重色)、「萌黄の織物」(織色)が見え、『栄花物語』には「萌黄、桜などの末濃《すそご》」(染色)が見えている。また、『紫式部日記』には「萌黄…の濃き、薄き」と濃・淡の二級で見えているが、単に萌黄といえば色票程度の色を指す。この萌黄が更に黄がかると「鶸萌黄《ひわもえぎ》」(前出)、反対に青黒みをおびると「かげもえぎ」(木賊色《とくさいろ》)の色になる。萌黄の重色は、表・裏共に萌黄(『物具装束抄』)、織色は、経黄・緯青であろうか。又、染色は『萬染物張物相傳』(元禄六／一六九三)に「下地そらいろにそめさせ、かり屋す四へんひき、みやうはんゆにてまへのとおりかげんして一へんそめ、又かり屋す四へんひき、まへのことくみやうはんをひき、水にてよくすすき中候」と記されている。

英名「パロット　グリーン」—オーム鳥の羽色。

①巻十(一八四七)
浅緑染めかけたりと見るまでに春の楊《やなぎ》はもえにけるかも

134 青《あお》丹《に》

もと、顔料や化粧料の黛《まゆずみ》に用いた青土《あおつち》のような暗くにぶい黄緑色をいう。青土は「あおに」と読まれ、「青丹」と書かれるようになるが、この「丹」はもちろん土の意である。土に丹の字をあてることについて、伊勢貞丈は『安齋随筆』（天明四 一七八四）で「青き土を青丹と云ふは心得られぬ様なれど、物の名にも言語にも転用傍通あり、…丹は物を色どる物、青土も物を色どる物なる故、丹を転用傍通して青丹と云ふなり。赤きは丹の体なり、物を色どるは丹の用なり…」と説いている。前田千寸は『日本色彩文化史』①で、「赤土は…特に近畿地方では最も普遍的な土色であり、代表的な土色であるので、それが土色の概念になって「に（土）」と「丹」とを結んだのではあるまいか」と述べている。青丹には、染色、重色、織色の三種があり、染及び重色は、（染色）表濃き青に黄をさす。裏同（『胡曹抄』）、あるいは、（織色）表経青緯黄・裏青（『色目秘抄』）となっている。これによると、染色は深い萌黄色、織色では黄みがちの萌黄色になる。青丹は『宇津保物語』に「あをにのうへのきぬ」、『源氏物語』に「青丹の高麗の錦」と見えている。また、『胡曹抄』には青丹の他、「紺青丹」の色目の名が見える。その色の内容については別に記載はないが、名付け方から見て、青丹を紺色がからせたものと解される。「青丹」は以上の青土とは別に、あお（緑）と、に（丹）の二色を指すことがある。平城京の色彩美をたたえる「青丹吉」がそれである。

英名「カクタス」—サボテンの色。

①一巻。前田千寸著。上代から中古までの日本の色彩文化について叙述したもの。昭和三十五年岩波書店発行。

135 松《まつ》葉《ば》色《いろ》

松の葉に見られる暗い萌黄色で、「松の葉色」ともいう。『枕草子』に「狩衣は香染の薄き…松の葉色」と見えている。松に因んだ重色に「松重」があり、その色目は、表萌黄・裏紫（『布衣記』）、表青・裏紫（『雁衣鈔』）、ほか数説があるが、実物の松葉の色にはこの二説の色がもっとも近い。染色の松葉色は藍と刈安で染められるが、藍を濃くすれば「木賊色《とくさいろ》」（青みの深い緑）になる。『手鑑模様節用』の松葉色の色譜に「松葉色。古名とくさいろ、寛政年中あゐびろうどの名ありて、一時のりうこうたり」とあり、色譜に暗いオリーブ色が示されている。このように、松葉色と木賊《とくさ》（後出）の色調は似てはいるが、松葉色の方が木賊色より黄みがちである。

英名「ジェード　グリーン」―ヒスイの緑色。

136 薄《うす》青《あお》

「青」は古代では一般に緑色を指すから、「薄青」は色票に見るような浅い緑色である。薄青には、重、織、染の三種の色があり、重色は、表薄青・裏同（『物具装束抄』）、織色は、経白・緯青（『桃花蘂葉』）、染色については『装束抄』に「薄青。染色モアリ」とあり、それは、『延喜縫殿式』の「浅緑」に当る。『式』には「浅緑綾一疋に、藍半囲、黄蘗二斤八両。帛一疋に、藍半囲、黄蘗大二斤」とあり、藍と黄蘗で染めている。わが中古では成長した植物の葉の色を一般名として「青」と呼び、公式名として「緑」と呼んでいるから、「薄青」は『延喜縫殿式』の浅緑に当るわけである。緑を俗に「あお」と呼ぶことは後世まで続いており、[1]『式内染鑑』（享保十四頃／一七二九頃）でも薄青の織色は、経白・緯青縹の古法によっている。その織色がどんな色か見られないが、緯糸の青縹は今日の緑《みどり》青《あお》だから、それと経糸の白とで織れば、昔の薄青よりすこし青みがちの色になる筈である。

英名「ライト　グリーン」―浅緑。

①徳川吉宗（八代）が吹上御苑に染殿を設け、後藤縫殿に命じて帛、韋を染色させた色を集めて帖としたもの。一名、延喜染鑑。享保十四年（一七二九）より染め始めた。原本は染色の布帛を貼付してあるが、公開されていない。坊間伝わるものには異本が多く、色票は顔料で彩色されている。

137 若《わか》竹《たけ》色《いろ》

嫩《わか》い竹の色のような爽やかな緑色をいう。竹の色に因んだものは他に後出の「青竹色」（青みの冴えた緑）や「老竹色《おいたけいろ》」（にぶい緑）がある。これらは竹の幹色に因んで、その、若、青、老、を象徴的にあらわしたものであるが、実物の色とは幾分異なる。「若竹色」は新生の清新な感じを象徴して、実物の若い竹色より明るい緑であらわされるが、後には、若やいだ感じを強調するために、色票より淡い色であらわされることが多い。『明治百年日本傳統色』は、大正時代の流行色の中に「若竹」の色をあげているが、その色調はここにあげた若竹色よりも更に明るい「白緑《びゃくろく》」色に近いものになっている。竹色の中で「青竹色」は江戸時代から見えているが、若竹色の名は古代から近世までの服色にはあらわれない。その染色の名があらわれるのは明治・大正の頃からではなかろうか。『源氏物語』に「…若竹の生ひはじめけん…」と見えるが、勿論、その色名には関係ない。

英名「ポーセレン　グリーン」—陶磁器の緑。

138 柳《やなぎ》鼠《ねずみ》（豆《まめ》がら茶《ちゃ》）

「柳の緑を含んだ鼠」の意で、緑みのうすい鼠色をいう「柳鼠」は『手鑑模様節用』の色譜に示されており、「柳ねづみ。俗に豆がら茶」と記されている。「豆がら茶」は、大豆の茎の色から来た名という。このように、一つの色が茶と鼠の二種の名で呼ばれるのは、柳鼠の色調が微妙な破調色（低彩度の色）だからであろう。江戸時代では破調の色は「何々茶」と「何々鼠」の二系統に呼びわけられているが、一般に渋み、暖み、の色は「茶」の名で呼ばれ、やわらかく、クールな色は「鼠」の名で呼ばれている。柳鼠の名は勿論後者の方である。このような鼠を基本名とする染色が多くあらわれるのは江戸後期から明治にかけてであるが、江戸末期の『染物早指南』（嘉永六／一八五三）に記載の四十六種の染色中、鼠系統は十五種ある。柳鼠はその一つで、染法を「柳鼠。唐藍二遍、鉄漿水けし」と記している。

英名「エッグシェル　グリーン」—卵の殻の淡灰緑。

139 老《おい》竹《たけ》色《いろ》

年を経た竹の色に因んだ、にぶい緑色をいう。竹に因んだ色は、他に「若竹色」（前出）や「青竹色」（後出）があるが、この中で「老竹色」が最も彩度の低い破調の竹色である。老竹色は若竹色に対してあらわれた色だが、江戸時代の染色には若竹色同様その名はない。これに対して「青竹《あおたけ》」の染色は江戸中期頃にあらわれており、若と老の竹色は後になってあらわれた、竹色の変相色と思われる。もとの青竹色も江戸時代ではあまりあらわれない。この頃広く行われた染色で竹を名とするものは「煤竹」系統のもので、その名は雛形本の地色や流行色にしばしばあらわれるが、煤竹色は煤煙ですすけた竹の色で、生竹《なまたけ》の老竹色とは色調が異なる。緑系統の色で「老」を冠するものは他に「老緑《おいみどり》」があるが、これは成熟しきった木の葉の色に因んだ黒みの緑で、老竹色とちがって灰みを含まない。

英名「アンティック　グリーン」――古代風の緑。

140 千歳緑《せんざいみどり》

「常磐《ときわ》の松の緑」のような、濃く暗い緑色をいう。

この「千歳緑」の茶がかった「千歳茶」（前出）の染法は『紺屋茶染口傳書』（寛文六／一六六六）に見えているが、そのもとの色である千歳緑の染法を記したものは見当らない。茶色が愛用されたこの時代では千歳緑よりも千歳茶の方が愛好されたのではないかと思われる。染色本に単に「せんざい」と見えているのがあるが、その色は千歳の茶、緑のいずれかはっきりしない。当時は両者の色が「せんざい」と呼ばれたのではなかろうか。『守貞漫稿』によると、「文政の頃、婦人の紬の紋付に行われた藍ビロード（緑の黒い色）は仙斎茶に似たものである」とのことであるが、「藍ビロード」は千歳茶よりも千歳緑に似た色である。このように色名があいまいに用いられるのは、当時両者の染色が、あまり厳密に染め分けられなかったからではないかと思われる。千歳緑に類する色に『延喜縫殿式』の「深緑」がある。

その材料用度は「綾一疋に、藍十囲、苅安草大三斤、灰二斗、薪二百四十斤。帛一疋に、藍十囲、苅安草大二斤、灰一斗、薪一百二十斤」を用いることになっている。千歳緑の染色にも藍と刈安を用いたのであろう。

英名「ボトル　グリーン」―ビンの暗い緑。

141 緑《みどり》（古代一般名・青《あお》）

成長した樹葉の深い緑色をいう。わが上古では寒色系統の色を総括的に「あお」と呼んだが、特に深い緑色を指す場合は、鴗鳥《そにどり》（翡翠《かわせみ》）の羽根の緑色に因んで「そにどりのあお」と呼んでいる。『古事記』、八千矛の神（大国主命）の歌に見える「鴗《そに》鳥《どり》の青き御衣《みけし》」がそれである。和名「みどり」は「そにどり」の略転かといわれているが、公式には漢名で「緑」と記されている。『紀』持統天皇四年（六八九）の色制には「深緑」、「浅緑」、『延喜縫殿式』には「深緑」、「中緑」、「浅緑」が見えている。普通、「緑」といえば『式』の深と中の中間の、色票程度の濃さの色を指すのではないかと思われる。『延喜縫殿式』によると、深緑の染色には、綾一疋に藍十囲、苅安草大三斤を用い、中緑には綾一疋に藍六囲、黄蘗大二斤を用いている。緑は平安時代でも通俗的には「あお」と呼ばれ、重色にも緑色は青《あお》と記されている。緑は色感が中庸な故か、或いは中国伝来の五行説の間色《かんしょく》軽視の色彩思想①の故か、『衣服令』の服色尊卑の序列では中位に位置づけられている。

英名「マラカイト　グリーン」―孔雀石の緑。

①五行説の色彩思想は正色を尊び、間色を卑しむ。正色とは正統なる色。青・赤（朱）、黄・白・黒（玄）。間色とは亜流の色。緑・紅・瑠黄・碧・紫。

142 白《びゃく》緑《ろく》

水酸化銅と炭酸銅を成分とする孔雀石の粉末を水飛（水と共に研《す》る）してつくった、淡い緑色の岩絵具をいう。その名に冠された「白」は淡いの意である。白緑は「緑青」と同質であるが、粒子ははるかに細かく色は淡い。その淡さは粒子の細かさ如何でちがってくる。『芥子園畫傳』には石緑（孔雀石）を水飛して、頭緑、二緑、三緑に分けることが記されており、白緑の名はないが頭緑が白緑に当る。白緑の絵具はもと、中国から伝来したが、後には我国でも製造された。①『續日本紀《しよくにほんぎ》』文武天皇二年（六九八）の条に、「献……安芸長門二国金青緑青」と見えているから、白緑も当然つくられたにちがいない。白緑は奈良時代では寺院の仏像や仏画の彩色に重用された。当時、彩色料（絵具）は薬料同様貴重視され、『天平古文書』には、天平勝宝四年（七五二）の白緑一両目（三・三分、十三グラム）の値段は十文だったことが記されている。顔料名から来た染色名には「黄丹《おうたん》」の他色々あるが、白緑は染色名は勿論、一般色名にも用いられていない。しかし、白緑色といえば大体、色票程度の淡緑を指すようである。

英名「オパール　グリーン」—オパールの緑。

①六国史の一。四十巻。藤原継縄・菅野真道等の編による。七九七年完成。奈良—平安初期の史料。

143　錆《さび》青《せい》磁《じ》

青磁色《せいじいろ》（あさい緑青）のくすんだ色をいう。その名に冠せられる「錆」は、「古びた」、「寂びた」、「破調の」感じを示す語であり、「青磁」は、もと「秘色《ひそく》」と呼ばれた唐国伝来の磁器の肌の色から来た色名（後出）である。磁器の青磁の色には、淡い青色と、淡い緑青の二系統があるが、「青磁色」は後者の色を指す。この青磁色がさびて灰みを含むと「錆青磁」になる。江戸時代には錆を冠した染色名、例えば、「錆煤竹《さびすすたけ》」、「錆鉄御納戸《さびてつおなんど》」、「錆利休《さびりきゅう》」、「錆《さび》浅葱《あさぎ》」など、多くあらわれるが、錆青磁の名は見当らない。ただし、明治前期には流行色の中にその色が見えている（『明治百年日本傳統色』）。

英名「リップル　グリーン」――さざ波の色。

144　緑《ろく》青《しょう》

炭酸銅と水酸化銅を成分とする堅い緑石（孔雀石）からつくられた濃い緑色の岩絵具をいう。その色相は成分の中の炭酸銅が多いと青みが強くなるが、標準的な緑青の色は色票程度の濃い緑色である。孔雀石から緑青をつくるには、その粉末に水を加えて強く研《す》り、上層にうき上る細かい粒子の白緑（前出）と、中層にたまる比較的粒子の粗《あら》い中緑と、下層にたまる緑青とを選り分ける。『芥子園畫傳』はそれを、頭緑、二緑、三緑に分けると記している。ここに上げる緑青は、この中の三緑にあたる。二緑はそれよりやや淡い。緑青は仏教伝来の頃、他の顔料（絵具）と共に中国から伝わったが、のち、我国でも緑青が安芸、長門の二国から献上されたことが

『續日本紀』・文武天皇二年（六九八）の条に記されている。緑青は、中国唐代の『蘇敬注』（六六〇頃）に「緑青ハ即チ扁青也。畫工呼ビテ石緑ト為ス」（著者読下し）とあり、扁青、石緑の別名がある。『芥子園畫傳』には、「石緑」と見えている。緑青の名は、顔料名として古くから呼ばれているが、その名は染色名には用いられていない。緑青の色に類するものに「青竹色《あおたけいろ》」（後出）があるが、その色相は緑青の少し青みを帯びたものである。

英名「ビリジャン」―顔料のビリジャンの緑。

145 木賊《とくさ》色《いろ》

多年生常緑羊歯類の木賊の色のような、深い緑色をいう。この染色は、藍の下染に刈安を上掛けしたもので、青黒みを含んだ萌黄色であることから「かげ萌黄」ともいわれる。木賊色は染色のほか重色があり、重色では、表黒青・裏白（『雁衣鈔』）となっている。この木賊色を基準色として、「黄木賊」、「青木賊」、「黒木賊」の変相色があらわれている。黄木賊は、面薄青黄気ヲ過ク・裏同色或白（『四季色目』）とあって、木賊色より淡い萌黄色であり、青木賊は、表薄青或いは青・裏白（『色目秘抄』）で淡い緑、黒木賊は、表青クロミアリ・裏白（『薄様色目』）で木賊色に似た色になっている。木賊の重色はいずれも裏が白になっているから、表の染色がそれぞれの色目を示すわけである。木賊色の色名は平安文学には見えず、鎌倉時代の『宇治拾遺《うじしゅうい》物語《ものがたり》』（建保―承久年間／一二一三―一二二一）に「木賊色の狩衣」とあるのが初見である。この色目は冷たく落着きがあるため、武家の服色に愛用された。木賊色は『手鑑模様節用』の色譜に見え、「とくさ色。一名青茶」と記されている。
英名「スプルース　グリーン」―エゾ松の緑。

146 御《お》納《なん》戸《ど》茶《ちゃ》

御納戸色（暗くくすんだ青）に茶みを加えた、暗い青緑色をいう。何々茶と称する色があらわれるのは江戸時代からであるが、茶といっても、その色には、赤茶、黄茶、青（緑）茶の三系統がある。茶色がこの様なちがった色に分かれるのは、それらが飲料のお茶、即ち、番茶、煎茶《せんちゃ》、碾茶《ひきちゃ》（抹茶《まっちゃ》）の色に由来するからである。ここにあげる「御納戸茶」は碾茶色（青茶）の変相色である。その染法は『諸色手染草』（明和九／一七七二）に「ももかわの汁にて一ぺんそめ、かりやすの汁にて一ぺん染、だしがね水にかきたて染てよし」とある。『反古染』によると、御納戸茶は宝暦（一七五一―六四）の頃、小袖の色に流行したとのことであり、その頃刊行された『雛形袖の山』（宝暦七／一七五七）の小袖地色にもあげられている。御納戸茶の名称は初めに記した通り、御納戸色に茶がかかったことから来ているが、『愚雑俎』（天保四／一八三三）は御納戸茶の染色の由来について「御納戸茶といふ色は絹局《ごふくや》より藍みる茶の絹をある屋舗《やしき》の納戸へおさめしに、年経て出し見給へば、いろそんじかはりたるがえもいへぬおもしろきいろなりとて、納戸茶となづけられしより…」と伝えている。これは俗説であろう。

英名「フォレスト　グリーン」―森の緑。

147 青《あお》竹《たけ》色《いろ》

成長した青竹の色に因んだ、青みのさえた緑色をいう。青竹色は江戸中期頃の『吉井藤吉染見本帳』に見えており、また、『手鑑模様節用』の色譜に「ぬれは色。或は青竹いろともいふ」と記されている。青竹色の染法は江戸時代の染本には見えず、明治初期の覚え書きとみられる『染物秘傳』に「青竹色はにいしを粉にし、水にてとき、ふのり少し入れ、二へん程染てよし」と簡単に記されている。にいしは煮石で、赤土を焼いた丹土《につち》をいうが、これでは青竹色には染まらない。別の染料名であろうか。青竹色は化学染料を用いればその色を出すのは難しくないが、藍と黄草の伝統手法でこの冴えた色を出すのは熟練を要する。生《なま》の竹に因んだ色には青竹色のほか、前出の「若竹色」や「老竹色」があるが、普通、生の竹を「あおたけ」ということからみて、青竹色は竹色を代表する色であろう。

英名「ジュエル　グリーン」—宝石の緑。

148 利《り》休《きゅう》鼠《ねずみ》

前出の「利休茶」(黄みの鈍いオリーブ色)同様、茶人千利休の名を借りた、緑みの中明度の鼠色をいうが、利休所縁の色ではない。「利休鼠」の染色は江戸中期の『津之井平蔵染見本帳』や同期の『吉井藤吉染見本帳』に利休茶と共に見えているが、その染法はこの時代の染物書には見当らず、明治四年の『染風呂敷傳書』に「ねりずみ五分、ずみ(梂)五分、〆二品うすくとくべし」と記されている。梂の木の皮の黄染料と墨とを合わせると、緑みのねずみ色になるわけである。利休鼠は江戸時代の流行記事や雛形本の地色に見られないが、そのクールで微妙な色調は、「粋《いき》」好みの江戸人に愛好されたと思われる。明治後期になっても鼠系統の色はひきつづき愛好され、利休鼠も流行色として登場して来た。そのクールな色調は北原白秋作詞の「城ケ島の雨」に「利休鼠の雨が降る」とうたわれて広く知られるようになった。

英名「セラドン　グレイ」—青磁の鼠。

149 びろうど

「びろうど」はポルトガル語の「veludo」から来た語で、本来は添毛織物の名称の一つである。この織物は天文年間（一五三二—五四）、ポルトガル商船が伝えて、慶長年間（一五九六—一六一四）に京都で織り始めたものである。その名称の「天鵞」は白鳥のことで、びろうどの生地が光沢のある白鳥の翼に似ているところからこの字があてられたとのこと。絨は厚い織物をいう。天鵞絨の色は『萬金産業袋』に、「色くろ、もへき、はないろ、その外いろいろ」とあるが、この時代の染色名では「びろうと色」というのは、色票のような暗い青みの緑とされていたようである。その染法は『紺屋茶染口傳書』（寛文六／一六六六）に、「びろうとう。したそめをこんにそめて、うへをかりやすにて五六ぺん程つけ、右とくさのことくに染申候」とある。この染法によれば上記の暗い青緑色になる。びろうどの染色は①『廣益秘事大全』（嘉永四／一八五一）にも同じ法が見え、「…藍びろうどともいふ色なり」と記されている。織物の名から転じたびろうどの染色が濃い青緑とされるようになったのは、これがびろうどの代表的な色だったからだろうか。これに対して貝原益軒の『和爾雅《わじが》』[2]（元禄七年）の綵色の「ひらうど」には「油紅」の字があてられている。油紅は光沢のある濃い紅色を指すから上記の暗青緑の色とは反対になるわけであるが、その由来は明らかではない。

英名「リンカーン　グリーン」―タータンラシャの緑。

①民家日常必須の事項を既刊書から集録したもの。三巻。嘉永四年（一八五一）刊。浪華市隠三松館主人編輯。
②辞書。貝原好古（益軒）著。八巻九冊。中国の「爾雅」に準じて作った辞書で、天文から言語まで分類して、名義・性質を注している。元禄七年（一六九四）刊。

150　虫《むし》襖《あお》（虫青《むしあお》）

玉虫の羽根の色に見るような暗い青みの緑色をいう。虫襖の「虫」は玉虫のことで『四季色目』に「虫襖。一説為玉虫色」とあることから見て、本来は経糸緑、緯色紫で織った玉虫の織色の名と思われるが、後には重色にも見える。その色目は『装束抄』に「面《おもて》　青黒ミアリ。裏二藍。又薄色」とあり、『雑事抄』には「面《おもて》青黒気アリ・裏紫或ハ黄」とあって、主調となる表の色はいずれも青黒色、即ち暗い青みの緑となっている。虫襖の襖は元来、装束の名称であるが『貞丈雑記』は「襖の字付きたる色は皆青みのある色と心得べし。襖は青の字の代に用ひたる也」とあるように、「虫青」とも書かれる。虫襖の服色は鎌倉時代の『吾妻鏡』注に「虫襖上下紅衣」と見えているが、平安文学にはその名は見られない。この時代には「夏虫」の色（『枕草子』）が見えるが、その虫は、青蛾、蟬、玉虫などに解され、色も薄緑、瑠璃色などに見られている。平安時代の色名で、昆虫に因んだものはこれだけで、勿論、鳥類に因んだものはない。染・織の色に動物の名があらわれるのは中世に入ってからである。虫襖の名があらわれるのはその頃であろう。

英名「グリーン　ダック」―家鴨の緑。

151 藍《あい》海《み》松《る》茶《ちゃ》

海松茶（前出）の藍がかった（暗い灰青緑）色をいう。この染色について『愚雜俎』は「今あいみる茶といふものは、素みる茶に藍をかけし色なればなり…」とのべている。「藍海松茶」の染色は元禄の頃には行われており、『女重寶記』（元禄五／一六九二）の染色名にもその名が見えている。藍海松茶の染法は『當世染物鑑』（元禄九／一六九六）に「絹下染こいあさぎにして其上をももかわに而一ぺん染、一へんめにみやうばん少入、其上金くろみかけすすぎてよし」とある。しかし、後の『染物秘傳』（寛政九／一七九七）には「下苅安を二返引、三べんめにかりやすの中へ白凡四匁入て止る」とあることから、藍海松茶の色調は後世になると幾分明るく緑みのつよいものになって来たのではないかと思われるが、色票は『當世染物鑑』の方の色である。藍海松茶の染色は『反古染』によると、元文の頃（一七三六―四一）、男子の小袖に流行し、また、宝暦の頃（一七五一―六四）には麻裃の色に流行したとのことである。

英名「ジャングル　グリーン」―ジャングルの緑。

152 沈《と》香《の》茶《ちゃ》

江戸時代で「とのちや」と称される色にはさきにあげた「礪茶《とのちゃ》」と、この「沈香茶《とのちゃ》」がある。沈香茶は『手鑑模様節用』の色譜に見えており、「当世御めしおなんどの、うすいろなるを殿茶といひ出したる事、殿のひびきより御召のうらぎぬと、案をつけたるまでにて、べつにしさいなし。一とう通用の名にはあらず」とあり、その染色に灰みの青緑が示されている。この染色に沈香の字をあてた由来は明らかではないが、沈香は熱帯産の香木、伽羅のことで、木に品種が多く、色も黒、赤などの系統がある。沈香茶はその一種の黒沈香の木の色に由来するのではなかろうか。又、この色を「とのちや」と読んだのは、『手鑑』のいう殿茶に由来するのではなかろうか。殿茶の名は『御染物聞書日記』(元禄元/一六八八)に「殿茶小紋」と見えており、古くから行われた染色であることがわかる。

英名「チャイニーズ　グリーン」—中国の陶磁器の色。

153 水《みず》浅《あさ》葱《ぎ》

浅葱色を更にうすく、水色がからせた色をいう。その濃さは色票を限度に、それより淡い色をいう。「水浅葱」は『手鑑模様節用』に、「俗にのぞき色とも又かめのぞきともいふ」と記され、ごく淡い色が示されている。「かめのぞき」というのは、被染物を藍瓶《あいがめ》に一寸のぞかせた程度のごく淡い藍染の色であるから、それは水浅葱より青みがちで、しかもそれより淡い色である。水浅葱の染法は、『女萬歳寶文庫』(天明四/一七八四)に「灰汁三升の中へ常《くさ》山《ぎ》(落葉灌木、古名ヤマウツギ)の実を一升入て一升五合にせんじつめ、実をうちひしぎ汁をこしてそむるなり」とあり、又、『萬聞書秘傳』(慶安四/一六五二)には「あさぎ水いろ」の名で、『諸藝小鏡』(貞享三/一六八六)には「水色浅黄」の名で同様の染法が記されている。水浅葱の色は江戸中期の

『紺屋伊三郎染見本』や、江戸末期の『大澤善七染見本帳』に見られるが、この染色の流行記事は別に見当らない。しかし、浅葱色が元禄以後しばしば流行しているから、水浅葱の色も共に流行したのではなかろうか。

英名「ブライト　ターコイズ」―明るいトルコ石の青。

154 青磁色《せいじいろ》（秘色《ひそく》）

磁器の青磁の肌色のような、浅い緑みの青色で、古くは「あをじ」（『源氏物語』）と呼んでいる。また、青瓷とも書かれるが、瓷は俗字である。青磁の色には、淡い青色と、淡い緑み青の二系統があり、濃淡にも微妙な差があるが、「青磁色」は後者の、色票程度の色をいう。青磁器は「秘色《ひそく》」とも呼ばれるが、そのわけは、青磁器の肌色が神秘的な美しさを持つからである。『嬉遊笑覧』はそれについて、「秘色とは人巧の及びかたき色といふ義也。…其色鮮碧にしてよの常なるとは異なるべし」と述べている。秘色の色は『満佐須計装束抄』（平安後期　嘉応年間）に「秋は秘色に薄襖《あお》うらつけて」と見えている。これにいう薄青は大体、後の青磁色にあたる。その染法や流行を記したものは江戸時代には見当らないが、昭和前期には流行色となっている（『明治百年日本傳統色』）。この色をくすませると「錆青磁」になる。

英名「ライト　ターコイズ」―あさいトルコ石の色。

155 青《せい》碧《へき》

青碧は中国古代の玉石の名称で、その名は漢以前の『山海経《せんがいきょう》』①や、後漢の『西域傳』などに古くから見えている。わが古代で呼ばれた服色の「青碧」の色調はその玉石の色に由来すると思われる。青碧は『僧尼令』に、「凡僧尼ハ木蘭。青碧《シャウヒャク》。皀。黄及壊色等ノ衣ヲ著ルコトヲ聴セ」（読下し）と記されている。その青碧の色は『令義解』注に「青碧者、碧亦青色也」とあり、青と碧を同類と見ている。また『増韻』にも、「碧、深青色、唐官制八品九品服レ碧代レ青也」とある。東洋古代では、青は青緑を指すから、右の説によれば、青碧の色相は青緑色と推定されるが、僧尼の衣色として木蘭、皀などと共に聴されていることから、その色調は色票程度の鈍い青緑色の地味な衣色と解される。

英名「ターコイズ　ブルー」—トルコ石の青。

①伯益の著と伝えられている。十八巻。後人の偽作ともいう。山海に棲息する動植物の事を記し、怪談を記載した書。

156 錆鉄御納戸《さびてつおなんど》

この名称に冠せられた「錆」は鉄の赤錆の意ではなく、破調の寂びた感じを示す形容語である。「鉄」は暗い緑みの青色、「納戸」は暗い青色を指すから、「錆鉄御納戸」は緑みの暗く鈍い青色を指す。この染色は『染物早指南』（嘉永六／一八五三）に見え、「錆鉄御納戸。下ぞめ濃花色、かやの中へ、やしやぽっちり、鉄醤、水等分、酸」と記されている。このような複雑な染色名があらわれるのは江戸後期頃からであろうが、その染色の流行の記事は見当らない。
英名「ブルー　コニファー」―針葉樹の色。

157 鉄《てつ》色《いろ》

焼いた鉄肌の色のような、緑みの暗い青色をいう。「鉄色」は文化五年（一八〇八）の『布帛染色服飾糸口』の染色の項に見えており、又、天保二年（一八三一）発行の『大芝居染物青物見立』には市川鰕十郎に見立てられている。

鉄色の色感は名の如く堅実で、茶色と共に愛用されたと思われるが、流行の記事はない。この鉄色の、鉄を冠した染色には、「鉄御納戸《てつおなんど》」、「鉄紺《てつこん》」、「鉄鼠《てつねずみ》」、「鉄深川《てつふかがわ》」や、前出の「錆鉄御納戸」などがある。鉄色の染色が行われるのは江戸後期頃からと思われるが、その染法を記したものは当時の染物書には見当らない。それが見られるのは、明治前期の染色を記した『伊勢崎織物同業組合史』（昭和六／一九三一）である。それには「藍を以て納戸色程度に染色し、矢車及五倍子の煮出液にて上染を施し、次に鉄漿液に通して処理す」と記されている。

英名「リバー　ブルー」―河川の深い青。

158 御《お》召《めし》茶《ちゃ》

御召縮緬の鈍い緑み青色をいう。「御召」とは「着ること」の尊敬語であるが、服飾上では、十一代将軍家齊が高級縮緬を愛用したことから、その類の名称となった。「御召茶」はその先染《さきぞめ》の色に由来する。この染色は『染物重寶記』の①茶染の分類では、あいみる茶、おなんど茶と共に花色で下染をする茶の類とされている。その染法は『染物早指南』（嘉永六／一八五三）に「下染薄藍、かやの中へ、やしやぽっちり、水等分、鉄醬、水等分」とあり、又、前記の『伊勢崎織物同業組合史』記載の明治二十一年規定の御召茶の染色には「正藍、丹波茅、渋木、鉄漿」を用いることが記されている。御召茶は『手鑑模様節用』の染色譜には色票のようなにぶい緑みの青色であらわされている。御召茶の色は茶といっても色相は緑青色で、現代の茶色の概念からほど遠く、茶よりはむしろ鼠系統の色と見る方が適当と思われる。これを見ても江戸時代の茶名の色が多様であることがわかる。御召を冠する染色には、このほか、「御召御納戸《おめしおなんど》」（後出）がある。

英名「ムーン　グレイ」―月夜の灰色。

①茶染惣名に品ある事。
あいみる茶・なんど茶・せんざい茶・御召茶・かないろ茶・茶びろうど右六色花色に下染をするなり。

159 高《こう》麗《らい》納《なん》戸《ど》

天明から寛政（一七八一―一八〇一）にかけて歌舞伎界の大立者であった四世松本幸四郎から出た、くらい納戸色をいう。この染色は彼が鈴ケ森で幡随院長兵衛の合羽に用いたものであるが、それが評判になり「高麗納戸」と呼ばれた。「高麗」は彼の屋号の「高麗屋」を指す。この染色は五世幸四郎にうけつがれて、流行色として広く愛用された。高麗の屋号をつけたはやりものにはこのほか「高麗屋縞」があるが、この縞模様も長兵衛の合羽からはじまったものである。五世幸四郎は「鼻高幸四郎」と呼ばれ、鼻がきわめて高く、口を一文字に結んだ強い風貌で、その芸風は凄みと渋みがあり、江戸っ子の人気を博した。高麗納戸が五世から広く流行するようになったのは彼のそうした芸風に色調がよくマッチしたからであろう。江戸後期の歌舞伎役者から出た流行色には、高麗納戸や「舛花色《ますはないろ》」（後出）などの青色系統のものと、「路考茶」や「芝翫茶」のような茶系統のものとがあるが、茶系統の中には、茶よりもむしろ鼠と呼ぶ方が適当なものがある。しかし、何故か鼠の名は役者色には見られない。

英名「カントン　ブルー」―広東地方の織物の青。

160 湊《みなと》鼠《ねずみ》（深川《ふかがわ》鼠《ねずみ》）

「湊色」（淡い藍）の鼠がかった色をいう。この染色は『手鑑模様節用』の色譜に見え、「みなと鼠。此ころ流行して深川ねずみといふ」と記されているように、「深川鼠」とも呼ばれる。湊鼠の染法は『染物早指南』（嘉永六／一八五三）に「湊鼠。唐藍、蘇枋、墨ぽっちり、からし水、豆汁」とある。湊鼠即ち深川鼠は『守貞漫稿』の「当世の流行」の鼠色の中に見えている。江戸後期になると、前期の派手で豪華な色に対して、粋で洒落た感じのものが喜ばれるようになり、湊鼠のような、クールでさらりとした鼠系統の色が多くあらわれて来た。湊色の変相色には、湊鼠のほか「みなとすす竹」（青みのにぶい褐色）があり、また、深川の名を冠したものには「深川御納戸」がある。湊鼠の染色は江戸末期の『上田屋甚兵衛染見本帳』や、明治初期頃の『菊印いづつや染見本帳』に見えている。

英名「アクア　グレイ」―水灰色。

161 青《あお》鈍《にび》

殻斗科の白樫の樹皮又は椎柴の鉄媒染による「鈍色《にびいろ》」に藍を淡く重ねた、青みの暗い灰色をいう。その色調を『花鳥余情』は「花田青気混れる色なり」とのべているが、鈍色を基調とする色なので、その青みはさほど強くない。「青鈍」の染色は平安時代から行われた。その色調は後世の「藍鼠」に類するが、それより少し暗く、下染の鈍色は奈良時代の「橡《つるばみ》」（紺黒色）より少し明るい。わが古代では、黒やそれに類する色は卑しき色と見られており、『衣服令』では橡《つるばみ》染の黒は家人・奴婢の衣色と定められている。後、平安時代には、その系統の鈍色・青鈍は凶時の服色（凶色）とされ、また、青鈍は尼などの用いる色とされた（『装束抄』）。青鈍の色名は「あおにびのさしぬき」（『宇津保物語』）、「青鈍の細長」、「あおにびの紙」、「青にびの几帳」（『源氏物語』）など、平安文学には色々現われる。ところが江戸時代になると、鈍色系統の色は何々鼠と呼ばれるようになり、色相が分化すると共に、従来の凶色としての観念はもたれなくなった。

英名「スチール　グレイ」—鋼鉄の灰色。

162 鉄《てつ》御《お》納《なん》戸《ど》

鉄色がかった御納戸の意で、暗い緑みの青をいう。「鉄御納戸」の色は『手鑑模様節用』の色譜に見え、「染いろと織色のたがひあり又外にのしめなんどの一種あり」と記されている。この染色の変相色に前出の「錆鉄御納戸」がある。鉄御納戸の染法は『染物早指南』（嘉永六／一八五三）に「下ぞめ空色、やしや、水、等分、丸かね、色つけ、酢」と記されている。その染色は江戸中期頃の『吉井藤吉染見本帳』や、後期頃の『大澤善七染見本帳』ほか、明治初期の染見本帳にもよくみられる。その堅実な色調は江戸時代では常用色として広く用いられたようだが、その流行の記事は見当らない。しかし、明治三十八年には日露戦争勝利後の明るい色にまじって流行し、また、大正三年の秋にも流行している（『明治百年日本傳統色』）。

英名「ストーム　ブルー」—嵐の暗い青。

163 水《みず》色《いろ》

水の色を模して、「水浅葱」（前出）をやや淡く藍がからせた染色をいう。『萬葉集』ではこの種の色を「①水縹《みはなだ》」と呼んでいる。この染色は平安文学に「こくうすく水色なるを下にかさねて」（『夜の寝覚』）、「大海の摺裳、水の色あざやかになどして」（『栄花物語』）と見えており、古くから行われていたことがわかる。水色は後の江戸文学にも見られ、西鶴の浮世草紙『好色一代男』（天和二／一六八二）では夏の衣裳について「水色のきぬ帷子に、とも糸にさいわい菱をかすかに縫せ」と描写している。これを見ると、「水色」はこの頃（延宝—天和／一六七三—八四）に流行していたのではないかと思われる。この染色は雛形本では、すでに寛文六年（一六六六）刊の『御ひいなかた』の小袖地色に見えている。流行はともかく、水色は江戸時代を通じて、空色や浅葱と共に夏の着物の色に愛用された。

英名「アクア」—水色。

①巻十六（三七九一）
……我にぞ来し水縹《みはなだ》の絹の帯を引帯なす韓帯に取らし……

164 錆《さび》浅《あさ》葱《ぎ》

名称に冠せられた「錆」は、前出の「錆御納戸」と同じように破調を示す語で、浅葱色のややくすんだ浅い緑青色をいう。江戸時代の書には、特に「錆浅葱」の染法や流行を記したものは見られない。しかし、その基調色である「浅葱」（後出）が、江戸中期の元文、宝暦、安永の頃に流行していることから、その変相色の錆浅葱も共に流行したのではないかと思われる。下って明治以後の流行色にはその名はあがっていない。

英名「ライト サックス ブルー」—明るい淡青色。

165 瓶《かめ》覗《のぞき》（覗《のぞき》色《いろ》）

藍染のごく淡い色で、その淡さは前出の「水色」より更に淡く、『延喜縫殿式』の「白藍色」（糸一絇に藍小半囲、黄蘗七両）程度であるが、瓶覗は黄蘗を用いない藍の単一染である。瓶覗の「瓶《かめ》」は藍の液を貯える藍瓶《あいがめ》のことで、「覗《のぞき》」とは、被染物を藍瓶のうすくなった液に、一寸浸す（一染）意で、「覗《のぞ》き色《いろ》」とも呼ばれる。その名は染法から来たものであるが、覗くとは面白い表現である。『手鑑模様節用』の水浅葱の色譜に「俗にのぞき色とも又かめのぞきともいふ」と記されている。この書では、水浅葱は瓶覗と同色と見做されているが、水浅葱のように緑みを含まず、またそれよりも淡い。「のぞき」を冠した染色にはこのほか、「のぞき浅葱」があるが、その名は上述のように「ごくうすい浅葱色」の意で、その色は「水色」（前出）に近い色である。のぞき浅葱の色は江戸中期頃の『紺屋伊三郎染見本帳』や、同じく『吉井藤吉染見本帳』に見えている。かめのぞきの名の染色もその頃行われていたのではないかと思われる。
英名「ホリゾン　ブルー」―地平線に見る淡い空の色。

166　浅《あさ》葱《ぎ》色《いろ》

「浅葱」は嫩《わか》い葱《ねぎ》に因んだ色であるが、その染色は実物の葱より青みがちの浅い緑青色である。古実書には浅葱色を水色と同色と見ているものもあるが、水色は浅葱色よりも淡く青みがちである。浅葱色は後に誤まって「浅黄色」と書かれているが、本来の浅黄の色は、文字通り浅い黄色である（85浅黄の項参照）。平安中期に浅葱色に浅黄の字をあてたことから両者の色相が混同され、『今鏡』（平安後期／一一六九頃）に「青き色か黄なるかなどおぼつかなくて」とあるように、黄袍であるべき無品の親王の袍に藍染の浅葱色を着用することがあった。後、服色がただされても、浅葱は浅黄と書かれることが多い。この字の誤用について、江戸中期の古実家、伊勢貞丈は『安齋随筆』に「アサギと云ひて浅黄を用ふるは誤りなり、浅葱の字を用ふべし」と記している。浅葱色は『宇津保物語』、『枕草子』、『源氏物語』など、平安文学によく見られる。江戸時代では元禄の中頃から、宝永、正徳にかけて流行し、『新板花陽雛形綱目』（宝永五／一七〇八）や『正徳雛形』（正徳三／一七一三）の小袖地色にも見えている。その後、延享の頃（一七四四―四八）や、宝暦の頃（一七五一―六四）にも流行し、若い女、伊達を好む遊人に用いられたという。こうした浅葱色の流行について①『賤のおだ巻』は「浅黄（葱）の色に昔も今もかわることとなし。人情のうつり行く有様はかなき物にて我心ながらさらに分りがたし」と述べている。そうした流行の反面、紺色の着物に浅葱地の裏を田舎出の不粋な武士がつけたことから、「浅黄裏《あさぎうら》」は「野暮な人間」の代名詞になったこともある。

英名「ブルー　ターコイズ」―青みのトルコ石の色。

①一巻。森山某の著。享和二年の自序があり、元文、延享、寛延、宝暦、明和、安永に亘って著者自身の見聞に係る江戸市中の風俗を記したもの。

167 新《しん》橋《ばし》色《いろ》

この「新橋」は地名で、東京の新橋のことである。明治の末頃、その新橋の芸者の間から流行した、色票のような鮮やかな緑み青をいう。新橋色は以後、大正にかけて和装の色に愛用された。新橋色はまた、「金春色《こんぱるいろ》」とも呼ばれた。その名は新橋の芸者屋が金春新道にあり、「金春芸者」と呼ばれたことから来ている。新橋色の色相は江戸時代の「浅葱色《あさぎいろ》」や「千草色《ちぐさいろ》」（後出）に似ているが、この染色は従来の天然染料によらず、新来の化学染料によった、純度の高い色であったから、天然の藍染による浅葱色や千草色になれた眼には、この新橋色は新奇な色と映ったにちがいない。この色が新橋芸者から流行したのは、新橋が伝統的な柳橋とちがって新興の花柳界であったため、ハイカラな雰囲気をもち、遊客にも進歩的な政治家、実業家が多く、自然、芸者の服飾にも新鮮で欧風の感覚のものが喜ばれたからといわれている（『明治百年日本傳統色』）。

英名「シアン　ブルー」―絵具の三原色のシアン青。

168 錆《さび》御《お》納《なん》戸《ど》

錆は破調の意で、灰みの御納戸即ち、暗い灰み青をいう。基本色の「御納戸」も幾分くすんでいるが、「錆御納戸」は更に灰みを含んだ落着きのある青色である。この染色は江戸中期の『紺屋伊三郎染見本帳』や、同期の『津之井平蔵染見本帳』他、後期の染見本帳にもよく見られることから、この頃ではポピュラーな色だったと推測される。その色調は一見地味ではあるが、静かでクールな感じで、「粋」好みの江戸人に受けそうな色である。『いきの構造』①によると、「いきな色は垢抜けして張のある色っぽさをもち、しかもそれを低声に主張するものでなければならぬ」とのことである。錆御納戸は、そういう条件をそなえている色ではなかろうか。江戸中期以後の染色には「錆」を冠したものがかなりあり、その色調には右の「いき」を感じさせるものがある。

英名「ゴブリン　ブルー」―妖魔の青。

①一巻。「いき」という現象が如何なる精神的構造をもっているかを哲学的に考察した書。昭和五年出版。九鬼周造著。岩波書店。

169 藍《あい》鼠《ねずみ》

藍みをおびた色票程度の明るさの鼠色をいう。色名に「鼠」があらわれるのは江戸時代からといわれるが、「何々鼠」と称する鼠色の変相色があらわれはじめるのは江戸中期頃からで、その名称の数は百を下らない。『手鑑模様節用』のねずみの色譜に「にぶいろなり、こきをつるばみ染といふ、服仮間事に、うつし花を加ふると書たるを考えば、今のあゐねづみ、これ又、にぶいろなるべし」と見えている。藍鼠の染法は『諸色手染草』（明和九／一七七二）に、「下地をうすあさぎに染、右ねづみぞめ（茄子の木の焼灰を用いたごまめ汁染）のごとく染てよし」とあり、また、『染物早指南』（嘉永六／一八五三）には、「藍鼠。唐藍、墨ポッチリ、石灰水、豆汁」とある。また、昭和六年発行の『伊勢崎織物同業組合史』によると、明治二十一年に伊勢崎織物組合が規定した藍鼠の染色には、正藍、矢車、五倍子、鉄漿を用いることになっている。

英名「リード　グレイ」─鉛の鼠色。

170 藍《あい》色《いろ》

「藍色」とは藍の単一染の色ではなく、藍染の青に黄を加えた緑みの青色のことである。それは「紺《こん》」とちがって赤みを含まず、「縹《はなだ》」のような純正の青色ではない。『延喜縫殿式』では藍色は濃度によって、「深藍色」、「中藍色」、「浅藍色」、「白藍色」の四級に分けられており、それぞれの材料・用度が示されている。すなわち、深藍色は糸一絇に、藍一囲小半、黄蘗十四両、薪二十斤。中藍色は糸一絇に、藍一囲、黄蘗十四両。薪二十斤。浅藍色は糸一絇に、藍小半囲、黄蘗八両。白藍色は糸一絇に、藍小半囲、黄蘗七両となっている。このように、藍色の染色に藍と黄蘗を用いて緑がからせるのは、原始染色の藍摺の色が緑みを含んでいることから、それを模したのではないかといわれている。後世に「藍色」と呼ばれる色も緑みを含んでいるが、それは『縫殿式』の深藍以上の、色票程度の濃いものになっている。藍色は江戸時代では「江戸前」の色として広く愛用された。又「藍」を冠した染色も多くあらわれた。

英名「マリン　ブルー」―水兵の服色の青。

171　御《お》納《なん》戸《ど》色《いろ》

色票のような灰みの暗い青色をいう。この染色は前出の藍色に似ているが、それより青がちで、やや暗い。青の濃さは、『延喜縫殿式』の「深縹」（綾一疋に藍十囲、薪六十斤）程度であろうか。御納戸色の染法を記したものは江戸時代には見当らないが、昭和六年発行の『伊勢崎織物同業組合史』によると、明治二十一年同組合規定の御納戸色の染法は、日本製玉藍の単一染となっている。その染色は江戸時代でも変りはあるまい。『反古染』によると、御納戸色は宝暦の頃（一七五一―六四）男物の裏地の色に愛用され、安永・天明の頃（一七七二―八九）には鶸茶と共に流行したとのことである。また、文化・文政の頃にも流行している。その流行について『糸柳』（天保刊）は「鉄色錆びてお納戸現はる」と報じている。お納戸色の名が呼ばれるようになるのは江戸中期頃と推測されるが、納戸系統の染色は、それ以前から茶、鼠系統と共に愛用されており、この時代の代表的染色となっている。この納戸色の名称の由来については、それが納戸（物置）の入口に吊すカーテンの色から来ているとも、或いは大名のお納戸役の制服の色から来ているともいわれているが、いずれか定かでない。納戸色の変相色には「桔梗納戸」や「納戸茶」などがある。

英名「タピストリー　ブルー」―タピストリーの織物の青。

172 花《はな》浅《あさ》葱《ぎ》

花色がかった浅葱色の意で、色票のような鮮やかな青色をいう。花色とは藍の単一染による青色（古名、縹《はなだ》）のことで、その名はもと、鴨頭草《つきぐさ》（今の露草）の青い花汁を用いて摺染をしたことに由来するが、後には藍染の青を呼ぶようになった。花浅葱の浅葱《あさぎ》色（前出）は本来は浅い緑み青であるが、江戸時代では歌舞伎の浅葱幕に見るように、少し濃いめになった。「花浅葱」の染色が行われるようになった時期は明らかではないが、同じく花を冠した「花萌黄」の染法が『染物早指南』（嘉永六／一八五三）に見えていることや、「花田納戸《はなだなんど》」、「花田鼠《はなだねずみ》」が明治初期の染見本帳に見られることなどから、花浅葱の染色が行われるようになるのも江戸末期頃ではないかと推測される。花浅葱の鮮明な青色を伝統的藍染の手法で染め上げるには熟練を要したであろうが、新来の化学染料によれば難しいことでなくなった。

英名「セルリアン　ブルー」—絵具のセルリアンブルーの青。

173 千《ち》草《ぐさ》色《いろ》

その名の「ちぐさ」は、夏季、可憐な青い花を咲かせる、前述の「つきぐさ」の名から転訛したもので、「千草色」はその花色のような明るい青色をいう。色相は前出の「花浅葱」に似ているが、千草色の方は緑みを含まない。この染色は『日本永代蔵』（貞享五／一六八八）に「浅黄の上を千草《ちぐさ》に色あげて」と見えており、浄瑠璃土佐節の「染色盡《そめいろづくし》」には「絞り千草の妻籠も」とよみ込まれている。下って、『手鑑模様節用』のそらいろの色譜には「中いろと号《なづくる》は、花いろよりうすく、あざぎよりこきゆえに、間《あひ》のいろといふ心を唱ふるなり。京師にて此いろをちくさいろといふ」と記されている。これによれば、空色と千草色とは同色になるわけだが、厳密には空色は千草色より少し明るく、かすかに紫みを含んだ色になっている。千草色は江戸時代では丁稚の股引など、庶民の日常着に愛用された。

英名「アズール　ブルー」―空の青色。

174 舛《ます》花《はな》色《いろ》

安永・天明年間（一七七二―八九）、江戸で人気があった、五世市川団十郎（俳名白猿）から出た、灰みの淡花色（淡縹色）をいう。この染色は当時流行していた浅葱色を変相したもので、これが市川家の家芸に用いられたことから「舛花色」と呼ばれて評判になった。舛花色の「舛」は市川家の家紋の三舛、すなわち、大、中、小の舛形の四角紋が三つ入り組んだ文様を指し、「花色」は花田（縹）の色を指す。この色は『手鑑模様節用』の色譜に「舛花いろ。三升所好《さんじようこのむところ》、濃きをのしめ花いろと云」と記されている。五世団十郎は文芸を好み、知名の文人と交遊があり、蜀山人大田南畝は彼の大贔屓であったという。市川家家芸の色には、この舛花色のほか、「暫《しばらく》」に着用する三舛大紋の素襖の柿色（柿渋色、俗に団十郎茶）や、花川戸助六の鉢巻の江戸紫があり、これらも当時の服色の流行に影響をあたえた。しかし、白猿の人気は美貌よりも芸技にあり、特に、通人の間で評判が高かった。そのため贔屓客の層は美貌の瀬川路考ほど広くなく、舛花色は路考茶ほどの大流行にはならなかった。

英名「スモーク　ブルー」―くすんだ青。

175 縹《はなだ》（花田《はなだ》）

藍の単一染の純正な青色をいう。先にのべたように、「はなだ」は今日の青色の古名であるが、漢字の「縹」本来の色は後漢の『釋名』に「縹ハ漂ノ猶シ。漂ハ浅青色也」とあるように、淡い青色である。わが国ではこれを「はなだ」と読んで青色の名としている。はなだは「花田」と書かれ「花色」とも呼ばれる。その名の「花」は前にのべたように、鴨頭草《つきぐさ》の花で、もと、その青汁で摺染をしたことに由来する。その染色は、夏期花を採集し、汁を紙に浸ませて保存しておき、染色時に花の色素を水に溶かし、それを布に移すことから「移《うつ》し色」とも呼ばれる。この色素は水に落ちやすく褪めやすい。このはなだの色は後、藍で染められるようになったが、もとの移し色の名は用いられた。縹が色制にあらわれるのは、持統天皇四年（六八九）の制の深縹、浅縹からであるが、後の『延喜縫殿式』には、縹は深、中、次、浅の四級に分けられ、それぞれの材料用度が示されている。後世「はなだ」というのは、『式』の中縹（綾一疋に藍七囲、薪九十斤）程度の濃さであろう。縹は平安文学に「こきはなだのうちぎ」（『宇津保物語』）、「縹の唐の紙」（『源氏物語』）など、装束、紙などの色として見えているが後世の染物書には、花田、花色と書かれることが多い。

英名「サファイア　ブルー」―サファイアの宝石の青。

176 熨斗目花色《のしめはないろ》

「熨斗目」は、本来は経を生糸、緯を半練糸で縞や格子などに織り出した先染の織物の名であるが、後、これで仕立てられた小袖をいうようになり、江戸時代では士分以上の礼服として麻裃《かみしも》の下に必ず着用した。この熨斗目は、地色に、浅葱、縹、紺、空色などの藍染を用い、袖の下、腰の部分だけに白や茶などで縞や格子の模様を横一文字に織り出すようになっている。「熨斗目花色」はその織物の地色に用いた花色の一種で、やや灰みの濃い青色をいう。熨斗目の色から出た青系統の染色には、この他、「熨斗目空色」、「熨斗目浅葱」、「熨斗目納戸」、「熨斗目紺青」などがある。五世市川団十郎から出た「舛花色」（前出）は、熨斗目空色に灰みを加えたもので、『手鑑模様節用』には「三舛所好の色、濃きをのしめ花色と云ふ」と記されている。

英名「オリエンタル　ブルー」―東洋的な青。

177 御召御納戸《おめしおなんど》

「御召縮緬《おめしちりめん》の御納戸」の意で、色票のような渋みのある青色をいう。「御召」は本来は着ることの尊敬語であるが、これが縮緬の類の呼称になったのは、十一代将軍家齊がこれを愛用（召）したからといわれている。これについて①『織物染色辞典』は、「家齊は、華美にして世間にありふれたる物を嫌ひて新機軸を喜びたり。従来縞縮緬とて高貴の人の常に着せしものありたれども、皺縮・紋様極めて平凡なるものなりしを以て、更に之を多くして縞に織らせたり。その色は御納戸と称し濃厚なる浅葱色にして…」と記している。この記述のように、御召御納戸の名があらわれるのは寛政の頃と考えられる。この染色は『手鑑模様節用』の色譜に見え、その染法は『染物早指南』（嘉永六／一八五三）に「下染濃浅黄（葱）かやの中へ、やしやポッチリ、かね水等分、酢」とある。御召を冠する染色は他に「御召茶」、「御召鉄」などがある。

英名「スレート ブルー」―石板の青。

①織物・染色に関する辞典。織物染色辞典刊行会編。昭和二十八年専門図書株式会社発行。

178 空《そら》色《いろ》

晴れた空の色のような、明るい青色をいう。そらいろは、「空天色」、「碧天」、とも書かれる。中国明代の『天工開物』には「天青色」と見え、その染色は、藍の淡染の上に蘇芳水をかけることが略記されている。わが国の「空色」にもこれに類する染法が行われたのではなかろうか。空色の名は『源氏物語』に「空の色したる唐の紙」と見えているが、この時代にはまだ一般染色名となっていなかったようである。その染色名が文学にあらわれるのは後のことで、江戸時代では西鶴の『好色一代男』（天和元／一六八一）に「空色の御肌着」、同『好色二代男』（貞享元／一六八四）に「福島絹を空色にして」と見え、また、当時の浄瑠璃土佐節の「染色盡《づくし》」の冒頭には「先《まず》初春の空色に」とよみこまれている。空色はこの時代では、茶、鼠、納戸系統の比較的地味な染色に、はなやかさを添えた色である。その染法を記したものは見られないが、上記のような手法を用いたのではないかと思われる。空色の染色は中期頃の『紺屋伊三郎染見本帳』や、後期頃の『大澤善七染見本帳』にも見え、今日では一般色名となっている。

英名「スカイ　ブルー」―空色。

179 黒《くろ》橡《つるばみ》

橡《つるばみ》（櫟《くぬぎ》の実）の梂《かさ》の煎汁を染料とし、鉄媒染した紺黒色をいう。橡による染色は、鉄媒染では「黒橡」の色になるが、灰汁媒染では黄褐色の「黄橡《きつるばみ》」（前出）になる。『令義解』に、家人奴婢の着用とされている「橡墨衣《ツルハミスミゾメノコロモ》」や、『萬葉集』に見える「橡の衣」①の色は黒橡の方である。奈良時代では橡といえば鉄媒染の色を指し、灰汁媒染の色を黄橡と呼んだが、平安時代の『延喜縫殿式』では灰汁媒染を染色の基本としたので、前代に「橡」と呼んだ鉄媒染の紺黒色をこの時代では「黒橡」と呼び、灰汁媒染の色を橡と呼んだ。但し、平安文学に「くろつるばみのうへのきぬ」（『宇津保物語』）、「黒橡の御小袿」（『栄花物語』）と見えているのは白樫柴染《しらかししばぞめ》の四位以上の黒色を指す。『延喜縫殿式』には橡を名につけた「赤白橡」や「青白橡」の染色材料の用度が示されているが、この名の橡は名ばかりで染料には用いられていない。又、『延喜弾正台式』に公私奴婢・女従に聴された「白橡《しろつるばみ》」が見えているが、これは先にのべたように、無媒染の橡の素染《すぞめ》の色と解される。

英名「ミッドナイト　ブルー」―真夜中のような暗い青。

①巻七（一三一一）
橡の衣は人皆事なしと言ひし時より着欲しく思ほゆ

180 群《ぐん》青《じょう》色《いろ》

岩絵具の「群青」の色に似て、かすかに紫みを含んだ明るい青色をいう。群青の名は、一般色名として用いられるが、染色名には用いられていない。群青の絵具をつくるには、紺青石（石青、鉱物名は藍銅鉱、銅の化合物）の粉末を水飛する。その水飛法は、『芥子園畫傳』に、梅花片という石青の一種を乳鉢に入れ、水を少しずつ加えて、乳棒で軽く擦り、その粉末を皿にうつして、粒子の細かいものから順に、頭青、二青、三青と選り分けてゆく、と記されている。それには群青の名は記されていないが、頭青は「白群青《びゃくぐんじょう》」にあたり、二青はここにあげた「群青」に、三青は「紺青」にあたる。ただし、群青の名は、わが古代にもなく、紺青より淡い青はすべて「白青」と呼ばれている。「群青」がいつごろから呼ばれたかは明らかではないが、江戸時代の画法書『①畫筌《がせん》』の「畫具製法極秘傳」に、「紺青…これを摺て群青を出す」、「浅紺、畫史に白青、俗云群青」と見えている。これによっても、群青は紺青の淡色で、白青の濃い方を指したことがわかる。今日では、紺青―群青―白群青と呼びわけている。今日の人工岩絵具の群青の色相は、紫み、緑み、深青の三系統があって一定しないが、色票に示したのは、天然群青の標準的な色調である。

英名「フォーゲットミーナット　ブルー」―忘れな草の花色。

①絵画の技法書。六巻。
林守篤著。享保六年（一七二一）刊。絵画を描く種々の方法および注意すべき点、画具の製法などを記述。

181　紺《こん》

赤みを含んだ濃い青色をいう。「紺」は中国古来の染色名で、その名称、色調がそのままわが国に伝わったものである。紺の名は『論語』「郷黨篇」に「君子紺緅ヲ以テ飾ラズ」（読み下し）と見え、その色調について①『説文《せつもん》』は「紺、帛ノ深青ニシテ赤色ヲ揚グ」と記し、又『釋名』も「紺、含也、青ニシテ赤色ヲ含ム」と記している。紺色が赤みを含むことについて②『日本色名大鑑』に「藍の中に副生物として赤く染まる染料を含んでいるから、天然のものは原料によってはかなり赤味にも染まる」とあるように、藍の単一染でも、濃染では赤みを含むことになる。紺の染色は『延喜縫殿式』には見えていないが、わが国では古来、藍の濃染が行われている。

江戸末期の『染物早指南』に紺の染法が記され、「豆汁の中へ墨を入て棗を上へ引く、藍染」とある。

「紺」の名がわが色制にあらわれるのは、孝徳天皇大化三年（六四七）の七色十三階の冠位の制からで、「紺《ふかきはなだ》」は青冠の大・小二階の位色とされている。後の『衣服令』の服色尊卑の序列では「緑」の下に置かれ、下位の色になっている。しかし、紺は江戸時代には『御ひいなかた』（寛文六／一六六六）の小袖地色にも見えており、この時代では広く愛用されている。

英名「パープル　ネイビー」―英国海軍制服の紺色。

① 説文解字。中国古代の字書。十五篇三十巻。後漢の許真著。文字成立の意義を推究。中国文字学の基本的古典。
② 一巻。上村六郎・山崎勝弘著。
染料名と顔料名八十二種を色票で示し解説を加えた色名辞典。昭和二十五年版、五十一年版など。

182 褐《かち》色《いろ》（かちん色《いろ》）

紺より更に濃く暗い藍染の色で、江戸時代では「かちん色」と呼ばれ、西鶴の『好色一代男』には「かちん染の布子」が見えている。かちん色はかち色の音便。かちいろの「かち」は、藍を濃く浸み込ませるために被染物を「搗《か》つ」、即ち、搗《つ》くことで、染法から出た名というが、色名には同音の「褐」が当てられている。「かち」の名は『新勅撰和歌集』二十に「しかまのかちに、染めて着む」と見えている。かちん色について伊勢貞丈は『貞丈雑記』に「かちん色と云は黒き色を云。古異国より褐布と云物渡しけり。其色黒き色なりし故黒色をかち色共かつ色とも云。…褐布は今の羅紗の類にて毛織也。かつともかちとも云を勝負の勝と云事に取なして昔は軍陣に専ら此色に用ひたりし也。かち色と云を俗にかちん色と云也」と記し、同じく『安齋随筆』には「西土の書には何れにても黒色を兼ねたる色を何褐色と云ふ。たとへば、トビ色を素褐色、アキミル茶をば青褐色、キカラ茶を貴褐色といふ。皆黒色を兼ねたる色なり…」と記している。今日では赤茶色を褐色《かっしょく》と呼んでいる。褐色はよみ方によって色相が全然異なったものになる。

英名「インディゴ」—濃い藍の色。

183 瑠《る》璃《り》色《いろ》

「瑠璃色」は、七宝の一つに数えられている玉石の瑠璃の色のような、紫みの冴えた青色をいう。しかし、この冴えた瑠璃の色を、天然の藍で染め出すことはかなりの手練を要する。古代染色の瑠璃については『装束抄』に「濃花田色也。今濃浅黄ト云」と記され、『山槐記』には「浅黄号瑠璃色」とあって、大体、花田系統の色とされ、重色では、表空色・裏同色（『胡曹抄』）とあることなどから、それは実物の瑠璃の色に似たものではないことがわかる。玉石の瑠璃は西洋では「ラピスラズリ」と呼ばれ、西方アジアで産出したものが中国を経てわが国に伝わった。それは「瑠璃の坏」（『源氏物語』）、「瑠璃の壺」（『枕草子』）などにつくられており、江戸文学では燭器に用いた瑠璃灯（六角形の筒型灯籠）が西鶴の『日本永代蔵』（元禄元　一六八八）に見えている。玉石の瑠璃に見る、その深く冴えた色は人々を魅惑したことであろう。

英名「コバルト　ブルー」―コバルト絵具の青。

184 紺《こん》青《じょう》色《いろ》

岩絵具の紺青の色のような、冴えた紫みの青色をいう。これに似た色に前出の「瑠璃色」があるが、それよりも強く深い。また、瑠璃の玉石が「ラピスラズリ」であるに対し、紺青の原石は「アズライト」（藍銅鉱）で、材質もちがっている。紺青石は『芥子園畫傳』には「石青」とあり、水飛法によって、頭青、二青、三青の岩絵具が選別されることが記されている。このことは先の「群青色」のところでも述べたが、その選別で一番粒子が粗く、色の濃い顔料、即ち「三青」が紺青に当る。わが国では、紺青の名は顔料名のほか染色名にも用いられている。その染法を記したものは見当らないが、色は江戸中期の『吉井藤吉染見本帳』や後期頃の染見本帳に見えている。この染法は後出の「瑠璃紺」と大略同じであるが、それよりは冴えて、はなやかである。

英名「ウルトラマリン　ブルー」―顔料のウルトラマリンの青。

185 瑠璃紺《るりこん》

瑠璃色がかった紺の意で、深い紫みの青色をいう。「瑠璃紺」は『守貞漫稿』の「紺」の条に「藍染ノ極濃ヲ云、特ニ瑠璃ノ如キヲルリコント云」と記されており、また、『手鑑模様節用』のるりこんの色譜には、「一名からすば（烏羽）いろといふ」と記されている。瑠璃紺の染法を記したものは見られないが、上記の記事から、藍で紺色程度に濃く染め、しかも紺色よりやや明るく派手に染めたものと思われる。天和三年、戸田茂睡が『紫の一本』[1]に記した、隅田川舟遊の条に「下には白き薄物の雪の如くなるを着し、上には地紅、紫紅、欝金、瑠璃紺、桔梗…思ひ〳〵の上着着て…」と見えていることから、この染色は、延宝―天和（一六七三―八四）頃に愛用されていたことがわかる。また、文政の『嬉遊笑覧』によると、明和の頃（一七六四―七二）に、江戸の男女の小袖に大流行したとのことである。瑠璃紺の染色見本は江戸中期頃の『吉井藤吉染見本帳』に見えている。

英名「ロイヤル　ブルー」―花紺青。

①地誌。戸田茂睡著。天和三年奥書。一六八三。名勝古跡を語り、当時の風俗を写す。

186 紅《べに》碧《みどり》（紅掛空色《べにかけそらいろ》）

かすかに紅みを含んだ空色をいう。その名の「碧」は碧玉（みどりの玉石）、碧天（あおい空）などの色彩の形容語に用いられるが、ここでの碧は「空色」を指す。『手鑑模様節用』の色譜には、『紅碧《べにみどり》。俗にべにかけそらいろといふ」と記されている。「紅掛空色」の名は、空色の上に紅色をうすくかける染法から来たものである。これに類する染色に「紅かけ花色」があるが、これは花色（縹色）に紅をかけたもので紅碧より濃い色である（後述）。紅碧即ち紅掛空色の染色は、江戸中・後期に流行したのではないかと思われるが、それを伝えた記事は見当らない。しかし、その色調は後出の藤鼠や藤色に似ていることから藤色流行の時期には共に愛用されたと思われる。

英名「サルビア　ブルー」サルビアの花の青。

187 紺《こん》桔《き》梗《きょう》

桔梗色（後出）を紺がからせた、色票程度の濃い青紫色をいう。「紺桔梗」は『手鑑模様節用』の色譜に見えており、「赤みかちたるをこん藤いろといふ」と記されている。紺桔梗の染法を記したものはこの時代の染物書に見当らないが、この染色は江戸中期頃の『津之井平蔵染見本帳』や、同期の『紺屋伊三郎染見本』に見えている。紺桔梗の基調色の「桔梗色」については『諸色手染草』（明和九／一七七二）に、「下染をちくさに染、其うへへすわうにめうばん少し入染てよし、但し本紅を遣ふ時は右のごとく下染のうへへ紅染のごとく染てよし」とあるから、紺桔梗の染色では下染を紺色にし、上掛けに蘇芳又は紅花を用いて紫みがからせたと思われる。この色は『嬉遊笑覧』によると、明和の頃（一七六四―七二）るり紺や藍鼠、花色などと共に小袖の色に流行したとのことである。この記事から見て、紺桔梗の染色があらわれるのは江戸中期頃と推測される。

英名「ヴィクトリア　バイオレット」―ヴィクトリア朝風の菫色。

188 藤《ふじ》鼠《ねずみ》

藤色（後出）を鼠がからせた、やわらかい青み紫をいう。この染色は延宝―貞享（一六七三―八八）の頃の浄瑠璃土佐節の「染色盡《づくし》」に、「恋をする竹藤鼠」とよみ込まれている。藤鼠の染法は『萬染物張物相傳』（元禄六／一六九三）に「白地にごをよくすり、すみとすわうかげんして、ふじのいろに見あわせ一へんひき、水一へんひきよくほし申候」とあり、『染物早指南』（嘉永六／一八五三）には「蘇芳水等分、唐藍少々、鉄漿ポッチリ、もも皮少々、石灰水へ入る」とある。その染色は江戸中期頃の『津之井平蔵染見本』に「不二鼠《ふじねずみ》」の名で見えており、『手鑑模様節用』の色譜にも見えている。その色調はクールで粋である。藤鼠は江戸時代以後も愛好され、明治二十七年頃には「新駒色《しんこまいろ》」と呼ばれて流行した。当時、流行衣裳の報道に定評のあった『都の華』は「藤鼠も新駒色と呼びて曽て福助が歌舞伎の舞台に婀娜女《たおやめ》に扮し、奇麗艶美の名極めて高かりし折、好みて用いたりし色なれば、やがて初めは花柳より、果は良家の令嬢がた迄に、その流行を及ぼしたり」と報じている。藤鼠はまた、大正七年には和服の襟に、同八年には和服に流行したという（『日[①]

本色彩文化史』)。

英名「ラベンダー　グレイ」―ラベンダーの花の色みのグレイ。

①一巻。前田千寸著。
日本原史から中古までの色彩文化を詳説。昭和三十五年発行。岩波書店。

189 紅《べに》掛《かけ》花《はな》色《いろ》

花色(縹色)の下染に紅を上掛けした、あでやかな青紫色をいう。『手鑑模様節用』の色譜にこの色が見え、「紅かけ花いろ。古、薄ふたあい」と記されている。この染法は前出の「紅掛空色」に類するが、それよりも濃く紫みが強い。「紅掛花色」は『布帛染色服飾糸口』(文化五/一八〇八)他、江戸後期の染物覚書にも見えている。紅掛を形容名とする染色には、このほか、前出の「紅掛空色」や「紅掛納戸」(紅味を帯びた納戸)がある。これらの紅掛色は濃淡や色みに多少のちがいはあるが、いずれも青紫系統に属し、クールで粋な色である。紅掛花色の流行の記事は見当らないが、「紺桔梗」や「瑠璃紺」と共に江戸中期頃愛用されたと思われる。

英名「ジェンティアン　ブルー」―りんどうの花の青。

190 藤《ふじ》色《いろ》

藤の花のような浅い青みの紫で、「若紫《わかむらさき》」ともいう。『手鑑模様節用』の色譜に、「ふぢいろ。あゐふぢ、紅ぶぢの二種あり、古名うすいろといふ」と記され、藍藤の色が示されている。色票に示した色は藍藤の方である。『手鑑』は藤色と「薄色《うすいろ》」を同色と見ているが、薄色は紫の淡色をいい、藤色に似てはいるが、それより淡く紅みが強い。「藤色」の本式の染法は、澄んだ色を出すために、藍と紅花が用いられるが、一般には蘇芳、鉄分を用いる代用染が行われた。その染法は『染物秘傳』（寛政九／一七九七）に「すわう一返かけ、二へんめに白凡五六分入染、其後たらひに水を入、すがね少入てくる也」とあるが、この法では澄んだ藤色は得られない。色票の色（藍藤）は、「下染をちくさにして紅をかけるなり」と『染物重寶記』（文化八／一八一一）にある法によらねばならない。藤色は江戸前期から愛好され、『御ひいなかた』（寛文六／一六六六）の小袖地色にも見え、又、天和初年の『紫の一本』や、西鶴の『好色一代男』（天和二／一六八二）をはじめ、近世文学にしばしばあらわれる。「藤」の名は平安時代の重色に見られ、その色目は、表淡紫・裏青（『雁衣鈔』）他数説あるが、その多くは表の色が淡紫となっており、江戸時代の藤色に似たものになっている。

英名「ラベンダー」―ラベンダーの花の色。

191 二藍《ふたあい》

藍と紅花の交染による、にぶい青みの紫をいう。

「二藍」の藍は、「染料」の意で、その名称は、青藍と紅藍の二種の染料で染める染法から付けられたものである。『装束抄』に、「二藍。赤色ト青花トニテ染也。夏用レ之」とある。この染法は前出の「紅掛花色」に似ているが、二藍の方が紫がちでややにぶい。二藍の染色が行われるようになるのは平安時代からで、当時は深・浅の二級に分けられているが、色票の二藍は中程度の色である。この時代から、染色は二藍のような二種の染料の交染による中間色相や破色調のものが多くなって来た。二藍の色には、上記の染色のほか、織色、重色がある。織色は経紅・緯藍で織り出され、重色は表二藍・裏白(『雁衣鈔』)、或いは、表・裏共に二藍(『物具装束抄』)で表わされる。いずれも、二藍の色調は中性的でクールであるため、夏期苦熱の頃の着用となっている。「二藍の織物の袿」(『落窪物語』)、「二藍の羅の汗衫」(『源氏物語』)など、平安文学に所見が多い。

英名「アスター」―アスターの花の色。

192 藤《ふじ》紫《むらさき》

藤の花色に見る、明るい青みの紫で、前出の「藤色」に似ているが、それより紫みが強い。「藤紫」と藤色を同色とする説もあるが、染物書には別々に染法が示されており、両者には右のような差が認められる。藤紫の染法は『染物秘傳』(寛政九/一七九七)に、「上すわう二返、水かねにてくり、しやく木水に漬る也」とあり、又、『染物屋覚書』(享和三/一八〇三)には「ふじ紫は水いろの上へ白ごを引、濃すおう一度引、あく留」とある。また、『染物重寶記』には「紫藤」の名が見え、「紫藤はそら色にして紅をかけるなり」とあって、その染法は藤色に似ているが、紅が濃ければ藤紫になる。紫藤は藤紫を読み変えた名称と思われるが、後世では藤紫の方が知られている。藤紫の名が染物書に見えるのは江戸後期からだが、基本色の藤色の方は前期から愛用されており、藤紫もその頃は色相の類似から藤色の名で染められたのではないかと思われる。

英名「ウイスタリア バイオレット」―藤の花の青紫。

193 桔《き》梗《きよう》色《いろ》

桔梗の花色のような冴えた青紫をいう。「桔梗色」は古くは「きかういろ」、「きちかう」とも呼ばれ、『宇津保物語』に「きかう色のをり物のほそなが」、『栄花物語』には「ききやうの織物」、「桔梗の表著」が見えている。平安時代の桔梗色は、重色、織色に見えているが、染色には見られない。重色の「桔梗」は、表二藍・裏濃青(『薄様色目』)他数説があるが、表を二藍とする説が桔梗の花の色に近い。桔梗色の染色は江戸時代には行われており、『諸色手染草』(明和九/一七七二)に「下染をちくさに染、其うへへすわうにめうばん少し入染てよし。但し本紅を遣ふ時は右のごとく下染のうへへ紅染のごとく染てよし」とある。「桔梗染《ききやうぞめ》」は近松の『女殺油地獄』(宝永六/一七〇九)に「桔梗染の腰変り縞繻の帯」と見えている。

英名「ブルー　バイオレット」—青菫色。

194 紫《し》苑《おん》色《いろ》

紫苑の花の色のような明るい紫色で、「しおに」ともいう。「紫苑色」は平安文学には「紫苑《しをん》の織物」(『源氏物語』)、「紫苑色の袿」(『堤中納言物語』)、「紫苑《しをに》色の指貫」(『今鏡』)など、織色・重色・染色の名で見えている。紫苑色の染・織色の手法を示したものは見られないが、染色は藍と紅花によったと思われる。重色は、表濃《こき》薄色・裏青(『物具装束抄』)、表紫・裏蘇芳(『藻塩草』)などの説があるが、『物具装束抄』の方が実物の色に近い。しかし、後には「薄色」(薄紫、後出)を紫苑と呼んだことが、鎌倉初期の①『次将装束抄《じしょうしょうぞくしょう》』に見えているから、紫苑の色は平安時代以後は薄色に近いものを指すようになったようである。

英名「ヘリオトロープ」―ヘリオトロープの花の薄紫色。

①装束の書。一巻
「夜鶴装束抄」ともいう。藤原定家の著。一二一〇―一二一七の間の成立。

「指貫事。件差貫古人紫苑色ノ面、青ノ裏着ㇾ之。近代只以二例薄色指貫一称二紫苑一着ㇾ之」

195 滅《めっ》紫《し》(けしむらさき)

九十度以上の高温の紫根染による、暗い灰紫色をいう。紫根による染色は、低温で染めると「紫《むらさき》」や「葡萄《えびぞめ》」(後出)のように紫の色みがはなやかにあらわれるが、高温になるにつれて、その優艶な色みは鈍くなり、九十度以上では暗い灰紫色になる。色名に冠した「滅」はその、「紫の色の匂いを滅す」の意である。「滅紫」は『正倉院古文書』に見えているが、この時代ではまだ滅紫の深・浅の別はない。しかし、平安時代の『延喜縫殿式』では、深・中・浅の三級に分けられ、それぞれの材料用度が示されている。色票の色は、中滅紫(綾一疋に、紫草八斤、酢八合、灰八斗、薪九十斤、帛一疋に、紫草八斤、酢七合、灰七斗、薪九十斤)程度である。滅紫は色票のように黒ずんだ紫であることから、持統天皇四年の制(六八九)に見える「黒紫《ふかむらさき》」と同色とする説があるが、黒はふかと読まれ、深と同義であって、滅紫とは別の色である。

英名「レイズン」―ほしブドウの色。

196 紫《し》紺《こん》

濃い紺色がかった紫色をいう。この染色名は江戸時代の染色本には見られない。それは、明治以後、流行色としてあらわれたものではないかと思われる。『明治百年日本傳統色』によると、明治二十八、九年に「紫《し》紺《こん》鼠《ねずみ》」が流行しつづいて、三十年―三十六年にかけて紫紺が牡丹色と共に流行したとのことである。紫紺と同類の色に、濃い茄子の実の色に因んだ「茄《な》子《す》紺《こん》」があるが、これも江戸時代の染色には見当らない。紫紺色はその色調の荘重さの故に、今日では優勝旗の色に用いられている。

英名「ブラッキッシュ　パープル」―黒みの紫。

197 深《こき》紫《むらさき》（ふかむらさき）

紫根、灰汁、酢を用いて染めた、濃い紫色をいう。深紫は、持統天皇四年の制（六八九）では「黒紫」と書かれ、また、浅紫は「赤紫」と書かれている。『延喜縫殿式』ではこの深紫には、「綾一疋に、紫草三十斤、酢二升、灰二石、薪三百六十斤、帛一疋に、紫草三十斤、酢一升、灰一石八斗、薪三百斤」を用いることになっている。深紫の「深」は平安時代には「こき」と読まれるようになるが、当代では紫は色の中の色と別格視され、深紫には紫をつけずに、「こき」、或いは「こき色」と呼ばれた。勿論、禁色である。深紫は、染色《そめいろ》の他、織色、重色がある。織色は、経・緯共濃い紫であり、重色は、表・裏共に濃い紫（『名目抄』）となっている。深紫のほか、「深紅」もこき色と呼ばれることがある。『衣服令』の定めによると、深紫は一位の衣の色で、臣下最高位の色となっている。古代では、位や身分は服色で区別されるが、同じ色相では、濃い方は上位、淡い方は下位と定められている。これは、染の濃淡によって生じる色の重量感を身分の軽重にあてたものである。

英名「ディープ　ロイヤルパープル」─深い帝王紫。

198 薄《うす》色《いろ》

色票のような淡い紫色をいう。普通、薄色といえば、何色に限らず淡い色を指すが、色名上の「薄色」は淡い紫を指す。その名は前出の深紫が「こきいろ」と呼ばれたのと同じ理由で、浅紫の色も紫をつけずに呼ばれたのである。前述のように、こきいろ（深紫）は最高位の色であるから「禁色」となっているが、薄色は紫の色みが淡いために、禁色の深紫とは別色とされて「聴色《ゆるしいろ》」となっている。この薄色に似て、それより少し濃い色を「半色《はしたいろ》」（後出）という。薄色は『延喜縫殿式』には「浅紫」と見え、その材料用度は、「綾一疋に、紫草五斤、酢二升、灰五斗、薪六十斤、帛一疋に、紫草五斤、酢一升五合、灰五斗、薪六十斤」となっている。薄色は、染色のほか、織色、重色があり、織色は『装束色彙』に「薄色ト云ハ、経ヲ紫又ハ濃キ薄色ニシテ緯ヲ白クス」とある。重色は、表薄花田、赤みをすこしすべし・裏濃薄色（『雁衣鈔』）、表薄色・裏薄色（『色目秘抄』）となっている。うす色は平安文学に「薄色の裳」（『枕草子』）、「薄色の織物」（『源氏物語』）、「薄色の衣」（『狭衣物語』）など、この色の装束を記したものは多い。

英名「ペール　ライラック」─ライラックの花の薄い紫。

199 半色《はしたいろ》

半色の「半」は、中間の、半端《はんぱ》の、という意で、色名上禁色の限界からはずれた淡い色をいうが、色名上では、深紫（禁色）と浅紫（聴色）の中間の中紫より淡く、薄色より濃い色をいう。半色には、織色、重色、染色があり、織色は『桃花蘂葉』によると、経・緯共に薄紫とのことである。これに対して、薄色の織色は、経紫又は濃き薄色・緯白となっているから、織上りの色は半色が薄色より濃い色になるわけである。重色は、表淡紫・裏淡紫（『薄様色目』）とあって、淡色と同じ色となっている。半色は『宇津保物語』に「御ぞはしたいろのちいさきも…」と見えている。

英名「クロッカス」―クロッカスの花の薄い紫。

200 菫色《すみれいろ》

菫の花の色のような艶麗な紫色をいう。「菫色」はもとは重色目の名称であるが、後世では一般色名として用いられるようになり、今日では菫色といえば、青みの冴えた紫を指す。重色目の菫色は、表紫・裏淡紫（『胡曹抄』）となっており、その色相は今日いうところの菫色よりやや赤みを含んだ色になる。菫を名とする重色は他に、「壺菫」―表紫・裏薄青或いは青（『胡曹抄』）がある。菫の花は古くから愛好され、『萬葉集』では赤人の歌に、平安時代では和泉式部の歌にうたわれており、『枕草子』の「草の花は」の中にも数えられている。しかし、服色としての「菫」は平安文学には見当らない。重色に菫色があらわれるのは中世頃と思われる。菫色は今日ではその花の名で「ヴァイオレット」と呼ばれているが、古代の色目はむしろ、「モーブ」の色に近い。

英名「モーブ」――モーブの染料の紫。

201 紫《むらさき》

紫根と灰汁と酢による低温染の濃艶な紫色をいう。媒染に用いる灰汁は古来、椿の灰汁が良いとされている。漢名の「紫」は、茈草《しそう》によって染めた糸の色をあらわしたものであるが、その和名「むらさき」は大陸からそれを伝えた半島語のポラサキ（ポラセック→紫の色名）から転訛したものという（『萬葉植物新考』所載、宮崎道三郎説）。しかし、中国古代の紫の染色は、『論語』「陽貨篇」に「紫ノ朱ヲ奪ウヲ悪ム」（読み下し）とあるように、赤色の下染にうすく紫を上掛けした、朱に紛らわしい（『雲麓漫抄』、『通雅』）、赤紫の色だったのである。これに対して、わが古代の紫は紫根の単一染の、青みのつよい紫で、『延喜縫殿式』ではそれを深紫と浅紫の二級に分けている。『式』には紫の標準となる「中紫」はあげられていないが、「むらさき」といえば、色票に示した程度の濃さの「中紫」をさす。紫がわが国の位色として明記されるのは、孝徳天皇大化三年（六四七）の冠位の制からであるが、それ以前、推古天皇十一年（六〇三）の制の最高位の「徳」に当る色は「紫」と推定されている。位色はその後しばしば改変されたが、紫の上位は変っていない。しかし、わが国の紫は中国のそれの、朱を奪う（論語）ような威厳に満ちた色ではない。優艶で親しみがあり、私的には「なつかしき色」と愛好され、平安時代には「ゆかり」（縁につながる者にも情をかける）の色と見られるようになった。紫根による紫染は江戸時代でも行われたが、材料や染法の手数などで高価になることから、庶民の着用は禁じられた。そのため、安価で手軽に染められる「似《に》せ紫」（後出）の染色が行われるようになると、伝統の紫染は「本紫《ほんむらさき》」と呼ばれた。後には紫根の名を借りた「紫根色《しこんいろ》」と称する、くすんだ紫色も現われるが、これは本紫と関係のない色である。

英名「ロイヤルパープル」—帝王紫。

202 黒《くろ》紅《べに》（黒紅梅《くろこうばい》）

紅色に檳榔子《びんろうじ》の黒を上掛けした、赤みの紫黒で、「黒紅梅」とも、略して「黒」とも呼ばれる。「黒紅」は寛文六年刊の『御ひいなかた』の小袖地色によく見られる。この染色は『手鑑模様節用』「婚礼本式衣服之事」に、「若し略して白を用ひざる時は…地黒、地あか、地白とかさね用ゆべし。地黒はくろ紅梅といふ色にして、婦人第一のはれとす。その次第を、たとふれば、元日の服地黒なり。二日地赤を着し、三日地白と、順々定まりたる…」とあり、着装例に「松竹梅総模様」の小袖が示されている。また、色譜には「黒紅梅古名濃二藍、俗にくろべに…」と記されている。黒紅は西鶴の『萬《よろず》の文反古《ふみほうぐ》』に「御内儀の昔小袖…黒紅に御所車の縫箔の小袖」と見えていることから、この染色は江戸前期から豪華な小袖の地色に愛用されていたことがわかる。また、『装束色彙』には「男子の直垂等の色に用いられる」とある。黒紅の染法は『諸色手染草』（明和九／一七七二）に「すわうにめうばん少し入、二へん染てびんろうじにてくろみをかけてよし。又本紅染色は下地を紅《もみ》にそめ、びんろうじにて染てよし」とあり、その色調は右の染法や、『手鑑』の小袖模様や色譜に見る色彩などから、色票のような色と推定される。

英名「ダスキー　パープル」―黒い紫。

203 菖蒲色《あやめいろ》

花菖蒲《はなあやめ》の花の色に見る冴えた赤みの紫色をいう。あやめの花の色には白色のものもあるが、「あやめ色」は紫の花色に因んだものである。これに似た色に杜《かきつばた》若の花色に因んだ「杜若色《かきつばたいろ》」（後出）があるが、「菖蒲色《あやめいろ》」はそれよりは青みを含み、紫に近い。

和名の「あやめ」の名は、その葉に美しい文目《あやめ》があることから来ているという。「菖蒲色」はもとは重色の名称で、その色目は、表青・裏紅梅（『胡曹抄』）、表淡萌黄・裏濃紅梅（『四季色目』）、などの説があるが、これらの表裏の配色は、葉の間に円柱状の肉穂花をつけた菖蒲草をあらわしたものであって、ここでいう花菖蒲の色をあらわしたものではない。染色のあやめ色が行われるのは後世のことで、『手鑑模様節用』の「あやめ」の色譜には「あゐかちたるをききやうといふ、赤みかちたるを、あやめと、となふ」と記され、色票程度の赤みの紫が示されている。この染色は、江戸中期頃の『紺屋伊三郎染見本帳』にも見えている。

英名「アイリス」―あやめの花の紫。

204 紅《べに》藤《ふじ》

紅がかった藤色、すなわち、赤みの淡い紫をいう。この染色は、藍で淡く下染をし、紅花又は蘇芳の紅赤色を上掛けしたものである。その染法は『諸色手染草』（明和九／一七七二）に、「下染をうすくあさぎに染め、すわううすくしてめうばん少し入れ二へん染。但し本紅をつかふ時は右の如く下染の上へ紅染のごとく染めてよし」とある。この、藍と紅花、或いは蘇芳との交染による艶麗な紅藤の染色は後期に人気があったとみえ、享和（一八〇一―〇三）の頃の『染物屋覚書』では紅藤の紋付きの値段は色染の中で高価な部類に入っている。『手鑑模様節用』の藤色の色譜に、「ふぢいろ、あゐふぢ、紅ふぢの二種あり」と見え、『染物重寶記』（文化九／一八一二）に藍藤の染法が記されているが、大体、紅藤の染法と同じである。ただ、紅藤の方の下染の藍が藍藤より淡いところにちがいがある。この紅藤と藍藤の中間の色は「鳩《はと》羽《ば》紫《むらさき》」と呼ばれている。

英名「ライラック」―ライラックの花の色。

205 杜《か》若《きつばた》（江《え》戸《ど》紫《むらさき》）

杜若《かきつばた》の花の色に似た、濃艶な赤みの紫をいう。「かきつばた」の名は「かきつけばな」が訛ったもので、もと、その花の汁で摺染をしたことから来ているという。「杜若」は重色に見え、その色目は、表二藍・裏萌黄（『物具装束抄』）となっている。しかし、杜若色は、二藍色より赤みがちで冴えた色である。この重色は平安文学に見えていないが、中世以後の故実装束書には見えている。杜若色の色調について、江戸中期の古実家、伊勢貞丈はその著

『安齋随筆』「紫」の項で「今江戸紫と云ふ色はカキツバタの花の色の如し是蒲萄染《えびぞめ》なり、紫蘇《しそ》の色に赤きに青色を帯びたり」とのべている。杜若色は「蒲萄《えびぞめ》」（後出）のように赤みを帯びた艶な紫ではあるが、蒲萄よりは濃い色である。「杜若」の名は江戸時代の染物書には見当らないが、これと同色と見られる染色は「江戸紫」の名で行われている。ところで、江戸紫の江戸は、「京」の紫に対して「江戸の紫」の意でつけられたものか、或いは伝統の京紫に対して新しい「江戸趣味の紫」の意でつけられたものか、また、その色相は、京紫に比して赤みか或いは青みかなど、後世種々論議を呼んでいる。上述の伊勢貞丈は『貞丈雑記』に「按紫色ハ今世京紫（青みの紫）ト云色也、蒲萄ハ今世江戸紫（赤みの紫）ト云色也」と記している。ただし、そのあとに、「京紫は赤気かちなり、江戸紫は青気かち也」と、本文と反対の注を加えている。今日でも江戸紫について「桔梗の花の色に似て藍色の勝った濃い紫色をいう。江戸で染め始めたのでこの名があるという」（『色名大辞典』）という説や、「京紫は古代紫の系統の色であり、青みがちの京紫に対してそれとちがった紫をつくるなら赤みがちにするのが自然な行き方であろう」（『日本色彩文化史』）という説がある。両者の説を考えるに、江戸紫があらわれた初期は、恐らく赤みの紫であったろう。それが後に青みに変って来たと考えられないことはない。この時代の色彩の流行は中期頃から主流の茶系統にまじって青系の色が目立ちはじめ他の色に影響をあたえるようになった。この頃、藍の青が江戸前の色として愛用されたことや、「粋《いき》」の美意識などの影響で青みがちの紫へ変相したのではないかと推測される。なお、江戸紫について、『寛文年中江戸武家名盡《つくし》時の逸《はや》りもの』に「江戸紫の大ひぼ」が見え、①『人倫訓蒙図彙《じんりんきんもうずい》』（元禄三／一六九〇）に「此紫染一種、これをなす中にも上京石川屋其名高し。…又江戸紫の家、油小路四条の下にあり」と見えている。染め初めの時はともかく、元禄の頃には京都でも染められていたことに注目したい。ところで、さきにあげた『都の華』に「名家苦心録」と題して武蔵野の多摩の農夫、仙蔵による「江戸川染紫」（後に江戸紫と呼ぶ）の苦心談が記されているが、これは宝永（一七〇四―一〇）の頃の話である。参考までに。

英名「アメジスト」―紫水晶の色。

①七巻。江戸時代前半期の風俗生活を叙した図入りの書。元禄三年刊。著者不詳。

206 鳩《はと》羽《ば》鼠《ねずみ》

紅藤のところでのべた「鳩羽紫」を鼠がからせた、赤みの灰紫をいう。「鳩羽」は山鳩の背羽を指す。「鳩羽鼠」は『手鑑模様節用』の色譜に「はと羽鼠。やまばといろといふは別品にして此いろにあらず」と記されているとおり、山鳩色は前出の「麴塵」又は「青白橡」と同色の、くすんだ黄緑色で、鳩羽鼠とは別色である。いずれも山鳩の羽根色から出た色名であるが、色調が異なる。鳩羽鼠の染色が行われるようになった時期は、「何々鼠」と称する鼠の変相色が多くあらわれた江戸後期頃ではないかと思われる。その染法は『染物早指南』（嘉永六／一八五三）に「やしやの中へ蘇芳ポッチリ、丸鉄漿《まるがね》」とあり、又、『本多次郎翁植物染色法』（昭和四）にも「夜叉とかね、同割にしたものをうんと水で割ったものをかけ、その上で薄い蘇芳で染める」とある。その染色見本は、江戸末期頃の『大澤善七染見本帳』や明治初期の染見本帳に見えている。

英名「ライラック　ヘイズイ」―ライラックのくすんだ色。

207 葡《ぶ》萄《どう》鼠《ねずみ》(えびねずみ)

古代の「蒲萄《えびぞめ》」の色を鼠がからせた、鈍い赤紫をいう。「ぶどう」は古代では「えび」と呼ばれたことから、葡萄鼠も古名で「えびねず（み）」とも呼ばれる。色名に「鼠」をつけるようになるのは近世からであるが、葡萄鼠のような、鼠の変相色があらわれるのは江戸中期―後期にかけてである。その染法は『染物早指南』（嘉永六／一八五三）に「葡萄鼠。蘇枋六遍、もも皮四遍、鉄醬水　等分」とあり、『染風呂敷傳書』（明治四／一八七一）に「ぶどう鼠。あいろう六分、すおうのあわ三分、ねりずみ一分、〆　三品」とある。その染色見本は江戸中期頃の『紺屋伊三郎染見本帳』ほか、後期頃の染見本帳に見えている。葡萄鼠は浮世絵美人の着物の地色によく見られ、豊国の『絵本時世《えほんいまよう》粧《すがた》』（享和二／一八〇二）の美人画にも葡萄鼠とおぼしき色が目につく。『武江年表』によると、葡萄鼠は文久三年に流行したとのことであり、又、『明治百年日本傳統色』には昭和前期に流行したことが記されているが、その色票は青みの鼠色になっている。

英名「プラム　パープル」―西洋スモモの紫。

208 蒲《えび》萄《ぞめ》（葡萄《えびぞめ》）

紫根と灰汁と酢で染めた赤味の紫色をいう。「蒲《えび》萄《ぞめ》」がはじめて見えるのは天武天皇十四年（六八五）の色制からで、この制では蒲萄は深・浅の二級に分けられているが、『延喜縫殿式』では蒲萄は「蒲萄」とあって、深・浅に分けられていない。その材料用度は、綾一疋に、紫草三斤、酢一合、灰四升、薪四十斤、帛一疋に、紫草一斤、酢一合、灰二升、薪二十斤を用いることになっている。この用度によれば、蒲萄はうすい赤紫色に染まる。これと、前出の紫根の淡染の「浅紫」（綾一疋に紫草五斤、酢二升、灰五斗、薪六十斤）との紫根・灰・酢の用量を比較すると、蒲萄の方がはるかに少ない。このことから、『縫殿式』の蒲萄は浅紫より淡いことがわかる。ところが、その時代の蒲萄と称する織・重色を見ると、織色では、経赤・緯紫、重色では、表蘇芳・裏縹となっており、『縫殿式』の蒲萄よりかなり濃い色になっている。このことから、『縫殿式』の蒲萄は、天武の色制の「浅蒲萄」程度であることがわかる。しかし、当時一般には色票程度の色が染められたのではないかと思われる。その色調について『安齋随筆』は「カキツバタの花の色の如し是れ蒲萄染なり（紫蘇の色に赤きに青色を帯びたり）」と記している。蒲萄の色は、えびかづら（山ぶどう）の実の色に由来する。

英名「アメジスト　モーブ」—紫水晶のモーブの色。

209 藤《ふじ》煤《すす》竹《たけ》

藤色がかった煤竹色、即ち、赤みの暗い灰紫色をいう。「藤煤竹」の染色は貞享四年刊（一六八七）の小袖雛形本『源氏ひなかた』の小袖の地色の中に見えており、江戸前期から行われた染色である。その染法は『萬染物張物相傳』（元禄六／一六九三）に「しろきごのなかへ、に石少、すみ少、すわうすこし入、いろあい見あわせ二へんひき、水一へんひきよくほしはり申候」とある。また、『手鑑模様節用』は色譜にこの色をあげ、「藤すす竹。紅けし鼠の紅を梅にかへて染たる色也」と記している。煤竹の変相色にはこの他、「しやれすす竹」をはじめ約二十種があり、それらの多くは江戸前期末の元禄—宝永頃の染色本や雛形本に見えている。煤竹系統はこの頃ポピュラーな色だったと思われる。ところで、藤煤竹に似た名の「藤色煤竹」という染色が『當世染物鑑』（元禄九／一六九六）に見えている。その染法は「下染びんろうじ染のしるおうすくして染、かねくろみを水、大ぶんのうちえすこし入染、其上すすぎほしあげ而よし」とあって、藤煤竹と染法も色調もちがったものになっている。

英名「プルーン」—乾したプラムの色。

210 牡《ぼう》丹《たん》（ぼたん）

牡丹の花の色を模して藍と紅花で染めた、はなやかな赤紫の色をいう。牡丹の花はその絢爛たる色と形から、古来、「富貴の花」として観賞され、その観賞記事は『枕草子』や『栄花物語』などの平安文学に見えている。また、それを文様にとり入れた「牡丹唐獅子文」は仏家、貴紳に愛用された。しかし、「牡丹」の色彩名があらわれるのは、平安末期頃で、それも、重色の名称としてである。同期の装束書『満佐須計装束抄』の「女房装束の色」に、「ぼうたん（牡丹）おもてみなうすきすはう、うらみなしろし」と見えている。牡丹の花の色には、白、紅、赤紫と、その濃・淡の数種がある。重色の配合もそれらの色に倣って、表白・裏紅梅（『胡曹抄』）、表淡蘇芳・裏濃赤色（『四季色目』）、表淡蘇芳・裏白（『色目秘抄』）となっている。牡丹の染色が行われるのは、それ以後のことと思われるが、江戸時代の染色本や雛形本にはまだその名は見られない。明治になって、舶来の化学染料によって染められた彩度の高い派手な牡丹色が染められるようになり、二十八年には、小豆、藤色系統と共に流行色となった（『明治百年日本傳統色』）。今日では牡丹色は濃い赤紫を指すが、もとの色は重色の配合に見るような紅みの明るい、色票程度の色を指したと思われる。

英名「フクシヤ　パープル」—ツリウキ草の花色。

211 梅《うめ》紫《むらさき》

色票のようなにぶい赤紫をいう。その名に冠した「梅」は、紅梅の紅色を指すとも、或いは、梅染の赤色を指すともいわれているが、梅染の赤は黄みを含んでおり、紫の赤みを示す形容語としては色感が合わない。色票の色は前者の紅梅紫の観点から表色したものである。梅紫の染色記事は江戸時代の染色書には見当らないが、この色と同じく「梅」を冠した「梅鼠《うめねずみ》」が江戸末から明治初期の染色見本帳に見られることから、梅紫も比較的新しい染色名でないかと思われる。その色相は前出の紅藤色を更に紅色がからせたもので、染法は淡い藍の下染に紅を重ねるのではないかと考えられる。明治中期以後には新染料による「梅鼠」や「薄小豆《うすあずき》」、「薄藤」、「紅藤」などの艶で花やかな色が流行していることから梅紫もその頃に流行したのではないかと思われる。

英名「アマランス　パープル」—紫葉ゲイトウの色。

212 似《に》せ紫《むらさき》

蘇芳或いは茜を用いて染めた紫の代用染で、暗い赤紫色をいう。似せ紫の名は、紫根を用いる「本紫《ほんむらさき》」に対するものである。その染法は慶安四年（一六五一）刊の『萬聞書秘傳』以来多くの染物書に記されているが、それには蘇芳を染料とするものと、茜を染料とするものの二種の染法が行われた。蘇芳によるものは『諸藝小鏡』（貞享三／一六八六）に「似せむらさき。すわう一斤、常に染るごとくにせんじ、みやうばんを粉にして入、桶へ入て、一日一夜静なる所にていさせ置、うはずみを取て、それにて下染をしてほし、本汁にたばこのはいを一合入て、よくかきまぜて染るなり。ほしてみやうばんの粉一匁をあつ湯に入、かきまぜ染べし…」とある。また、茜によるものは『當世染物鑑』（元禄九／一六九六）に「下染あさぎ上をあかね少（し）くろみをかけ、但し此くろみはろうは也、あくとめ」とあって、いずれも赤黒みの紫色になる。こうした似せが盛んに行われるようになったのは、寛永二十年（一六四三）以来、高価な本紫の使用が庶民に禁制となったからである。同様の理由で紅梅色の代用染の「似せ桃色」も行われた。

英名「プラム」—西洋スモモの色。

213 紫《むらさき》鳶《とび》

鳶色の変相色の一つで、蘇芳を主染料にして染めた紫褐色をいう。紫鳶は「紫飛」とも書かれるが、飛はあて字である。この時代の染色名には紫飛のように、あて字を用いたり、名称の上下を入れ替えて呼ぶもの（例、紫藤）があらわれる。「紫鳶」の染法は『染物秘傳』（寛政九／一七九七）に「梅皮一返、すわう二返、其上蘇枋にすがね二返、其上蘇枋に白凡二匁入、しやく木の灰にて色を取る…」とあり、また、『染物早指南』（嘉永六／一八五三）には「下染空色、蘇芳裏表三遍づつ、明ばん水、酸」とある。紫鳶の染色は江戸中期頃の『紺屋伊三郎染見本』や後期頃の『大澤善七染見本帳』などに見えている。『反古染』(天明の頃)によると、紫鳶は安永・天明の頃(一七七二―八九)に小袖や女性の衣服の裏地に愛用されたとのことである。鳶色系統では「黒鳶」が江戸前期から愛用されているが、紫鳶のような微妙な色調が染められるようになるのは中期頃からではないかと思われる。

英名「インディアン パープル」―褐色みの紫。

214 蘇《す》芳《おう》

印度、ビルマなどの南方諸国に成育する荳《まめ》科の木、スオウの木質部を染料として染めた紫紅色をいう。スオウの木は、蘇木、蘇枋と書かれる。わが国ではこれを古くから輸入しており、正倉院の御物の中にも見えている。また、『倭名類聚鈔』の「染色具」の中に「蘇枋」が見えているが、それによる染色は一般に蘇芳と書かれている。蘇枋による染色は、灰汁媒染では紫紅色に、明礬媒染では紅赤に、鉄媒染では黒ずんだ紫色になるが、「蘇芳色」といえば、古くから行われた灰汁媒染の紫紅色を指す。この染色は『衣服令』では紫に次いで高位の色(尊卑の序列第四位)となっているが、それが高位におかれるのは、色相が紫に似ていることや、それが舶来の染料による新奇な色と見られたからと思われる。『衣服令』では蘇芳は濃・淡に分けられていないが、『延喜縫殿式』では、深・中・浅の三級に分けられ、それぞれ材料用度が示されている。標準の「中蘇芳」は「綾一疋に、蘇芳大八両、酢六合、灰二斗、薪九十斤。帛一疋に、蘇芳大六両、酢一合、灰一斗五升、薪四十斤」を用いている。蘇芳は江戸時代には「似せ紫」(前出)の染色に用いられ、西鶴の『日本永代蔵』（貞享五／一六八八）にはそれの下染の上を酢でむしかえして染めた「甚三紅《じんざもみ》」（前出）の由来が記されている。わが国には「花蘇芳」或いは単に蘇芳と呼ぶ蘇芳色の花を咲かせる木があるが、上述の蘇枋と別種のものである。

英名「ラズベリー　レッド」―キイチゴの赤。

215 桑《くわ》染《ぞめ》（桑《くわ》の実色《みいろ》）

熟しきった桑の実の色のような暗い赤紫色をいう。「桑染」と称する色には二種類がある。一つは古くから行われた浅い黄褐色（前出）であるが、江戸時代ではこれを「桑茶」と呼んでおり、『手鑑模様節用』にはその名の色が見えている。今一つは、江戸時代から呼ばれるようになったこの桑染であるが、両者が同名の桑染では色相の解釈に混乱が生じることから、後の桑染色を「桑の実色」と呼ぶようになった。『装束色彙』に「当世桑染ト称スルハ、桑子ノ色ニテ赤黒也…」とある。この赤黒色を桑染と称するようになったのは、上述のように、熟した桑の実の色に似ているからだろうが、その汁を用いて摺染をすることも出来る。

英名「マルベリー」―桑の実の色。

216 紅《べに》消《けし》鼠《ねずみ》

紅の匂いを消した鼠色の意で、暗い灰みの赤紫をいう。この染色は『手鑑模様節用』の色譜に見え、「古名くろがき又紅なんどともいふ」と記されている。この染色は『手鑑』のほか、江戸後期頃の『大澤善七染見本帳』にも見えているが、帳には紅鼠とは別に「黒柿」の色が見えている。紅消鼠は黒柿とは別色である。元来、黒柿の色は黒褐色で、紅消鼠の色とは色相が少しちがうが、『手鑑』が紅消鼠と黒柿を同色としたのは、共に赤黒い色だからだろう。黒柿の染色については『染物秘傳』（寛政九／一七九七）に「下地梅皮三返程引、石灰少入、其上薄く渋を引、後盥に水を入すがね柄杓に三盃程入くるなり」とあり紅消鼠と色調が異なる。「紅消鼠」は江戸後期に行われた鼠色の変相色の一つであるが、「紅消」を冠する染色は「紅掛《べにかけ》」を冠するものに比して少ない。

英名「ブラック　ベリー」―黒いイチゴの色。

217 白《しろ》練《ねり》

白練とは、本来は生絹の黄みを消し去る精練法のことであるが、色名上では白練した絹の白をいう。「しろ」はわが古代では広く用いられた色であるが、その多くは生地の色みがまだ残っている「素色《しろいろ》」であって、純白の絹は特別視されていた。『衣服令』の服色の尊卑の序列で最上位に位置づけられた「白」は「しろき」と読まれ、練絹の白を指す。このつややかな純白は古くは神聖・権威の象徴色として重用されたが、近世になると、白のそうした象徴的意義よりも、その高尚で清潔な色感が愛好されるようになった。白綾、白小袖は慶長以後制限され[①]たが、白の好みから、旗本奴の中に白柄組《しらつか》があらわれ、明暦以後では山谷の吉原通いの白馬の駄賃は並の馬より高く、「傾城買いは白加賀に銀箔のもやう付た」（『耳塵集』）という。また、その頃の京の上流婦人の趣味を示す『女鏡秘傳書《おんなかがみひでんしょ》』（慶安三／一六五〇）「小袖召す模様の事」に「小袖を召すには、下よりは白きをかんとす、夏も白きかたびらよし、しろきを重ねて着させられたるも位あるものなり」とあり、東西共男女の白への好みが高かったことが知られる。また、西鶴の『好色一代男』（天和二／一六八二）に「白縮緬の投頭巾」、『好色二代男』（貞享元／一六八四）に「白繻子の中幅帯」、『男色大鑑』（貞享四／一六八七）に「白き練」などが見えている。

英名「スノー　ホワイト」―雪のような白。

①慶長十九年の令。
当年御法度被仰出候趣衣裳混雑すべからざる事、君臣上下各別たるべし、白綾白小袖紫小袖ねり無紋の小袖御免なき衆猥に着用すべからず…。

218 白《しろ》鼠《ねずみ》（銀色《しろがねいろ》）

銀の色のような明るい鼠色で、「しろがねいろ」ともいう。その明るさは、墨の濃淡を五つの段階で区別する、いわゆる、「墨の五彩」、焦、濃、重、淡、清、の中で、一番淡い「清」にあたる。その名の白は「明るい」意である。無彩色の鼠色の染色はこの白鼠を初め、「銀鼠《ぎんねずみ》」（錫色《すずいろ》）、「素鼠《すねず》」、「丼鼠《どぶねず》」、「墨色《すみいろ》」（チャコールグレイ）の五つに呼び分けられている。白鼠の染法について別に記したものはないが、この染色は江戸中期頃の『紺屋伊三郎染見本帳』に見えており、鼠染を最も淡く加減して染めたものである。鼠色の染法は、『諸色手染草』（明和九／一七七二）に「茄子《なすび》の木をやき炭となし、よくすりて木にてのべ、ごまめの汁少し入染てよし、但し酢にてとき染ればつやありていろもよし」とあり、又『諸藝小鏡』（貞享三／一六八六）には茄子木ではなく、くるみを丸ながら黒焼にして、粉にして引き染めることが記されている。
英名「パール　グレイ」—真珠のグレイ。

219 銀《ぎん》鼠《ねずみ》（錫色《すずいろ》）

白鼠《しろねずみ》（前出）より少し暗い、「墨の五彩」の「淡」に当る鼠色で、錫の色に似ているところから「錫《すず》色《いろ》」とも呼ばれる。この染色は『手鑑模様節用』の錫色の色譜に「錫色。又当世ぎん鼠といふ」と記されている。「銀鼠」の染色は江戸中期の『紺屋伊三郎染見本』に見えている。その染法は『紺屋仁三次覚書』（天明四／一七八四）や『嶋屋兵右衛門染本帖』（文久二／一八六二）に見え、また『本多次郎翁植物染色法』には、「水浅黄藍下、夜叉で染めてかねをかける。夜叉半ひ酌、かね半ひ酌、水四ひ酌の割」とある。以上の染色記事から見て、銀鼠の染色は江戸中期頃には行われていたことがわかる。

英名「シルバー　グレイ」—銀のグレイ。

220 素《す》鼠《ねずみ》

素鼠は何の色みも含まない只《ただ》の鼠色で、「墨の五彩」の「重」に当る中明度の無彩の色をいう。普通、「鼠」というのはこれである。これに「素」をつけるようになったのは、後に何々鼠と称する各種の有彩の鼠色があらわれて来たからである。鼠という色名が呼ばれるようになるのは、江戸時代になってからと思われる。寛文六年刊『紺屋茶染口傳書』

には「ねずみかへし」の染法が記されており、同年刊の小袖雛形本『御ひいなかた』の地色にも「鼠色」が見え、また、西鶴の『好色一代男』（天和二／一六八二）に「袷の鼠色黒き帯に…」と見えている。素鼠すなわち、鼠色の染色は、茄子の木或いはくるみを焼いた炭の粉とごまめの汁を用いることが『諸色手染草』に記されており、『染風呂敷傳書』（明治四／一八七一）には、「ねりずみをうすくときてよし、又あいを少し入れてもよし、合して見るべし」とある。鼠色は普通、「灰色」と同色視されるが、厳密には、鼠は青みを、灰色は黄みを含む無彩色系の色とされている。

英名「マウス　グレイ」―鼠色。

221 丼《どぶ》鼠《ねずみ》（溝《どぶ》鼠《ねずみ》）

溝《どぶ》の辺に棲んでいる溝鼠の毛色のような暗い鼠色をいう。「どぶ」の本字は「溝」であるが、「丼」の字が用いられることが多い。そのわけは、溝の字は不潔な印象をあたえるからだろう。この鼠色は「素鼠」より一段暗く、「墨の五彩」の中の「濃《のう》」に当る。「丼鼠」は江戸中期頃の『吉井藤吉染見本帳』を初め、以後の染見本帳には大抵あげられているところから、この頃の常用色であったと思われる。「丼鼠」の染法を記したものは見当らないが、それに同じ「濃い鼠」の染法は『本多次郎翁植物染色法』に「夜叉で染めてかねをかける。夜叉一ひ酌、かね一ひ酌、水半ひ酌の割。こくしたい時は水不用」と記されている。

英名「ダブ　グレイ」―鳩の羽の鼠色。

222 藍《あい》墨《すみ》茶《ちゃ》

藍みを含んだ墨色で、「相済茶」とも書かれる。相済茶の名の由来は『手鑑模様節用』藍墨茶の色譜に「根津権現さいれいのせつ、浅草にて三右衛門助七なんど争ろんのをりから、そうはう、わだんとのひたるしうぎにとて、このいろをあらたにそめさせ、着そろへたりしより、あゐすみ茶の名ここにはじまれり」と記されているが、その名の茶は、特に茶色を示すものではない。江戸時代の何々茶と称する色には、茶色みを帯びなくても「茶」と称するものが少なくない。そうした茶の多くは藍墨茶のように暗くくすんだ色である。藍墨茶の染法について別に記したものは見当らないが、藍の下染に黒みを加えたのであろう。この系統の色は、質実剛健を尊んだ享保の頃愛用されている。

英名「ダーク　スレート」―暗い石板色。

223 檳《びん》榔《ろう》子《じ》染《ぞめ》

檳榔子は熱帯地方に広く生育する棕櫚科の植物で、檳榔子染はその実を染料として染めた黒褐色をいう。別名、「檳榔子黒」。『手鑑模様節用』のくろの色譜に「上品をびんらうじそめといふ。下たそめあさぎなるを吉岡染といふ」と記されている。檳榔子染の染法は『萬寳鄙事記』（宝永二／一七〇五）に「梹榔子《びんらうじ》染。黒色也。どろ染に粗《ほぼ》同じく、どろ染よりつよくて久しくやぶれず、梹榔子《びんらうじ》六匁、石榴皮《せきりうひ》六匁五分、五倍子《ふし》十八匁、先下地を藍にてそら色に染、右の三種を刻み、水七升五合程入れ、五六升ばかりにせんじ、四五へん染て、そめあげを砥水に一夜ひたし、明朝《あくるあさ》取あげ、なる程能《よく》すすぎて干《ほ》すなり、此法どろぞめにまされり」とある。この染色は紋付の黒染の中で最高級とされているが、『日本染織譜』①によると、京都では石榴を使用せず、楊梅皮を代用するのが普通であるとのことである。檳榔子は古くから薬用として用いられ、わが国へは奈良時代に輸入された。その名は天平勝宝八年（七五六）の「奉盧舎那仏種々薬帳」（『正倉院文書』）に見え、また『延喜典薬式』にも見えているが、これを染料に用い始めた時期は定かでない。しかし、『太平記』（応安の頃?／一三六八―七五）に「檳榔の裏なしを…」とあることから、この黒染は南北朝の頃すでに行われていたのではないかといわれている。

英名「アフリカン　ブラウン」―黒い褐色。

①染織史書。後藤捷一著。染織技術に関する古図版に精密な解説を加えた、染織史典ともいうべき書。昭和三十九年東方出版株式会社発行。

224 墨《すみ》色《いろ》（墨染《すみぞめ》）

「墨の五彩」の「焦」に当る黒色に近い灰黒色をいう。墨染は『衣服令』には「墨《スミソメ》」とあり、家人奴婢の衣の色となっている。墨染はまた、僧侶の常服の色でもある。その染法は時代によってちがいがある。奈良時代は橡（櫟《くぬぎ》の実）、平安時代は椎柴の鉄媒染であり、近世では藍の下染に檳榔子、五倍子、鉄漿を用い、僧衣の墨染には消染といって、紺の下染に油煙墨を六、七返も引染めたという（『愚雑俎』）。このように、墨染と云っても、その色調や墨色の服の使用観念は古代と近世では時代的なちがいがある。古代では墨染は僧衣・凶服に用いられ、平安文学によく見られる。『源氏物語』には「かたちよき尼君たちの墨染にやつれたるぞ…」と見え、『浜松中納言物語』には「いと黒き墨染にやつれて…」と見えている。しかし、近世になると、従来の観念からはなれて美的に使用されるようになり、元禄・正徳の頃からは墨絵が小袖に流行した。これは勿論水墨画であるから一色染の墨染とは異なるが、正徳二年の『風流雛形大成』には百十五番の雛形中、墨絵入りのものが七十六番八十六ヶ所もあり、その流行ぶりが知られると共に墨色への関心も察せられる。

英名「チャコール　グレイ」―炭の黒。

225 黒《くろ》色《いろ》

「くろ」は一般的には、「檳榔子染《びんろうじぞめ》」や「墨染」や「黒紅梅」（黒紅）など、暗い色を総称するが、正統の「黒」は純黒である。黒は平安時代では白橡柴の鉄媒染で染められ、その黒は寛弘の頃（平安後期／一〇〇四―一二）、紫・緋に代って四位以上の服色となった。その後黒色は五倍子の鉄媒染で染められるようになったが、後、江戸時代ごろから黒の染色は、廓の下染に檳榔子、石榴又は楊梅皮、五倍子、鉄漿を用いて入念に染めた、いわゆる「上黒《じょうぐろ》」になり、その染色は上下を通じ正式の小袖の色となった。『色道大鑑』（延宝九／一六八一）は廓の遊客の小袖の色について、「無地の染色は黒きを最上とす」、「小袖の裏は茶と黒に限るべし」と記している。黒は天和奢侈禁令（天和二／一六八二）以後は広く愛用されるようになった。東山で行われた衣裳《いしょう》競《くらべ》で、中村内蔵介の妻女が黒羽二重白無垢の衣裳を幾度も差替えたと伝えているのは元禄の頃のことである（『翁草』明和頃）。黒色の小袖の愛用は浮世草子にも見られ、『好色二代男』（貞享元／一六八四）に「着物は三つながら黒きひっかへし黒糸の紋縫」が、『好色五人女』に「三つ重ねたる小袖皆黒羽二重に裾取の紅裏金の隠し紋」が見えており、この頃の黒の流行が知られるのである。

英名「ランプ　ブラック」―油煙の黒。

〈附　説〉江戸時代の流行色

―茶系と鼠系―

〽先づ初春の空色に、咲くや花色花に鳴く、鶯染の声あげて、人に春をやゆづり染、風に撓《しな》へてたよたよと、召した姿の柳染、恋を煤竹藤鼠、袂に残る香染の、…。

これは、江戸前期の延宝の頃から元禄初年までもてはやされた浄瑠璃土佐節の歌曲「染色尽《づくし》」の一節であるが、これにはその頃行われていた染色三十五種がよみ込まれており、それによって江戸前期の染色の流行傾向を察することが出来る。

しかし、この時代の流行色は明治以降のそれとちがって地質・染料の安価、染色の地味という制限がもうけられており、その枠内で生まれたものであった。したがって高価な紅花染の紅梅色《こうばいいろ》や、紫根染の本紫《ほんむらさき》は初期から庶民に禁じられている。これに対して、茶系統、鼠系統、納戸系統は後々まで制限外の色として通って来たから、流行色にはこれらの系統の色が多くあらわれるわけである。この他、柿《かき》色、萌黄《もえぎ》色系統や、紫・紅の紛《まが》い染も広く行われたが、江戸全期を通じて最も多く流行色にあらわれたのは茶系統の色である。初めにあげた

「染色盡」の染色中、茶系統の色は九色、その中に「茶」を名のるものは三色であるが、元禄五年刊行の『世話字節用集』（節用集は今の百科事典の類）には、海松茶《みるちゃ》以下八色の茶名の色と、三色の茶色系統の色があげられており、また、同年刊の『女重寶記』「萬《よろず》染色之名《そめいろのな》」には藍海松茶《あいみるちゃ》を初め礪茶《とのちゃ》など十六種の茶の染色名が見えている。これらは茶といっても色相や調子に微妙なちがいがある。また、寛政から文化・文政の間に刊行されたと見られる『手鑑模様節用』「新古染色考説」の色譜には百塩茶《ももしおちゃ》、利休茶《りきゅうちゃ》など二十八色の茶名の色と、十二色の茶系統の色があげられている。また、江戸前期の寛文から中期末の天明の頃までに刊行されて来た、当時のファッションブックである小袖雛形本や染色本によると、茶色名のものは約九十種をかぞえることが出来る。この中には同色異名のものもあり、また、これらがみな流行したわけではないが、他の色にくらべて茶系統がこの時代の流行の主流であったことがわかる。『嬉遊笑覧』（文政十三／一八三〇）によると、享保の頃（一七一六—三六）は黒鳶《くろとび》、黒媚茶《くろこびちゃ》、銀煤竹《ぎんすすたけ》が、元文の頃（一七三六—四一）は栗梅《くりうめ》、藍海松茶《あいみるちゃ》が、宝暦の頃（一七五一—六四）は御納戸茶《おなんどちゃ》、千歳茶《せんさいちゃ》、煤竹《すすたけ》が、安永・天明の頃（一七七二—八九）は鶸茶《ひわちゃ》、紫鳶《むらさきとび》が流行している。なお、『守貞漫稿』（嘉永年間）の「當世の流行」によると、媚茶《こびちゃ》が天保年中（一八三〇—四四）に流行している。その他の時期にも色々な茶色が流行しているが、それらの流行色の中で特に話題になったのは、人気歌舞伎役者から出た、路考茶《ろこうちゃ》、梅幸茶《ばいこうちゃ》、芝翫茶《しかんちゃ》、璃寛茶《りかんちゃ》、舛花色《ますはないろ》、高麗《こうらい》納戸《なんど》などの「役者色」である。これにも茶名が多い。

役者色の流行度は人気によってちがうが、その人気は演技力と美貌で決まる。明和の頃江戸中の人気をあつめた二世瀬川路考（本名菊之丞）から出た路考茶は、なんと、七十年間流行をつづけており、流行の寿命と広さは他の役者色や一般流行色に例を見ないものであった。いつの時代でも、一世を風靡するような流行は若者、特に若い女性によって作られるものである。路考茶が大流行したのは彼の美貌が若い女性に人気があったからである。これに対して安永・天明の頃活躍した初代尾上梅幸（本名菊五郎）の人気は美貌より芸にあったから、彼から出た梅幸茶は天保の頃まで歌舞伎通の間に流行したが大流行を見るに至らなかった。

ところで、茶という色は飲料のお茶の色に由来するが、その色には番茶の赤茶、煎茶の黄茶、碾茶の緑茶の三系統があり、それを基調として各種の茶の変相色があらわれた。その色感は一見地味で、幕府の「庶民は庶民らしく」という要求にも合い、また「洒落《しゃれ》・粋《いき》」を好む江戸人の色彩感覚にも適合した。そこで染師や呉服屋は流行へのおもわくからそれらの色に人名、地名、物象名などの意味ありげな名をつけて売り出した。利休茶《りきゅうちゃ》、江戸茶《えどちゃ》、栗梅《くりうめ》、媚茶《こびちゃ》…などのように。このことは、流行色のもう一つの代表「鼠色」についても同じである。

俗に「四十八茶、百鼠」といわれるように、鼠系統の色は数の上では茶に劣らないが、それが多くあらわれるのは中期以後のことで、それ以前には「鼠色」（『女重寶記』）、「藤鼠」（『土佐節』）など、まことに少ない。ところが、後期から末期にかけて「何々鼠」と称する粋な色が流行するようになるのである。前記の『手鑑模様節用』の色譜には柳鼠《やなぎねずみ》をはじめ十一種の鼠色があげられているが、それには役者色はない。鼠という語が役者にきらわれたからだろうか。ところで、鼠系統の色には色調が茶と呼ぶ方が適当と思われるものもあるし、また、茶とも鼠とも決めがたいものもあり、一つの色に茶と鼠の両方の名がつけられているものもある。柳鼠がその例で、この色は別に「豆がら茶」とも呼ばれている。このように、鼠と茶の呼び方があいまいなのは、色調が微妙な破調だからである。ところが、茶、鼠を名のる色の中にはその名にふさわしくない派手な色があるが、それは、茶・鼠の名で奢侈禁令をくぐろうとすることから出たものであろう。事実、幕府の度々の禁令でも茶、鼠、納戸系統の染色は「おかまいなし」で通って来ている。『徳川實紀』及び『御触書集成』によると、服装の奢侈取締令は多く将軍や老中の代替りに出されているが、特に取締りが厳しかったのは老中水野越前守による天保の禁令であった。高価な織物・染色は勿論、錦絵の色刷まで制限しているが、その禁令下でも、茶返し、鼠返しが流行している。それは、茶と鼠に属する色は禁制外だったからである。当時、町人の中には色々な口実をもうけて法をくぐり、奢侈に走るものは少なくなかった。例えば、縮緬・羽二重などが厳禁されると、それより高価な古渡り唐桟を着たり、或いは質素をよそおうて表を無地にし、裏の模様に趣向をこらし、或いは髪の飾りに瑇瑁《たいまい》が禁じられると、これを「鼈甲《べっこう》」と呼びかえて用いるなど、あの手、この手の逃げ道を考えた。派手な染め色の命名にはこの手を使ったのではないか。

—紫系と紅系—

はで娘江戸の下から京を見せ　柳多留

これは、江戸紫の着物の下から京紅の長繻袢をのぞかせた江戸娘の洒落姿を描写した古川柳である。当時、江戸紫と京紅は名物の高級染色だったから、それを着るのは娘達の誇りだったにちがいない。紫と紅は日本人の心の色ともいえる伝統的愛好色であるが、それが高位と富のしるしであった古代では上層階級専有の色であった。江戸時代になっても、紫・紅は庶民にとって相変らず高嶺の花で、寛永二十年（一六四三）に「庄屋、惣百姓共衣類、紫、紅梅染致間敷候」と禁じられており、その禁令は以後もつづいているが後にはそれをくぐるものも少なくなかった。しかし、それが出来るのは富有な町人で、庶民の多くはそんな高級な染色には手が出ない。そこで、本染の紫・紅梅よりはるかに安価な紛《まが》い染の「似《に》せ紫《むらさき》」や、「甚三紅《じんざもみ》」の染色が創案され、庶民はこれで紫・紅への欲求を満足させようとした。似せ紫がいつごろ染められるようになったか定かでないが、その染色は慶安四年（一六五一）刊の染物書①『聞書秘傳抄《ききがきひでんしょう》』に「にせむらさきそめやうの事」が記されており、それ以前に創案されたことがわかる。この書では似せ紫は紫根のかわりに蘇芳を用い、明《みょう》ばん、たばこで染め上げている。この手法によると本紫より赤みの黒ずんだ色になる。これに類する染法は古くから行われているが、似せ紫は更に創意を加えて本紫に似せたものである。一方の紛《まが》い紅染《べにぞめ》は承応（一六五二―五五）の頃、京、長者町の染師、桔梗屋甚三郎の創案と伝えられ、西鶴の『日本永代蔵』（貞享五／一六八八）に「明暮《あけくれ》工夫を仕出し蘇枋木の下染其上を酢にてむしかへし、本紅の色にかはらぬ事を思い付……」とあり、また『本朝世事談綺』（享保十八／一七三三）には「甚三紅、承応の頃京長者町、桔梗屋甚三郎といふ者、茜を以て紅梅にひとしき色を染出す、又中紅と云ふ…」とある。用いた染料は蘇芳、茜いずれとも断じ難いが、手法の安易、本紅との色相の類似の点では蘇芳が近い。この染色は『嬉遊笑覧』（文政十三／一八三〇）に「天明ごろ…軽き者甚三紅とて色あしきながらも赤きを…」とあるように品位は本紅に及ばないが、町家の婦女の衣服の胴裏や、御殿女中の全裏に用いられたことが『守貞漫稿』（嘉永年間）に記されている。元禄九年刊の染物書『當世染物鑑』に似《に》せ桔梗《ききょう》、にせもいろの染法が記されているが、これらも紫・紅への庶民の欲求から生まれた紛い染である。このような「にせ」を冠した紛い染のほか、藤色《ふじいろ》、藤紫《ふじむらさき》などの紫系や、赤紅梅《あかこうばい》、紅藤《べにふじ》、鴇《とき》などの紅系の色も喜ばれた。これらが皆流行色になったわけではないが、その艶麗な色調は若い女性の洒落心を刺戟したにちがいない。中でも江戸紫は品位と高価の点で彼女達の虚《み》栄心《えごころ》を満足させる色だったのである。

江戸紫は紫根染の本紫をいうが、それに「江戸」を冠したのは、伝統の京の紫に対して新興の江戸趣味の紫であることを強調するためか、或いは江戸染めの紫であることを宣伝するためか明らかではない。『色名総鑑』②（和田三造編／昭和十年）には「江戸にて染めたればこの名ありといふ」とあるが、この染色は元禄三年刊の『人倫訓蒙図彙《じんりんきんもうずい》』に「此紫染一種、これをなす中にも上京・石川屋其名高し。…又江戸紫の家、油小路四条の下にあり」とあることを見れば、江戸紫の江戸は産地名ではなく「江戸趣味の新しい紫」と解するのが自然のようである。その色味については赤みの紫、青みの紫の二説があるが、江戸中期の故実家、伊勢貞丈は『安齋随筆』の中で「今世京紫といふ色は紫の正色なり。今世江戸紫といふ色は杜若《かきつばた》の花の色の如し。是蒲萄なり」とのべ、また『貞丈雜記』では「紫色は今世京紫と云也。蒲萄は今世江戸紫と云色也」とのべている。蒲萄は赤味の紫をいうから、貞丈の説によれば江戸紫は京紫（伝統紫）より赤みがちと考えられる。ただし、末尾の註には本文とは逆に「京紫は赤気かちなり、江戸紫は青気かちなり」と記しているが、これは誤記であろうか。貞丈のいうように、江戸紫の色相はそれがあらわれた江戸前期は赤みの紫であったろうが、中期から後期へ青みの紫に変相したのではないかとも考えられる。中期の明和の頃（一七六四―七二）から流行色が、瑠璃紺、紺桔梗、花色、藍鼠などの青みの色にうつり、藍色が江戸前の色として江戸庶民に愛用されるなど、全般的にクールで粋な色が愛好されていることから、江戸紫の色相もその影響をうけたのではなかろうか。

①内題、萬聞書秘傳。
染色の諸法・食物の製法・草木の種類等、五十四項を記した秘伝。慶安四年刊。江戸時代染色に関する板本では最古とされている。編者不詳。一六五一。

②和田三造編。古代・近世の色一七一色をあげ、色票に解説を附した色名辞典。昭和十年（一九三五）博美社発行。

—流行色名—

この時代の流行色の名称には江戸紫のように地名を冠したものの他に、人名を冠したものがかなりある。それには、さきにあげた役者色のように、それをはやらせた役者の名をつけたものや、甚三紅や宗傳茶《そうでんちゃ》のようにその染色を考案した染師の名をつけたものや、また、利休茶のように、その色の個性的魅力を強調するために、直接関係のない有名人の名を借りたものなどがある。茶人千利休の名を借りた染色は他に、利休鼠、藍利休、信楽利休、利休白茶などがあり、これらは江戸末期から明治初期に流行している。そのほか、従来慣用の色名をそれに似た音の新語で呼び変えたもの、例えば、昆布茶《こぶちゃ》を媚茶《こびちゃ》、晒柿《されがき》を洒落柿《しゃれがき》に。これらの色名は今日的にいえば、ファンシーネーム、すなわち思い付きでつけられた名称である。

色は呼び方で印象を変えるから、業者は流行を希って名付けにあれこれ知恵をしぼるわけである。江戸時代の流行色の命名は次の『愚雜爼』（天保四年）の御納戸茶《おなんどちゃ》の記事から察することが出来る。それには、「御納戸茶といふ色は、絹局《ごふくや》より藍みる茶（暗い灰青緑）の絹を、ある屋舗《やしき》の納戸へおさめしに、年経て出し見給へば、いろそんじかはりたるがえもいへぬおもしろき色なりとて納戸茶となづけられしより、かく流行せりとぞ。後には好事《ものずき》のもてあそびとなりて、金らん、銀らん、白茶、柳茶、鶯茶、礪茶《とのちゃ》、から茶、相傳茶、媚茶、路考茶、りくわん茶、青茶、専齋茶、其ほか茶の本いろをうしなひ、百般の茶色を染めいだせるは、もと染損じのいろにあらぬ名をつけてさばきしよりかくのごとし」と記されている。御納戸茶の由来はともかく、流行色の出現に業者があれこれ心をくだくのはこの時代でも変りはない。

（完）

傳統色記載の文献年表

凡例

一、本表は各説にあげた伝統色色彩に関する史籍、文書、染色本、流行随筆等の記事を年代順に排列し、伝統色彩の出現をうかがうことが出来るようにした試表である。文献記載の色彩はその頃行われていたにちがいないが、その出現はそれ以前に遡るわけで、時期は不明なものが多い。特に、原史時代の色彩に関する確かな資料はない。それに関する記事は主に後世の古事記の記述の引用にとどめた。飛鳥時代以後の色彩については文献的に確証のあるものをとり上げたつもりであるが、遺漏の点は是正を御願いしたい。

一、文献の名称は、次のものには略称を用い、その他には実名を用いた。

（記）　古事記
（紀）　日本書紀
（續記）續日本記

西暦	時代	色彩名称	文献名・記事
仏教伝来（五三八？）	原史時代	白《しろ》和《に》幣《ぎて》	（記上巻）天の岩戸。
		青《あお》和《に》幣《ぎて》	（〃）〃
		黒き御《み》衣《けし》	（〃〃）八千矛の神の歌物語。
		鴗鳥《そにどり》の青き御衣	（〃〃）〃（緑衣の古称）
		紅《あか》き紐《ひも》	（〃下巻）仁徳天皇―皇后石《いは》の比賣《ひめ》の命。
		青《あお》摺《ずり》の衣	（〃〃）〃
		丹《に》摺《ずり》の袖	（〃〃）雄略天皇―引田《ひけた》部の赤猪《あかゐ》子。
六〇三	飛鳥時代	◎	（紀）推古天皇十一年、冠位十二階を制定し、隋制及び、陰陽五行説に拠って位色を定める。
大化の改新（六四五） 六四七	奈良時代前期（白鳳時代）	紫《むらさき》	（紀）孝徳天皇大化三年、七色十三階の冠位の制。深・浅の二級。
		真《あ》緋《け》	（〃）〃〃 緋《あけ》と同色。
		紺《ふかきはなだ》	（〃）〃〃 紺《こん》と同色。
		緑《みどり》	（〃）〃〃
六六七		桃《つき》染《そめ》布《のぬの》	（〃）天智天皇六年。桃染布五十八端。
六八五		朱《はね》花《ず》（朱華）	（〃）天武天皇十四年。諸王十二階、諸臣四十八階の色制。波泥孺《はねず》に同じ。
		蒲《えび》萄《ぞめ》	（〃）〃〃 深・浅の二級。蒲萄《えびぞめ》（衣服令）、依毗染《ぞめ》（正倉院文書）に同じ。

奈良時代前期（白鳳時代）

六九〇	黒《ふか》紫《むらさき》	(〃) 持統天皇四年の色制。深《ふか》紫《むらさき》に同じ。
	赤《あか》紫《むらさき》	(〃)〃〃 浅《あさ》紫《むらさき》に同じ。
	縹《はなだ》	(〃)〃〃 深・浅の二級。
六九八	緑《ろく》青《しょう》	(續紀) 文武天皇二年、安芸・長門より献ず。
	金《こん》青《じょう》	(〃)〃〃〃〃
	真《しん》朱《しゅ》	(〃)〃〃 豊後国より献ず。
	朱《しゅ》沙《しゃ》	(〃)〃〃 伊勢国より献ず。
	雄《ゆう》黄《おう》	(〃)〃〃〃
七〇一	深《ふか》(こき)緋《あけ》	(〃)〃 大宝元年の服制。
	浅《あさ》(うす)緋《あけ》	(〃)〃〃
	黄《おう》丹《たん》	右の頃皇太子の服色として制せられる。
七一五	◎	〃 元明天皇霊亀元年、皇太子始めて大極殿の受朝の式に黄丹の礼服を着し参列。
	紅《くれない》の八《や》塩《しお》	(萬葉集) 巻十一。
	桃《も》花《も》褐《そめ》	(〃) 巻十二。つきそめ、あらぞめと同色。
	水《み》縹《はなだ》	(〃) 巻十六。
	真《ま》朱《そほ》	(〃)〃 真赭《まそほ》と同色。
七一八	青《せい（しょう）》碧《へき（ひゃく）》	(令義解) 元正天皇養老二年。僧尼令。
	木《もく》蘭《らん》	(〃)〃〃〃
	白《しろき》(帛)	(〃)〃〃 衣服令。

西暦	時代	色彩名称	文献名・記事
	奈良時代前期（白鳳時代）	蘇《す》芳《おう》	（〃）〃　〃　〃　朱芳と同色。
		黄《き》橡《つるばみ》	（〃）〃　〃　〃
七一八		纁《そひ》	（萬葉集）〃　〃　〃　蘇比と同色。
		柴《ふしぞめ》	（令義解）元正天皇養老二年。衣服令。
		橡《つるばみ》	（〃）〃　〃　〃　黒橡《くろつるばみ》と同色。
		墨《すみぞめ》	（〃）〃　〃　〃
天平元年（七二九） 七四七	奈良時代後期（天平時代）	宍《しし》色《いろ》	（天平古文書）大安寺資材帳。天平十九年。
七五二		白《びゃく》緑《ろく》	（〃）天平勝宝四年。
		胡《く》桃《る》染《みぞめ》	（正倉院文書）天平時代の造仏所作物帳、染紙。
		波《は》自《じ》	（〃）染紙。深・浅の二級。櫨《はじ》に同じ。
		滅《(けし)めつ》紫《し(むらさき)》	（〃）
		黄《おう》土《ど》	（〃）壁の中塗料。
		同《とう》黄《おう》	（〃）造法華寺金堂所解。藤黄と同色。
		苅《かり》安《やす》	（〃）深・浅の二級。
		滅《めつ》紅《こう》	（〃）
延暦十三年 平安京に遷都 （七九四）			

八二〇 元慶元年（八七七）	平安時代（前期）	黄櫨染《こうろぜん》	（日本紀略）嵯峨天皇弘仁十一年二月、天皇の晴の服色として制定される。
八八一	平安時代（中期）	◎	（日本紀略）元慶五年。黄丹に紛れるとの理由で、茜或は紅花と、支子との交染は深浅を問わず禁制される。
九一四		◎	（〃）延喜十四年六月一日。三善清行の奏請によって、紅花の深・浅染が禁じられる。
九一八		火色《ひいろ》	（〃）延喜十八年三月十九日。火色を制限するために本様色を弾正台に下す。
九二七		赤白橡《あかしろつるばみ》	（延喜式）縫殿寮、雑染用度。
		青白橡《あおしろつるばみ》	（〃）〃 〃
		支子《くちなし》	（〃）〃 〃 深・浅の二級。
		黄支子《きくちなし》	（〃）〃 〃
		韓紅花《からくれない》	（〃）〃 〃
		退紅《あらぞめ》	（〃）〃 〃
		蘇芳《すおう》	（〃）〃 〃 深・中・浅の三級。
		藍色《あいいろ》	（〃）〃 〃 深・中・浅・白の四級。
		檜皮色《ひはだいろ》	（宇津保物語《うつぼものがたり》・十世紀末） ひはだのからぎぬ。

西暦	時代	色彩名称	文献名・記事
	平安時代（中期）	黄《き》朽《くち》葉《ば》	（〃　）きくちばのからぎぬ。
		朽《くち》葉《ば》	（〃　）くちば色のしたがさね。
		青《あお》丹《に》	（〃　）あをにのうへのきぬ。
		青《あお》鈍《にび》	（〃　）あをにびのさしぬき。
		浅《あさ》葱《ぎ》	（〃　）あさぎのなをし・さしぬき。
		柳《やなぎ》	（宇津保物語）やなぎのをり物。
		半《はした》色《いろ》	（〃　）御ぞはしたいろのちいさきも…。
		薄《うす》色《いろ》	（〃　）うすいろのなをし。
		桔《き》梗《きょう》	（〃　）きかう色のをり物のほそなが。
		黒《くろ》橡《つるばみ》	（〃　）くろつるばみのうへのきぬ。
		二《ふた》藍《あい》	（〃　・十世紀末）ふたあいがさね。
		淡《うす》香《こう》	（〃　）からあやのうすかう。
一〇〇四—一〇一二		◎	一条天皇、寛弘以来四位以上は皆黒袍、五位は蘇芳、六位以下縹となる。
		紅《こう》梅《ばい》色《いろ》	（枕草子・一〇〇〇頃）紅梅の衣。
		青《あお》朽《くち》葉《ば》	（〃　〃　）汗衫は夏は青朽葉。
		松《まつ》の葉《は》色《いろ》	（〃　〃　）狩衣は香染の薄き…松の葉色。
		落《おち》栗《ぐり》色《いろ》	（源氏物語・一〇〇〇頃）落栗とかや何とかや…。
		丁《ちょう》子《じ》染《ぞめ》	（〃　〃　）丁子染のこがるゝまで染める…。
		萱草色《かんぞういろ（くわぞういろ）》	（〃　〃　）萱草の袴。

		山《やま》吹《ぶき》	（〃 〃）山吹の袿。
		紫《し（し）》苑《おん（をに）》	（〃 〃）紫苑色の織物。
		墨《すみ》染《ぞめ》	（〃 〃）尼君たちの墨染にやつれたるぞ…。
		萌《もえ》黄《ぎ》	（寝覚物語・十一世紀初）萌黄の小袿。
		水《みず》色《いろ》	（〃 〃）こくうすく水色なるを下にかさねて。
一一六六	平安時代（後期）	蘇《す》芳《おう》褐《かち》	（助無智秘抄・永万二年）
		苗《なえ》色《いろ》	（〃 〃）
（一一六九—七〇）		牡《ぼう》丹《たん》	（満佐須計装束抄・嘉応年間）
		秘《ひ》色《そく》	（〃 〃）
一一七九		一《いっ》斤《こん》染《ぞめ》	（山槐記・建久五年・一一九四）治承三年三月三日の条。
		瑠《る》璃《り》色《いろ》	（〃 〃）〃
建久三年（一一九二）	鎌倉時代	桃《もも》花《はな》染《ぞめ》	（水鏡・十二世紀末）
		木《と》賊《くさ》色《いろ》	（宇治拾遺物語・建保年間・一二一三—一八）
		虫《むし》襖《あお》	（吾妻鏡・一一八〇—一二六六の幕府の記録）
一二三二		かち色《いろ》	（新勅撰和歌集）二十。褐色。勝色に同じ。
一二三五頃		花《はな》葉《ば》色《いろ》	（餝抄・嘉禎元年頃）
一二九五頃		鶸《ひわ》色《いろ》	（布衣記・永仁三年頃）

西暦	時代	色彩名称	文献名・記事
元弘三年（一三三三）	南北朝		
（一三六八—六九）		檳《びん》榔《ろう》子《じ》染《ぞめ》	（太平記・応安の頃）
（一三九二）			
一四一二前	室町時代	薄《うす》青《あお》	（物具装束抄・応永十九年頃）
		海《み》松《る》色《いろ》	（〃　〃　）
		杜若《かきつばた》	（〃　〃　）
一四七二		今《いま》様《よう》色《いろ》	（花鳥余情・文明四年）
一四八〇		柑《こう》子《じ》色《いろ》	（桃花蘂葉・文明十二年）
一五三三頃		蘇《す》芳《おう》香《こう》	（胡曹抄・天文十三年頃）
		菫《すみれ》	（〃　〃　）
		菖蒲《あやめ》色《いろ》	（〃　〃　）
		桃《もも》色《いろ》	（謡曲）
天正元年（一五七三）	桃山時代		
元和元年（一六一五）			
一六三八		栗《くり》梅《うめ》	（毛吹草・寛永十五年）栗梅染と見える。
		憲《けん》法《ぼう》染《ぞめ》	（〃　〃　）吉岡染と同色。
一六四三		◎	紫・紅梅染禁制となる。寛永二十年。

江戸時代（前期）

一六五〇	桜《さくら》色《いろ》	（女鏡秘傳書・慶安三年）
一六五一	似《に》せ紫《むらさき》	（萬聞書秘傳・慶安四年）
（一六五二—五四頃）	甚《じん》三《ざ》紅《もみ》	（本朝世事談綺・享保十九年）承応の頃染めはじめる。
	江《え》戸《ど》紫《むらさき》	（寛文年中江戸武家名盡時の逸りもの）江戸紫の大ひぼと見える。
一六六六	紅《べに》柿《かき》	（紺屋茶染口傳書・寛文六年）
	びろうとう	（〃 〃）びろうどと同色。
	千《せん》歳《さい》茶《ちゃ》	（〃 〃）千歳緑もこの頃行われたと思われる。
	海《み》松《る》茶《ちゃ》	（〃 〃）素海松《すみる》茶と同色。
	赤《あか》紅《べに》	（御ひいなかた・寛文六年）
	えど茶《ちゃ》	（〃 〃）江戸茶と同色。
	との茶《ちゃ》	（〃 〃）礪《との》茶のことか。
	鳶《とび》色《いろ》	（〃 〃）
	媚《こび》茶《ちゃ》	（〃 〃）昆布茶と同色。
	きがら茶	（〃 〃）黄唐茶と同色。
	藤《ふじ》色《いろ》	（〃 〃）
	素《す》鼠《ねず(み)》	（〃 〃）鼠色と同色。
一六六八	猩《しょう》々《じょう》緋《ひ》	（寛文八年、幕府が長崎の役所に下した令）
一六七六	樺《かば》色《いろ》	（合類節用集・延宝四年）
	柳《やなぎ》染《ぞめ》	（浄瑠璃土佐節、染色盡・延宝—貞享の頃）

西暦	時代	色彩名称	文献名・記事
	江戸時代（前期）	鶯《うぐいす》染《ぞめ》	（〃　　　）
		藤《ふじ》鼠《ねずみ》	（〃　〃　）
一六八〇頃		珊《さん》瑚《ご》珠《しゅ》	（武野燭談）延宝の末頃。衣裳競べに珊瑚珠を縫付けて南天の実をあらわす。
		狐《きつね》色《いろ》	（近松語彙・昭和五年）延宝の頃か。
（一六八一—八四頃）		宗《そう》傳《でん》唐《から》茶《ちゃ》	（手鑑模様節用）天和の頃流行。
一六八二		紅《べに》鬱《う》金《こん》	（好色一代男・天和二年）紅うこんのきぬ物。
		洗《あらい》柿《がき》	（〃　　〃　　）あらひがきの袷帷子。
一六八二		空《そら》色《いろ》	（好色）空色の御肌着。
一六八三		瑠《る》璃《り》紺《こん》	（紫の一本・天和三年）
一六八四		鶯《うぐいす》茶《ちゃ》	（好色二代男・貞享元年）紋無しの鶯茶の物。
一六八六		中《なか》紅《べに》	（好色三代男・貞享三年）中紅裏。
		洒《しゃ》落《れ》柿《がき》	（諸藝小鏡・貞享三年）晒柿と同色。
一六八七		黒《くろ》鳶《とび》	（源氏ひなかた・貞享四年）
		玉《たま》子《ご》色《いろ》	（〃　　〃　　）
		藤《ふじ》煤《すす》竹《たけ》	（〃　　〃　　）
		樺《かば》茶《ちゃ》	（男色大鑑・貞享四年）…樺茶の島揃ひ。
		白《しろ》練《ねり》	（男色大鑑・貞享四年）白き練。
一六八八		千《ち》草《ぐさ》色《いろ》	（日本永代蔵・貞享五年＝元禄元年）千種に色あげて。

年	時代	色名	出典
一六九二	江戸時代（前期）	紅《べに》樺《かば》	（御染物聞書日記・元禄元年）
		晒《され》柿《がき》	（女重寶記・元禄五年）洒落柿と同色。
		藍《あい》海《み》松《る》茶《ちゃ》	（〃　〃　）
		薄《うす》紅《べに》	（世間胸算用・元禄五年）裏は薄紅にして…。
		白《しら》茶《ちゃ》	（小袖ひいながた・元禄五年）
一六九三		薄《うす》柿《がき》	（萬染物張物相伝・元禄六年）
		煎《せん》じ茶《ちゃ》染《ぞめ》	（〃　〃　）煎茶色と同色。
		黄《き》海《み》松《る》茶《ちゃ》	（〃　〃　）
一六九六		黒《くろ》紅《べに》	（萬文反古・元禄九年）黒紅梅と同色。
		唐《から》茶《ちゃ》	（當世染物鑑・元禄九年）
		銀《ぎん》煤《すす》竹《たけ》	（〃　〃　）
		柳《やなぎ》煤《すす》竹《たけ》	（〃　〃　）
		鶸《ひわ》茶《ちゃ》	（〃　〃　）
一七〇九		桔《き》梗《きょう》染《ぞめ》	（女殺油地獄・宝永六年）（近松語彙・昭和五年）桔梗染の腰変り縞繻帯。
正徳元年（一七一一）			
一七一三		紅《べに》鳶《とび》	（日本新永代蔵・正徳三年）紅鳶のふたへ染。
一七二一		銀《ぎん》朱《しゅ》	（画筌・享保六年）
		群《ぐん》青《じょう》	（〃　〃　）
一七二七		焦《こげ》茶《ちゃ》	（當流模様雛形天の橋立・享保十二年）

西暦	時代	色彩名称	文献名・記事
一七二九	江戸時代（中期）	枇《び》杷《わ》色《いろ》	（式内染鑑・享保十四年）の後世の増補色。
一七三二頃		照《てり》柿《がき》	（萬金産業袋・享保十七年頃）
		琥《こ》珀《はく》	（〃 〃 ）織物名。
（一七三六—四一頃）		菜《な》種《たね》色《いろ》	（反古染・天明頃）元文の頃麻裃《かみしも》に流行。
一七三九		伽《きゃ》羅《ら》色《いろ》	（雛形絹笠山・元文四年）伽羅茶と同色。
一七五七		御《お》納《なん》戸《ど》茶《ちゃ》	（雛形袖の山・宝暦七年）
（一七五一—六三頃）		御《お》納《なん》戸《ど》色《いろ》	（反古染）宝暦の頃流行。
一七六〇		紅《べに》樺《かば》茶《ちゃ》	（雛形都の富士・宝暦十年）
（一七六三—六六）		路《ろ》考《こう》茶《ちゃ》	宝暦十三年或は明和三年に始まると云う。
一七六三		練《ねり》色《いろ》	（貞丈雑記・宝暦十三年）
		かちん色《いろ》	（〃 〃 ）褐色《かちいろ》と同色。
（一七七二—七八頃）		柿《かき》色《いろ》	安永—天明の頃、五世市川団十郎の人気から団十郎茶と呼ばれる。柿渋色と同色。
一七七〇		ときいろ	（雛形京小袖・明和七年）鴇色に同じ。
一七七二		紅《べに》藤《ふじ》	（諸色手染草・明和九年）
		藍《あい》鼠《ねずみ》	（〃 〃 ）
		紺《こん》桔《き》梗《きょう》	（〃 〃 ）
一七七八		桑《くわ》の実《み》色《いろ》	（装束色彙・安永七年）
一七八一		遠《えん》州《しゅう》茶《ちゃ》	（新雛形曙櫻・安永十年）

江戸時代（中期）

（一七七二—一八〇〇頃）	玉《とう》蜀《もろ》黍《こし》色《いろ》	（俚諺もちは餅屋）安永の頃。黄表紙。
（一七七二—一八八頃）	舛《ます》花《はな》色《いろ》	安永・天明の頃流行。
一七八四	紅《べに》鳶《とび》	（紺屋仁三次覚書・天明四年）
	紅《べに》檜《ひ》皮《はだ》	（〃　〃）
	銀《ぎん》鼠《ねずみ》	（〃　〃）
	水《みず》浅《あさ》黄《ぎ》	（女萬歳寳文庫・天明四年）
	生《なま》壁《かべ》色《いろ》	（津之井平蔵染見本帳・中期頃）
	丼《どぶ》鼠《ねずみ》	（吉井藤吉染見本帳・中期頃）
	桜《さくら》鼠《ねずみ》	（〃　〃）
	青《あお》竹《たけ》色《いろ》	（〃　〃）
	鉄《てつ》御《お》納《なん》戸《ど》	（〃　〃）
	紺《こん》青《じょう》色《いろ》	（〃　〃）
	鶸《ひわ》萌《もえ》黄《ぎ》	（紺屋伊三郎染見本帳・中期頃）
	錆《さび》御《お》納《なん》戸《ど》	（〃　〃）
	葡《ぶ》萄《どう》鼠《ねずみ》	（〃　〃）
	白《しろ》鼠《ねずみ》	（〃　〃）
寛政元年（一七八九）		
一七九七	紫《むらさき》鳶《とび》	（染物秘傳・寛政九年）
	藤《ふじ》紫《むらさき》	（〃　〃）紫《むらさき》藤《ふじ》と同色。
（一七八一—一八〇〇頃）	高《こう》麗《らい》納《なん》戸《ど》	天明—寛政の頃流行か。色譜は手鑑模様節用に見えている。

西暦	時代	色彩名称	文献名・記事
(一七八九—一八〇〇頃)	江戸時代（後期）	利《り》休《きゅう》白《しら》茶《ちゃ》	寛政の頃流行か。
(一八〇一—〇四頃)		柳《やなぎ》茶《ちゃ》	(染物屋覚書・享和の頃)
		錆《さび》浅《あさ》葱《ぎ》	中期頃流行か。
一八〇八		鉄《てつ》色《いろ》	(布帛染色服飾糸口・文化五年)
		紅《べに》掛《かけ》花《はな》色《いろ》	(〃 〃)
一八一一		御《お》召《めし》茶《ちゃ》	(染物重寶記・文化八年)
		百《もも》塩《しお》茶《ちゃ》	(〃 〃)
一八一四		山《やま》吹《ぶき》色《いろ》	(役者見立染物盡・文化十一年)染色。
		芝《し》翫《かん》茶《ちゃ》	(芝翫・璃寛はやりもの勝負附・文化十一年)
一八一六		梅《ばい》幸《こう》茶《ちゃ》	(梅幸茶婀娜《あだな》染色・文化十三年)
(一八〇四—四三)		璃《り》寛《かん》茶《ちゃ》	(守貞漫稿)文化—文政—天保に流行。
(一八〇一—二九頃)		鴇《とき》羽《は》色《いろ》	(手鑑模様節用)鴇色と同色。
		枇《び》杷《わ》茶《ちゃ》	(〃)
		ときがら茶《ちゃ》	(〃)鴇唐茶に同じか。
		栗《くり》皮《かわ》茶《ちゃ》	(〃)栗色と同色。
		煎《せん》茶《ちゃ》色《いろ》	(〃)
		桑《くわ》茶《ちゃ》	(〃)桑染と同色。
		山《やま》吹《ぶき》茶《ちゃ》	(〃)

江戸時代（後期）

年	色名	出典・備考
	水《みず》がき	（〃）水柿と同色か。
	紅《べに》掛《かけ》空《そら》色《いろ》	（〃）紅碧《べにみどり》と同色。
	黒《くろ》紅《こう》梅《ばい》	（〃）黒紅《くろべに》と同色。
	柳《やなぎ》鼠《ねずみ》	（〃）
	裏《うら》柳《やなぎ》	（〃）
	沈《と》香《の》茶《ちゃ》	（〃）殿茶と同色。
	松《まつ》葉《ば》色《いろ》	（〃）
	草《くさ》柳《やなぎ》	（〃）梅幸茶と同色。
	御《お》召《めし》御《お》納《なん》戸《ど》	（〃）
	瓶《かめ》覗《のぞき》	（〃）覗色と同色。
	湊《みなと》鼠《ねずみ》	（〃）深川鼠と同色。
	熨《の》斗《し》目《め》花《はな》色《いろ》	（〃）
	岩《いわ》井《い》茶《ちゃ》	（〃）
	藍《あい》墨《すみ》茶《ちゃ》	（〃）
	紅《べに》消《けし》鼠《ねずみ》	（〃）
	鳩《はと》羽《ば》鼠《ねずみ》	（〃）
一八三三	藤《とう》黄《おう》	（図畫正誤・天保四年）
一八四一	栗《くり》色《いろ》	栗皮茶と同色。
一八四三	◎	（貞丈雑記・天保十四年）紅梅に二品あり。
一八五一	◎	（武江年表・嘉永六年）海老色が流行する。

西暦	時代	色彩名称	文献名・記事
明治元年（一八六八）		紅《べに》緋《ひ》	（諸衣類垢を去伝徳用伝・江戸後期）紅緋ちりめん。
	明治時代	梅《うめ》鼠《ねずみ》	（福田与兵衛染見本帳・明治初期）
		錆《さび》青《せい》磁《じ》	（明治百年日本伝統色）明治前期の流行色。
		海《え》老《び》茶《ちゃ》	（〃　）明治中期―後期に流行。
		梅《うめ》紫《むらさき》	明治中期の流行色か。
		雀《すずめ》茶《ちゃ》	中国古代の雀頭色（周礼）と同色か。
		新《しん》橋《ばし》色《いろ》	（明治百年日本伝統色）明治後期の流行色。金春《こんぱる》色ともいう。
一八九七―一九〇三		紫《し》紺《こん》	（〃　）明治三十年―三十六年に流行。
		琥《こ》珀《はく》色《いろ》	（明治百年日本伝統色）明治後期に流行。
大正元年（一九一二）	大正時代		
一九一六		臙《えん》脂《じ》色《いろ》	大正五年以後しばしば流行色として現れる。
		若《わか》竹《たけ》色《いろ》	大正時代に流行色として現れる。
		曙《あけぼの》霞《がすみ》色《いろ》	大正十年に流行。曙色はこの頃流行か。
一九二一	昭和（初期）		
昭和元年（一九二六）		洗《あらい》朱《しゅ》	昭和初期に流行。
		青《せい》磁《じ》色《いろ》	〃

和洋色名対照一覧表

色票番号	伝統色名	JIS一般色名	該当の英色名	マンセル色度記号
	【赤紫系統】			
1	一《いっ》斤《こん》染《ぞめ》	赤みのうすい赤紫	Orchid Pink	7.5RP7.5/6
2	桃《もも》色《いろ》 (桃染《つき》・桃花褐《あらぞめ》)	赤みのうすい赤紫	Fuchsia Pink	7.5RP7/8.5
3	紅《こう》梅《ばい》色《いろ》	赤みのうすい赤紫	Rose Pink	7.5RP6/10
4	中《なか》紅《べに》	赤みのあざやかな赤紫	Cherry Pink	7.5RP5/12
5	桜《さくら》色《いろ》	赤みのごくうすい赤紫	Very Pale Orchid Pink	10RP9/2
6	退《あら》紅《ぞめ》	赤みのごくうすい赤紫	Pale Orchid Pink	10RP8.5/4
7	薄《うす》紅《べに》	赤みのうすい赤紫	Rose Pink	10RP6.5/10
	【赤系統】			
8	鴇《とき》羽《は》色《いろ》 (鴇色《ときいろ》)	紫みのうすい赤	Cupid Pink	2.5R7.5/6
9	桜《さくら》鼠《ねずみ》	紫みの明るい灰赤	Silver Pink	2.5R6.5/2
10	長《ちょう》春《しゅん》色《いろ》	紫みのにぶい赤	Old Rose	2.5R5.5/7
11	韓《から》紅花《くれない》 (深紅《こきくれない》)	紫みのさえた赤	Rose Red	2.5R4.5/14
12	臙《えん》脂《じ》色《いろ》	紫みのふかい赤	Crimson Red	2.5R4/10
13	深《こき》緋《あけ》 (黒緋《こきあけ》)	紫みの暗い灰赤	Rose Brown	2.5R4/5
14	甚《じん》三《ざ》紅《もみ》	あざやかな赤	French Rose	5R6.5/10
15	水《みず》がき (とき浅葱《あさぎ》)	明るい灰赤	Ash Rose	5R6/4.5
16	梅《うめ》鼠《ねずみ》	灰赤	Rose Dust	5R5.5/3
17	蘇《す》芳《おう》香《こう》	にぶい赤	Corinth Pink	5R5/6
18	赤《あか》紅《べに》	さえた赤	Geranium	5R4.5/13
19	真《しん》朱《しゅ》	ふかい赤	Cardinal	5R3.5/10
20	小豆《あずき》色《いろ》	暗い赤	Antique Rose	5R3/6

色票番号	伝統色名	JIS一般色名	該当の英色名	マンセル色度記号
21	銀《ぎん》朱《しゅ》	黄みのふかい赤	Pepper Red	6R4.5/12
22	海《え》老《び》茶《ちゃ》（蝦手茶色《えびちゃいろ》）	暗い灰赤	Indian Red	6R3/4.5
23	栗《くり》梅《うめ》	暗い赤	Dark Cardinal	6.5R4/7
24	曙色《あけぼのいろ》	黄みのうすい赤	Salmon Pink	7.5R7/8
25	珊《さん》瑚《ご》珠《しゅ》色《いろ》	黄みのあざやかな赤	Coral Pink	7.5R6.5/10
26	猩《しょう》猩《じょう》緋《ひ》	黄みのさえた赤	Poppy Red	7.5R5/14
27	芝《し》翫《かん》茶《ちゃ》	黄みのにぶい赤	Copper Rose	7.5R5/7
28	柿《かき》渋《しぶ》色《いろ》（柿色《かきいろ》）	黄みの灰赤	Brick Dust	7.5R4.5/6
29	紅《べに》樺《かば》	黄みのふかい赤	Amber Red	7.5R4/10
30	紅《べに》鳶《とび》	黄みの暗い赤	Pompeian Red	7.5R4/8
31	紅《べに》檜《ひ》皮《はだ》	黄みの暗い赤	Oxblood Red	7.5R3.5/5
32	黒《くろ》鳶《とび》	黄みのごく暗い赤	Woodland Brown	7.5R2/2
33	紅《べに》緋《ひ》	黄みのさえた赤	Scarlet	8.5R6/12
34	照《てり》柿《がき》	黄みのふかい赤	Burnt Orange	8.5R5.5/10
35	緋《あけ》	黄みのふかい赤	French Vermilion	8.5R5/12
36	江《え》戸《ど》茶《ちゃ》	黄みのふかい赤	Garnet Brown	8.5R4.5/8
37	紅《べに》柄《がら》色《いろ》（辨柄色《べんがらいろ》）	黄みのふかい赤	Copper Rust	8.5R4/8
38	檜《ひ》皮《はだ》色《いろ》	黄みの暗い赤	Attic Rose	9R3.5/6
39	宍《しし》色《いろ》（肉色《にくいろ》）	黄みの明るい灰赤	Peach Tint	10R7.5/6
40	洗《あらい》朱《しゅ》	黄みのうすい赤	Light Coral	10R7/9
41	赤《あか》香《ごう》色《いろ》	黄みの明るい灰赤	Dawn	10R7/7
42	ときがら茶《ちゃ》	黄みの明るい灰赤	Melon Pink	10R7/6
43	黄《おう》丹《たん》	黄みのさえた赤	Orange Vermilion	10R6/14

色票番号	伝統色名	JIS一般色名	該当の英色名	マンセル色度記号
44	纁《そひ》 (蘇《そ》比《ひ》)	黄みのにぶい赤	Carrot Orange	10R6/10
45	遠《えん》州《しゆう》茶《ちゃ》	黄みのにぶい赤	Coral Rust	10R6/7
46	唐《から》茶《ちゃ》	黄みの灰赤	Cinnamon	10R5.5/6
47	樺《かば》茶《ちゃ》	黄みのふかい赤	Etruscan Orange	10R5/8
48	宗《そう》傳《でん》唐《から》茶《ちゃ》	黄みの灰赤	Etruscan Rose	10R5/5
49	雀《すずめ》茶《ちゃ》	黄みの暗い赤	Brick Red	10R4.5/5
50	栗《くり》皮《かわ》茶《ちゃ》 (栗皮色《くりかわいろ》)	黄みの暗い灰赤	Chestnut	10R3/5
51	百《もも》塩《しお》茶《ちゃ》 (羊羹色《ようかんいろ》)	黄みの暗い灰赤	Arabian Red	10R3/3
52	鳶《とび》色《いろ》	黄みの暗い灰赤	Coconut Brown	10R2.5/4
	【黄赤系統】			
53	胡《くる》桃《み》染《ぞめ》	赤みの灰黄赤	Pink Beige	1.5YR6/2
54	蒲《かば》色《いろ》 (樺色《かばいろ》)	赤みのふかい黄赤	Burnt Orange	1.5YR5/9
55	黄《こう》櫨《ろ》染《ぜん》	赤みの暗い灰黄赤	Burnt Umber	1.5YR3/4
56	焦《こげ》茶《ちゃ》	赤みのごく暗い黄赤	Van Dyke Brown	1.5YR2/2
57	深《こき》支子《くちなし》	赤みのうすい黄赤	Apricot Buff	2.5YR7/8
58	洗《あらい》柿《がき》	赤みのうすい黄赤	Salmon Buff	3YR7/7
59	代《たい》赭《しゃ》色《いろ》	赤みの暗い黄赤	Terra Cotta	3YR5/6
60	赤《あか》白《しろ》橡《つるばみ》	赤みの明るい灰黄赤	Peach Beige	3.5YR7.5/5
61	礪《との》茶《ちゃ》	赤みの暗い黄赤	Bronze	3.5YR5/5
62	煎《せん》茶《ちゃ》色《いろ》	赤みの暗い黄赤	Tobacco Brown	3.5YR4.5/4
63	洒《しゃ》落《れ》柿《がき》	うすい黄赤	Light Apricot	5YR8/6
64	薄《うす》柿《がき》	明るい灰黄赤	Vanilla	5YR8/5

色票番号	伝統色名	JIS一般色名	該当の英色名	マンセル色度記号
65	萱《かん》草《ぞう》色《いろ》 (柑子色《こうじいろ》)	あざやかな黄赤	Marigold	5YR7.5/11
66	梅《うめ》染《ぞめ》	明るい灰黄赤	Peach Buff	5YR7.5/7
67	紅《べに》鬱《う》金《こん》	ふかい黄赤	Majolica Orange	5YR7/10
68	丁《ちょう》子《じ》茶《ちゃ》	暗い黄赤	Tan	5YR5/4
69	憲《けん》法《ぼう》染《ぞめ》 (吉岡染《よしおかぞめ》)	ごく暗い黄赤	Brown Dusk	5YR2/1
70	枇《び》杷《わ》茶《ちゃ》	灰黄赤	Ocher Beige	6.5YR5.5/6
71	琥《こ》珀《はく》色《いろ》	黄みのふかい黄赤	Amber	7YR6/9
72	淡《うす》香《こう》	黄みの明るい灰黄赤	Biscuit	7.5YR8/6
73	朽《くち》葉《ば》色《いろ》	黄みのにぶい黄赤	Golden Buff	7.5YR6.5/8
74	金《きん》茶《ちゃ》	黄みのふかい黄赤	Brown Gold	7.5YR6/8.5
75	丁《ちょう》子《じ》染《ぞめ》 (香染《こうぞめ》)	黄みの暗い黄赤	Buff	7.5YR5.5/6
76	狐《きつね》色《いろ》	黄みの暗い黄赤	Tawny Gold	7.5YR5/6
77	柴《ふし》染《ぞめ》	黄みの灰黄赤	Drab	7.5YR5/4
78	伽《きゃ》羅《ら》色《いろ》	黄みの暗い灰黄赤	Russet Brown	7.5YR4/3
79	煤《すす》竹《たけ》色《いろ》	黄みの暗い灰黄赤	Low Umber	8YR3.5/2.5
80	白《しら》茶《ちゃ》	黄みの明るい灰黄赤	Sand Beige	8.5YR7/3
81	黄《おう》土《ど》色《いろ》	黄みの明るい灰黄赤	Yellow Ocher	8.5YR6.5/4.5
82	銀《ぎん》煤《すす》竹《たけ》	黄みの暗い黄赤	Maple Sugar	8.5YR4.5/4
83	黄《き》唐《がら》茶《ちゃ》 (黄雀茶《きがらちゃ》)	黄みのふかい黄赤	Maple Leaf	10YR6/7
84	媚《こび》茶《ちゃ》 (昆布茶《こぶちゃ》)	黄みの暗い黄赤	Old Gold	10YR4/4
	【黄系統】			
85	浅《うす》黄《き》	赤みのうすい黄	Straw	1.5Y8.5/4

色票番号	伝統色名	JIS一般色名	該当の英色名	マンセル色度記号
86	山《やま》吹《ぶき》色《いろ》	赤みのさえた黄	Marigold Yellow	1.5Y8/13
87	玉《たま》子《ご》色《いろ》	赤みのあざやかな黄	Yolk Yellow	1.5Y8/10
88	櫨《はじ》染《ぞめ》	赤みのふかい黄	Yellow Gold	1.5Y7/10
89	山《やま》吹《ぶき》茶《ちゃ》	赤みのふかい黄	Gold	1.5Y6.5/9
90	桑《くわ》染《ぞめ》 (桑茶《くわちゃ》)	赤みのふかい黄	Maize	1.5Y6.5/7.5
91	生《なま》壁《かべ》色《いろ》	赤みの灰黄	Tawny Olive	1.5Y5/1.5
92	支子《くちなし》 (梔子《くちなし》)	赤みのあざやかな黄	Empire Yellow	2Y8.5/7
93	玉《とう》蜀《もろ》黍《こし》色《いろ》	赤みのにぶい黄	Golden Corn	2Y8/8
94	白《しろ》橡《つるばみ》	赤みの明るい灰黄	Flax	2Y7.5/3
95	黄《き》橡《つるばみ》	赤みのふかい黄	Curry Yellow	2Y6.5/5.5
96	藤《とう》黄《おう》	赤みのさえた黄	Sunflower	2.5Y8.5/12
97	花《はな》葉《ば》色《いろ》	赤みのあざやかな黄	Sun Gold	2.5Y8.5/8
98	鳥《とり》ノ子《こ》色《いろ》	赤みのごくうすい黄	Ivory	2.5Y8.5/1
99	鬱《う》金《こん》色《いろ》	赤みのあざやかな黄	Dandelion	2.5Y7.5/8
100	黄《き》朽《くち》葉《ば》	赤みのにぶい黄	Honey Sweet	2.5Y7.5/7
101	利《り》休《きゅう》白《しら》茶《ちゃ》	赤みの明るい灰黄	Citron Gray	2.5Y7/1
102	利《り》休《きゅう》茶《ちゃ》	赤みの灰黄	Dusty Olive	2.5Y5.5/1
103	灰《あ》汁《く》色《いろ》	灰黄	Covert Gray	2.5Y5.5/0.5
104	肥《ひ》後《ご》煤《すす》竹《たけ》	赤みの暗い黄	Oriental Gold	2.5Y5/3
105	路《ろ》考《こう》茶《ちゃ》	赤みの暗い灰黄	Beech	2.5Y4.5/1
106	海《み》松《る》茶《ちゃ》	赤みの暗い灰黄	Seaweed Brown	3.5Y3.5/1
107	菜《な》種《たね》油《ゆ》色《いろ》	緑みのふかい黄	Oil Yellow	6.5Y6/8
108	黄《き》海《み》松《る》茶《ちゃ》	緑みの暗い黄	Seaweed Yellow	6.5Y5.5/4
109	鶯《うぐいす》茶《ちゃ》	緑みの暗い黄	Seaweed	6.5Y4/3

色票番号	伝統色名	JIS一般色名	該当の英色名	マンセル色度記号
110	菜《な》の花《はな》色《いろ》	緑みのあざやかな黄	Canary	7Y8/9
111	苅《かり》安《やす》 (刈安《かりやす》)	緑みのあざやかな黄	Chrome Lemon	7Y8/8
112	黄《き》蘗《はだ》	緑みのあざやかな黄	Lemon Yellow	7.5Y8.5/9
113	蒸《むし》栗《くり》色《いろ》	緑みのうすい黄	Chartreuse Yellow	7.5Y8/2.5
114	青《あお》朽《くち》葉《ば》	緑みのにぶい黄	Olive Yellow	7.5Y6.5/6
115	鶸《ひわ》茶《ちゃ》	緑みのにぶい黄	Light Olive Yellow	9Y6/5
116	女郎花《おみなえし》	緑みのさえた黄	Citron Yellow	10Y8/11
117	鶯《うぐいす》色《いろ》	緑みの暗い黄	Holly Green	10Y4.5/3
	【黄緑系統】			
118	鶸《ひわ》色《いろ》	黄みのあざやかな黄緑	Light Lime Green	1.5GY7.5/9
119	青《あお》白《しろ》橡《つるばみ》 (麹塵《きくじん》)	黄みの明るい灰黄緑	Hop Green	1.5GY7.5/3
120	柳《やなぎ》茶《ちゃ》	黄みのにぶい黄緑	Citron Green	1.5GY6.5/4
121	璃《り》寛《かん》茶《ちゃ》	黄みの暗い灰黄緑	Olive Drab	1.5GY4/2
122	藍《あい》媚《こび》茶《ちゃ》	黄みの暗い灰黄緑	Dark Olive	1.5GY3.5/1.5
123	苔《こけ》色《いろ》	黄みのふかい黄緑	Moss Green	2GY6/5
124	海《み》松《る》色《いろ》	黄みの暗い黄緑	Sea Moss	2.5GY4/3
125	千《せん》歳《さい》茶《ちゃ》	黄みのごく暗い黄緑	Bronze Green	2.5GY3/1
126	梅《ばい》幸《こう》茶《ちゃ》 (草《くさ》柳《やなぎ》)	明るい灰黄緑	Silver Sage	5GY6/2.5
127	岩《いわ》井《い》茶《ちゃ》	灰黄緑	Slate Olive	5GY4.5/1
128	鶸《ひわ》萌《もえ》黄《ぎ》	さえた黄緑	Fresh Green	6.5GY6.5/8.5
129	柳《やなぎ》煤《すす》竹《たけ》	緑みの暗い灰黄緑	Deep Sea Moss	7.5GY4/1.5
130	裏《うら》柳《やなぎ》 (裏葉柳《うらはやなぎ》)	緑みのうすい黄緑	Mist Green	8.5GY8/2

色票番号	伝統色名	JIS一般色名	該当の英色名	マンセル色度記号
131	淡《うす》萌《もえ》黄《ぎ》 (苗色《なえいろ》)	緑みのあざやかな黄緑	Apple Green	8.5GY7.5/7.5
132	柳《やなぎ》染《ぞめ》	緑みのにぶい黄緑	Willow	8.5GY7/5
133	萌《もえ》黄《ぎ》	緑みのさえた黄緑	Parrot Green	8.5GY6/8.5
134	青《あお》丹《に》	緑みの暗い黄緑	Cactus	8.5GY4.5/3
135	松《まつ》葉《ば》色《いろ》	緑みの暗い黄緑	Jade Green	8.5GY4/3
	【緑系統】			
136	薄《うす》青《あお》	黄みのうすい緑	Light Green	2.5G7/3
137	若《わか》竹《たけ》色《いろ》	黄みのうすい緑	Porcelain Green	2.5G6.5/5
138	柳《やなぎ》鼠《ねずみ》 (豆《まめ》がら茶《ちゃ》)	黄みの明るい灰緑	Eggshell Green	2.5G6/1
139	老《おい》竹《たけ》色《いろ》	黄みの灰緑	Antique Green	2.5G5/2
140	千《せん》歳《さい》緑《みどり》	黄みの暗い緑	Bottle Green	2.5G3.5/2.5
141	緑《みどり》 (古代一般名・青《あお》)	ふかい緑	Malachite Green	3.5G4.5/6
142	白《びゃく》緑《ろく》	うすい緑	Opal Green	5G8/3
143	錆《さび》青《せい》磁《じ》	明るい灰緑	Ripple Green	5G6.5/1.5
144	緑《ろく》青《しょう》	あざやかな緑	Viridian	5G5.5/6
145	木《と》賊《くさ》色《いろ》	ふかい緑	Spruce Green	5G4.5/4
146	御《お》納《なん》戸《ど》茶《ちゃ》	暗い灰緑	Forest Green	5G3.5/1.5
147	青《あお》竹《たけ》色《いろ》	青みのさえた緑	Jewel Green	8G4.5/8
148	利《り》休《きゅう》鼠《ねずみ》	青みの灰緑	Celadon Gray	8.5G5/1
149	びろうど	青みの暗い緑	Lincoln Green	9G3.5/4
150	虫《むし》襖《あお》 (虫青《むしあお》)	青みの暗い緑	Green Duck	10G3.5/3
151	藍《あい》海《み》松《る》茶《ちゃ》	青みの暗い灰緑	Jungle Green	10G3/2

色票番号	伝統色名	JIS一般色名	該当の英色名	マンセル色度記号
	【青緑系統】			
152	沈《と》香《の》茶《ちや》	灰青緑	Chinese Green	2.5BG5/2
153	水《みず》浅《あさ》葱《ぎ》	うすい青緑	Bright Turquoise	7BG7/4
154	青《せい》磁《じ》色《いろ》 (秘色《ひそく》)	うすい青緑	Light Turquoise	7BG7/3
155	青《せい》碧《へき》	にぶい青緑	Turquoise Blue	7.5BG5/4.5
156	錆《さび》鉄《てつ》御《お》納《なん》戸《ど》	青みの暗い灰青緑	Blue Conifer	8BG3.5/1.5
157	鉄《てつ》色《いろ》	青みの暗い青緑	River Blue	8BG3/2
158	御《お》召《めし》茶《ちや》	青みのにぶい青緑	Moon Gray	10BG4/3
159	高《こう》麗《らい》納《なん》戸《ど》	青みの暗い灰青緑	Canton Blue	10BG3/3
	【青系統】			
160	湊《みなと》鼠《ねずみ》 (深川鼠《ふかがわねずみ》)	緑みの明るい灰青	Aqua Gray	2.5B6/2
161	青《あお》鈍《にび》	緑みの暗い灰青	Steel Gray	2.5B4/0.5
162	鉄《てつ》御《お》納《なん》戸《ど》	緑みの暗い青	Storm Blue	2.5B3/2
163	水《みず》色《いろ》	緑みのうすい青	Aqua	3.5B7.5/4
164	錆《さび》浅《あさ》葱《ぎ》	緑みの明るい灰青	Light Saxe Blue	3.5B6/3
165	瓶《かめ》覗《のぞき》 (覗色《のぞきいろ》)	緑みのごくうすい青	Horizon Blue	5B8.5/2
166	浅《あさ》葱《ぎ》色《いろ》	緑みのうすい青	Blue Turquoise	5B6.5/6.5
167	新《しん》橋《ばし》色《いろ》	緑みのあざやかな青	Cyan Blue	5B5/8
168	錆《さび》御《お》納《なん》戸《ど》	緑みのにぶい青	Goblin Blue	5B4.5/3
169	藍《あい》鼠《ねずみ》	緑みの灰青	Lead Gray	5B4.5/0.5
170	藍《あい》色《いろ》	緑みの暗い青	Marine Blue	5B3.5/3.5
171	御《お》納《なん》戸《ど》色《いろ》	緑みの暗い青	Tapestry Blue	5B3.5/2
172	花《はな》浅《あさ》葱《ぎ》	あざやかな青	Cerulean Blue	6.5B5/7

色票番号	伝統色名	JIS一般色名	該当の英色名	マンセル色度記号
173	千《ち》草《ぐさ》色《いろ》	あざやかな青	Azure Blue	7.5B5.5/7
174	舛《ます》花《はな》色《いろ》	灰青	Smoke Blue	8.5B5/4
175	縹《はなだ》 (花田《はなだ》)	ふかい青	Sapphire Blue	8.5B4/7
176	熨斗目花色《のしめはないろ》	にぶい青	Oriental Blue	8.5B4/4
177	御召御納戸《おめしおなんど》	暗い灰青	Slate Blue	8.5B4/3
178	空《そら》色《いろ》	紫みのうすい青	Sky Blue	10B6.5/8
179	黒《くろ》橡《つるばみ》	紫みのごく暗い青	Midnight Blue	10B2/0.5
	【青紫系統】			
180	群《ぐん》青《じょう》色《いろ》	青みのうすい青紫	Forget-met-not Blue	2PB6.5/8
181	紺《こん》	暗い青紫	Purple Navy	5.5PB2/5
182	褐《かち》色《いろ》 (かちん色《いろ》)	ごく暗い青紫	Indigo	5.5PB1.5/3
183	瑠《る》璃《り》色《いろ》	さえた青紫	Cobalt Blue	6PB4/12
184	紺《こん》青《じょう》色《いろ》	さえた青紫	Ultramarine Blue	6PB3/12
185	瑠《る》璃《り》紺《こん》	ふかい青紫	Royal Blue	6PB2.5/7
186	紅《べに》碧《みどり》 (紅掛空色《べにかけそらいろ》)	紫みのうすい青紫	Salvia Blue	7PB6/7
187	紺《こん》桔《き》梗《きょう》	紫みのふかい青紫	Victoria Violet	7PB2/8
188	藤《ふじ》鼠《ねずみ》	紫みのにぶい青紫	Lavender Gray	8.5PB5.5/5
189	紅《べに》掛《かけ》花《はな》色《いろ》	紫みのにぶい青紫	Gentian Blue	8.5PB4.5/7
190	藤《ふじ》色《いろ》	紫みのうすい青紫	Lavender	10PB6/8
191	二《ふた》藍《あい》	紫みのにぶい青紫	Aster	10PB4.5/6
	【紫系統】			
192	藤《ふじ》紫《むらさき》	青みのあざやかな紫	Wistaria Violet	1.5P5.5/10
193	桔《き》梗《きょう》色《いろ》	青みのにぶい紫	Blue Violet	1.5P4/8

色票番号	伝統色名	JIS一般色名	該当の英色名	マンセル色度記号
194	紫《し》苑《おん》色《いろ》	青みのうすい紫	Heliotrope	2.5P6/8
195	滅《めつ》紫《し(けしむらさき)》	青みの暗い灰紫	Raisin	2.5P3/2
196	紫《し》紺《こん》	青みのごく暗い紫	Blackish Purple	2.5P2/2
197	深《こき》紫《むらさき(ふかむらさき)》	青みのふかい紫	Deep Royal Purple	3P2.5/5
198	薄《うす》色《いろ》	うすい紫	Pale Lilac	3.5P6.5/7
199	半《はした》色《いろ》	あざやかな紫	Crocus	3.5P5.5/8
200	菫《すみれ》色《いろ》	にぶい紫	Mauve	5P3.5/7
201	紫《むらさき》	ふかい紫	Royal Purple	5P3/7
202	黒《くろ》紅《べに》 (黒紅梅《くろこうばい》)	ごく暗い紫	Dusky Purple	5P1.5/1.5
203	菖《あや》蒲《め》色《いろ》	赤みのさえた紫	Iris	6.5P4/10
204	紅《べに》藤《ふじ》	赤みのうすい紫	Lilac	7.5P6.5/7
205	杜若《かきつばた》 (江《え》戸紫《どむらさき》)	赤みのふかい紫	Amethyst	8P2.5/7
206	鳩《はと》羽《ば》鼠《ねずみ》	赤みの灰紫	Lilac Hazy	10P5/1.5
207	葡《ぶ》萄鼠《どうねずみ(えびねずみ)》	赤みの灰紫	Plum Purple	10P4/3
208	蒲《えび》萄《ぞめ》 (葡萄《えびぞめ》)	赤みのふかい紫	Amethyst Mauve	10P3.5/8
209	藤《ふじ》煤《すす》竹《たけ》	赤みの暗い灰紫	Prune	10P3.5/1
210	牡《ぼう》丹《たん(ぼたん)》	あざやかな赤紫	Fuchsia Purple	3.5RP4.5/11
211	梅《うめ》紫《むらさき》	にぶい赤紫	Amaranth Purple	4RP4.5/7
212	似《に》せ紫《むらさき》	暗い赤紫	Plum	5RP2.5/3
213	紫《むらさき》鳶《とび》	暗い灰赤紫	Indian Purple	6.5RP3/3
214	蘇《す》芳《おう》	赤みのふかい赤紫	Raspberry Red	7.5RP3.5/8
215	桑《くわ》染《ぞめ》 (桑《くわ》の実《み》色《いろ》)	赤みの暗い赤紫	Mulberry	10RP3/4
216	紅《べに》消《けし》鼠《ねずみ》	赤みの暗い灰赤紫	Black Berry	10RP3/1

色票番号	伝統色名	JIS一般色名	該当の英色名	マンセル色度記号
	【無彩色系統】			
217	白《しろ》練《ねり》	白	Snow White	N9.5
218	白《しろ》鼠《ねずみ》 (銀色《しろがねいろ》)	明るい灰色	Pearl Gray	N7.5
219	銀《ぎん》鼠《ねずみ》 (錫色《すずいろ》)	青みの明るい灰色	Silver Gray	2.5PB6.5/0.5
220	素《す》鼠《ねずみ》	灰色	Mouse Gray	N5
221	丼《どぶ》鼠《ねずみ》 (溝鼠《どぶねずみ》)	赤みの暗い灰色	Dove Gray	5RP3.5/0.5
222	藍《あい》墨《すみ》茶《ちゃ》	青みの暗い灰色	Dark Slate	2.5PB3/0.5
223	檳《びん》榔《ろう》子《じ》染《ぞめ》	赤みの暗い灰色	African Brown	10R2.5/0.5
224	墨《すみ》色《いろ》 (墨染《すみぞめ》)	暗い灰色	Charcoal Gray	N2
225	黒《くろ》色《いろ》	黒	Lamp Black	N1

日本傳統色のＪＩＳトーン別分類一覧表

（色相順に配列）

◆さえた

◆はトーン名

色票番号	日本伝統色名		JIS一般色名
11	韓紅花	からくれない	紫みのさえた赤
18	赤紅	あかべに	さえた赤
26	猩猩緋	しょうじょうひ	黄みのさえた赤
33	紅緋	べにひ	黄みのさえた赤
43	黄丹	おうたん	黄みのさえた赤
86	山吹色	やまぶきいろ	赤みのさえた黄
96	藤黄	とうおう	赤みのさえた黄
116	女郎花	おみなえし	緑みのさえた黄
128	鶸萌黄	ひわもえぎ	さえた黄緑
133	萌黄	もえぎ	緑みのさえた黄緑
147	青竹色	あおたけいろ	青みのさえた緑
183	瑠璃色	るりいろ	さえた青紫
184	紺青色	こんじょういろ	さえた青紫
203	菖蒲色	あやめいろ	赤みのさえた紫
			以上14色

◆あざやかな

色票番号	日本伝統色名		JIS一般色名
4	中紅	なかべに	赤みのあざやかな赤紫
14	甚三紅	じんざもみ	あざやかな赤
25	珊瑚珠色	さんごしゅいろ	黄みのあざやかな赤
65	萱草色	かんぞういろ	あざやかな黄赤
87	玉子色	たまごいろ	赤みのあざやかな黄
92	支子(梔子)	くちなし	赤みのあざやかな黄
97	花葉色	はなばいろ	赤みのあざやかな黄

色票番号	日本伝統色名		JIS一般色名
99	鬱金色	うこんいろ	赤みのあざやかな黄
110	菜の花色	なのはないろ	緑みのあざやかな黄
111	苅安（刈安）	かりやす	緑みのあざやかな黄
112	黄蘗	きはだ	緑みのあざやかな黄
118	鶸色	ひわいろ	黄みのあざやかな黄緑
131	淡萌黄	うすもえぎ	緑みのあざやかな黄緑
144	緑青	ろくしょう	あざやかな緑
167	新橋色	しんばしいろ	緑みのあざやかな青
172	花浅葱	はなあさぎ	あざやかな青
173	千草色	ちぐさいろ	あざやかな青
192	藤紫	ふじむらさき	青みのあざやかな紫
199	半色	はしたいろ	あざやかな紫
210	牡丹	ぼうたん	あざやかな赤紫
			以上20色

◆ふかい

色票番号	日本伝統色名		JIS一般色名
12	臙脂色	えんじいろ	紫みのふかい赤
19	真朱	しんしゅ	ふかい赤
21	銀朱	ぎんしゅ	黄みのふかい赤
29	紅樺	べにかば	黄みのふかい赤
34	照柿	てりがき	黄みのふかい赤
35	緋	あけ	黄みのふかい赤
36	江戸茶	えどちゃ	黄みのふかい赤
37	紅柄色（辨柄色）	べにがらいろ	黄みのふかい赤
47	樺茶	かばちゃ	黄みのふかい赤

色票番号	日本伝統色名		JIS一般色名
54	蒲色（樺色）	かばいろ	赤みのふかい黄赤
67	紅鬱金	べにうこん	ふかい黄赤
71	琥珀色	こはくいろ	黄みのふかい黄赤
74	金茶	きんちゃ	黄みのふかい黄赤
83	黄唐茶（黄雀茶）	きがらちゃ	黄みのふかい黄赤
88	櫨染	はじぞめ	赤みのふかい黄
89	山吹茶	やまぶきちゃ	赤みのふかい黄
90	桑染	くわぞめ	赤みのふかい黄
95	黄橡	きつるばみ	赤みのふかい黄
107	菜種油色	なたねゆいろ	緑みのふかい黄
123	苔色	こけいろ	黄みのふかい黄緑
141	緑（古代一般名・青）	みどり	ふかい緑
145	木賊色	とくさいろ	ふかい緑
175	縹（花田）	はなだ	ふかい青
185	瑠璃紺	るりこん	ふかい青紫
187	紺桔梗	こんききょう	紫みのふかい青紫
197	深紫	こきむらさき	青みのふかい紫
201	紫	むらさき	ふかい紫
205	杜若	かきつばた	赤みのふかい紫
208	蒲萄（葡萄）	えびぞめ	赤みのふかい紫
214	蘇芳	すおう	赤みのふかい赤紫
			以上30色

◆暗い

色票番号	日本伝統色名		JIS一般色名
20	小豆色	あずきいろ	暗い赤
23	栗梅	くりうめ	暗い赤
30	紅鳶	べにとび	黄みの暗い赤
31	紅檜皮	べにひはだ	黄みの暗い赤
38	檜皮色	ひはだいろ	黄みの暗い赤
49	雀茶	すずめちゃ	黄みの暗い赤
59	代赭色	たいしゃいろ	赤みの暗い黄赤
61	礪茶	とのちゃ	赤みの暗い黄赤
62	煎茶色	せんちゃいろ	赤みの暗い黄赤
68	丁子茶	ちょうじちゃ	暗い黄赤
75	丁子染	ちょうじぞめ	黄みの暗い黄赤
76	狐色	きつねいろ	黄みの暗い黄赤
82	銀煤竹	ぎんすすたけ	黄みの暗い黄赤
84	媚茶	こびちゃ	黄みの暗い黄赤
104	肥後煤竹	ひごすすたけ	赤みの暗い黄
108	黄海松茶	きみるちゃ	緑みの暗い黄
109	鶯茶	うぐいすちゃ	緑みの暗い黄
117	鶯色	うぐいすいろ	緑みの暗い黄
124	海松色	みるいろ	黄みの暗い黄緑
134	青丹	あおに	緑みの暗い黄緑
135	松葉色	まつばいろ	緑みの暗い黄緑
140	千歳緑	せんざいみどり	黄みの暗い緑
149	びろうど		青みの暗い緑
150	虫襖(虫青)	むしあお	青みの暗い緑
157	鉄色	てついろ	青みの暗い青緑

色票番号	日本伝統色名		JIS一般色名
162	鉄御納戸	てつおなんど	緑みの暗い青
170	藍色	あいいろ	緑みの暗い青
171	御納戸色	おなんどいろ	緑みの暗い青
181	紺	こん	暗い青紫
212	似せ紫	にせむらさき	暗い赤紫
215	桑染	くわぞめ	赤みの暗い赤紫
			以上31色

◆ごく暗い

色票番号	日本伝統色名		JIS一般色名
32	黒鳶	くろとび	黄みのごく暗い赤
56	焦茶	こげちゃ	赤みのごく暗い黄赤
69	憲法染	けんぽうぞめ	ごく暗い黄赤
125	千歳茶	せんさいちゃ	黄みのごく暗い黄緑
179	黒橡	くろつるばみ	紫みのごく暗い青
182	褐色	かちいろ	ごく暗い青紫
196	紫紺	しこん	青みのごく暗い紫
202	黒紅	くろべに	ごく暗い紫
			以上8色

◆うすい

色票番号	日本伝統色名		JIS一般色名
1	一斤染	いっこんぞめ	赤みのうすい赤紫
2	桃色	ももいろ	赤みのうすい赤紫
3	紅梅色	こうばいいろ	赤みのうすい赤紫
7	薄紅	うすべに	赤みのうすい赤紫
8	鴇羽色	ときはいろ	紫みのうすい赤

色票番号	日本伝統色名		JIS一般色名
24	曙色	あけぼのいろ	黄みのうすい赤
40	洗朱	あらいしゅ	黄みのうすい赤
57	深支子	こきくちなし	赤みのうすい黄赤
58	洗柿	あらいがき	赤みのうすい黄赤
63	洒落柿	しゃれがき	うすい黄赤
85	浅黄	うすき	赤みのうすい黄
113	蒸栗色	むしくりいろ	緑みのうすい黄
130	裏柳	うらやなぎ	緑みのうすい黄緑
136	薄青	うすあお	黄みのうすい緑
137	若竹色	わかたけいろ	黄みのうすい緑
142	白緑	びゃくろく	うすい緑
153	水浅葱	みずあさぎ	うすい青緑
154	青磁色	せいじいろ	うすい青緑
163	水色	みずいろ	緑みのうすい青
166	浅葱色	あさぎいろ	緑みのうすい青
178	空色	そらいろ	紫みのうすい青
180	群青色	ぐんじょういろ	青みのうすい青紫
186	紅碧	べにみどり	紫みのうすい青紫
190	藤色	ふじいろ	紫みのうすい青紫
194	紫苑色	しおんいろ	青みのうすい紫
198	薄色	うすいろ	うすい紫
204	紅藤	べにふじ	赤みのうすい紫
			以上27色

◆ごくうすい

色票番号	日本伝統色名		JIS一般色名
5	桜色	さくらいろ	赤みのごくうすい赤紫
6	退紅	あらぞめ	赤みのごくうすい赤紫
98	鳥ノ子色	とりのこいろ	赤みのごくうすい黄
165	瓶覗	かめのぞき	緑みのごくうすい青
			以上4色

◆明るい灰

色票番号	日本伝統色名		JIS一般色名
9	桜鼠	さくらねずみ	紫みの明るい灰赤
15	水がき	みずがき	明るい灰赤
39	宍色	ししいろ	黄みの明るい灰赤
41	赤香色	あかごういろ	黄みの明るい灰赤
42	ときがら茶	ときがらちゃ	黄みの明るい灰赤
60	赤白橡	あかしろつるばみ	赤みの明るい灰黄赤
64	薄柿	うすがき	明るい灰黄赤
66	梅染	うめぞめ	明るい灰黄赤
72	淡香	うすこう	黄みの明るい灰黄赤
80	白茶	しらちゃ	黄みの明るい灰黄赤
81	黄土色	おうどいろ	黄みの明るい灰黄赤
94	白橡	しろつるばみ	赤みの明るい灰黄
101	利休白茶	りきゅうしらちゃ	赤みの明るい灰黄
119	青白橡	あおしろつるばみ	黄みの明るい灰黄緑
126	梅幸茶	ばいこうちゃ	明るい灰黄緑
138	柳鼠	やなぎねずみ	黄みの明るい灰緑
143	錆青磁	さびせいじ	明るい灰緑

色票番号	日本伝統色名		JIS一般色名
160	湊鼠	みなとねずみ	緑みの明るい灰青
164	錆浅葱	さびあさぎ	緑みの明るい灰青
			以上19色

◆灰

色票番号	日本伝統色名		JIS一般色名
16	梅鼠	うめねずみ	灰赤
28	柿渋色	かきしぶいろ	黄みの灰赤
46	唐茶	からちゃ	黄みの灰赤
48	宗傳唐茶	そうでんからちゃ	黄みの灰赤
53	胡桃染	くるみぞめ	赤みの灰黄赤
70	枇杷茶	びわちゃ	灰黄赤
77	柴染	ふしぞめ	黄みの灰黄赤
91	生壁色	なまかべいろ	赤みの灰黄
102	利休茶	りきゅうちゃ	赤みの灰黄
103	灰汁色	あくいろ	灰黄
127	岩井茶	いわいちゃ	灰黄緑
139	老竹色	おいたけいろ	黄みの灰緑
148	利休鼠	りきゅうねずみ	青みの灰緑
152	沈香茶	とのちゃ	灰青緑
169	藍鼠	あいねずみ	緑みの灰青
174	舛花色	ますはないろ	灰青
206	鳩羽鼠	はとばねずみ	赤みの灰紫
207	葡萄鼠	ぶどうねずみ	赤みの灰紫
			以上18色

◆暗い灰

色票番号	日本伝統色名		JIS一般色名
13	深緋	こきあけ	紫みの暗い灰赤
22	海老茶	えびちゃ	暗い灰赤
50	栗皮茶	くりかわちゃ	黄みの暗い灰赤
51	百塩茶	ももしおちゃ	黄みの暗い灰赤
52	鳶色	とびいろ	黄みの暗い灰赤
55	黄櫨染	こうろぜん	赤みの暗い灰黄赤
78	伽羅色	きゃらいろ	黄みの暗い灰黄赤
79	煤竹色	すすたけいろ	黄みの暗い灰黄赤
105	路考茶	ろこうちゃ	赤みの暗い灰黄
106	海松茶	みるちゃ	赤みの暗い灰黄
121	璃寛茶	りかんちゃ	黄みの暗い灰黄緑
122	藍媚茶	あいこびちゃ	黄みの暗い灰黄緑
129	柳煤竹	やなぎすすたけ	緑みの暗い灰黄緑
146	御納戸茶	おなんどちゃ	暗い灰緑
151	藍海松茶	あいみるちゃ	青みの暗い灰緑
156	錆鉄御納戸	さびてつおなんど	青みの暗い灰青緑
159	高麗納戸	こうらいなんど	青みの暗い灰青緑
161	青鈍	あおにび	緑みの暗い灰青
177	御召御納戸	おめしおなんど	暗い灰青
195	滅紫	めっし	青みの暗い灰紫
209	藤煤竹	ふじすすたけ	赤みの暗い灰紫
213	紫鳶	むらさきとび	暗い灰赤紫
216	紅消鼠	べにけしねずみ	赤みの暗い灰赤紫
			以上23色

◆にぶい

色票番号	日本伝統色名		JIS一般色名
10	長春色	ちょうしゅんいろ	紫みのにぶい赤
17	蘇芳香	すおうこう	にぶい赤
27	芝翫茶	しかんちゃ	黄みのにぶい赤
44	纁(蘇比)	そひ	黄みのにぶい赤
45	遠州茶	えんしゅうちゃ	黄みのにぶい赤
73	朽葉色	くちばいろ	黄みのにぶい黄赤
93	玉蜀黍色	とうもろこしいろ	赤みのにぶい黄
100	黄朽葉	きくちば	赤みのにぶい黄
114	青朽葉	あおくちば	緑みのにぶい黄
115	鶸茶	ひわちゃ	緑みのにぶい黄
120	柳茶	やなぎちゃ	黄みのにぶい黄緑
132	柳染	やなぎぞめ	緑みのにぶい黄緑
155	青碧	せいへき	にぶい青緑
158	御召茶	おめしちゃ	青みのにぶい青緑
168	錆御納戸	さびおなんど	緑みのにぶい青
176	熨斗目花色	のしめはないろ	にぶい青
188	藤鼠	ふじねずみ	紫みのにぶい青紫
189	紅掛花色	べにかけはないろ	紫みのにぶい青紫
191	二藍	ふたあい	紫みのにぶい青紫
193	桔梗色	ききょういろ	青みのにぶい紫
200	菫色	すみれいろ	にぶい紫
211	梅紫	うめむらさき	にぶい赤紫
			以上22色

◆無彩色系統

色票番号	日本伝統色名		JIS一般色名
217	白練	しろねり	白
218	白鼠	しろねずみ	明るい灰色
219	銀鼠	ぎんねずみ	青みの明るい灰色
220	素鼠	すねずみ	灰色
221	丼鼠（溝鼠）	どぶねずみ	赤みの暗い灰色
222	藍墨茶	あいすみちゃ	青みの暗い灰色
223	檳榔子染	びんろうじぞめ	赤みの暗い灰色
224	墨色	すみいろ	暗い灰色
225	黒色	くろいろ	黒
			以上9色

1 マンセルの色相環に基づくJISの一般色名及び修飾語の用い方

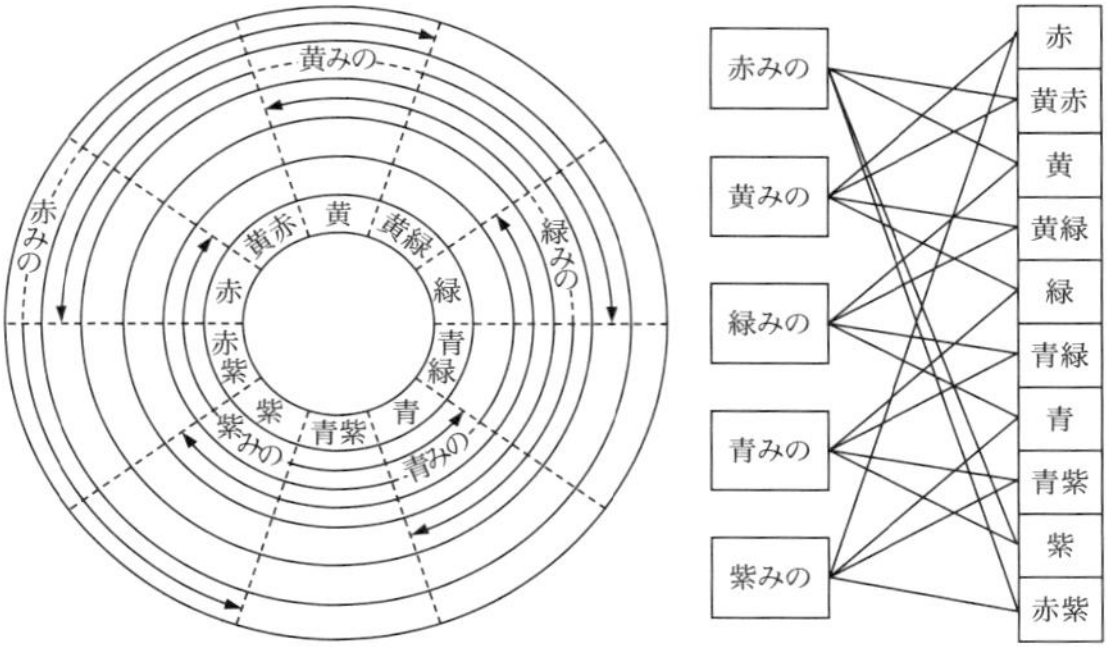

JISの有彩色の一般色名法

(例) 青みの明るい灰緑 = 青みの + 明るい灰 + 緑

有彩色の一般色名 = 色相に関する修飾語 (図1) + 明度・彩度の関連を示すトーンの名称 (図2) + 有彩色の基本色名 (図1内円)

2 JISトーン(明度・彩度の関連を示す)の名称

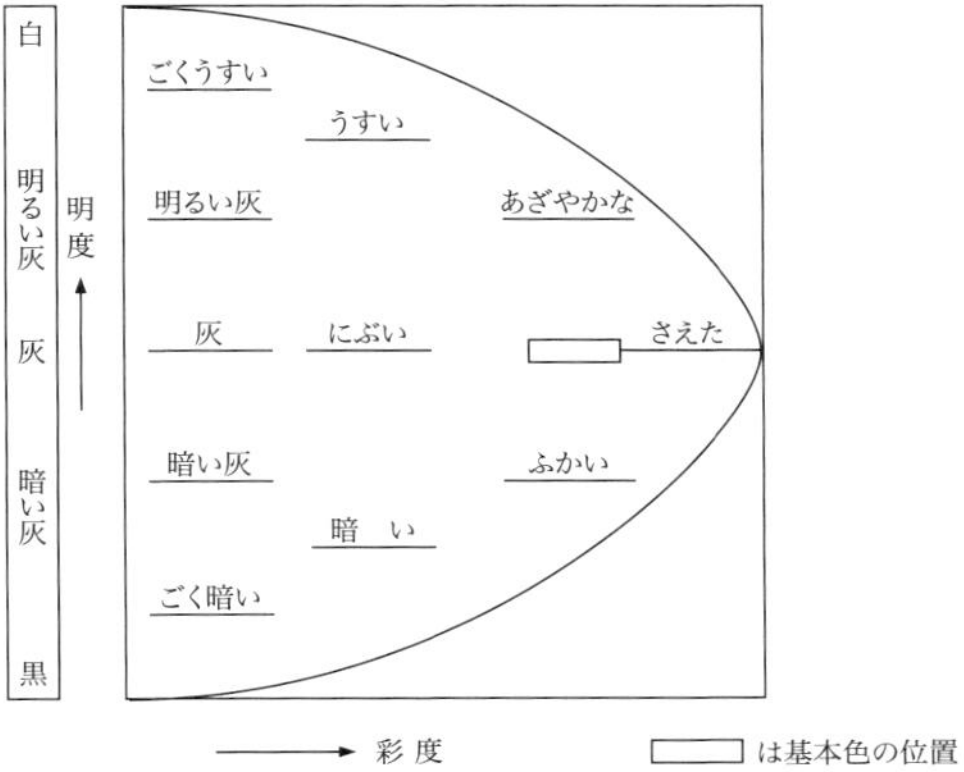

3 マンセルの色相記号

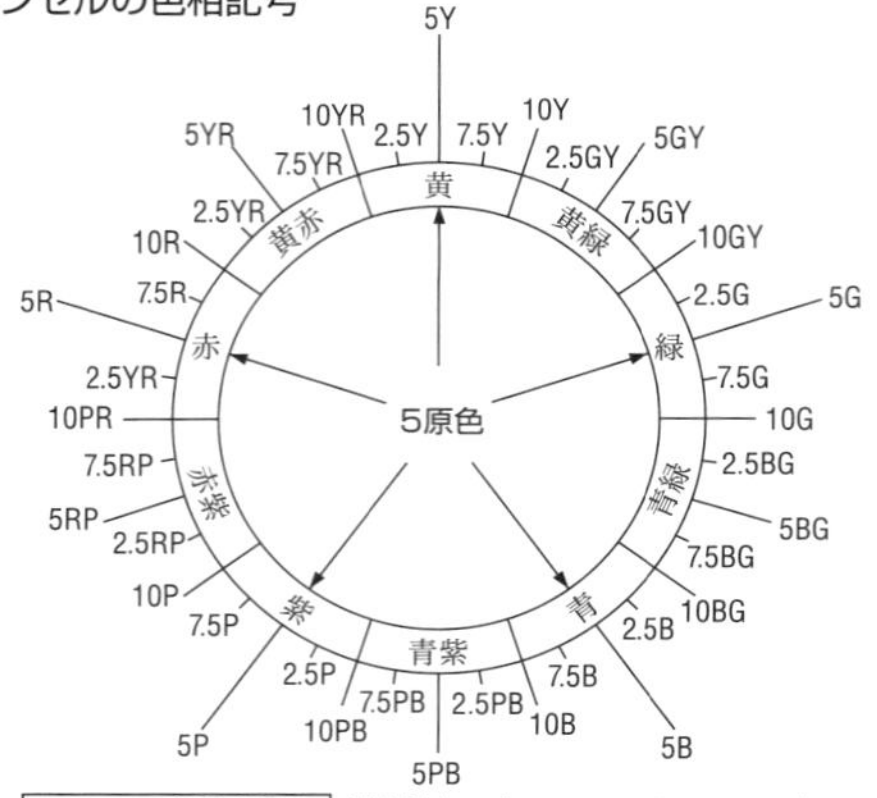

マンセルの色度表示法　(例)純色の赤　→　5 R　5 ／ 14

色相　明度 ／ 彩度

(図3)　(図4)

4 マンセルの明度・彩度記号

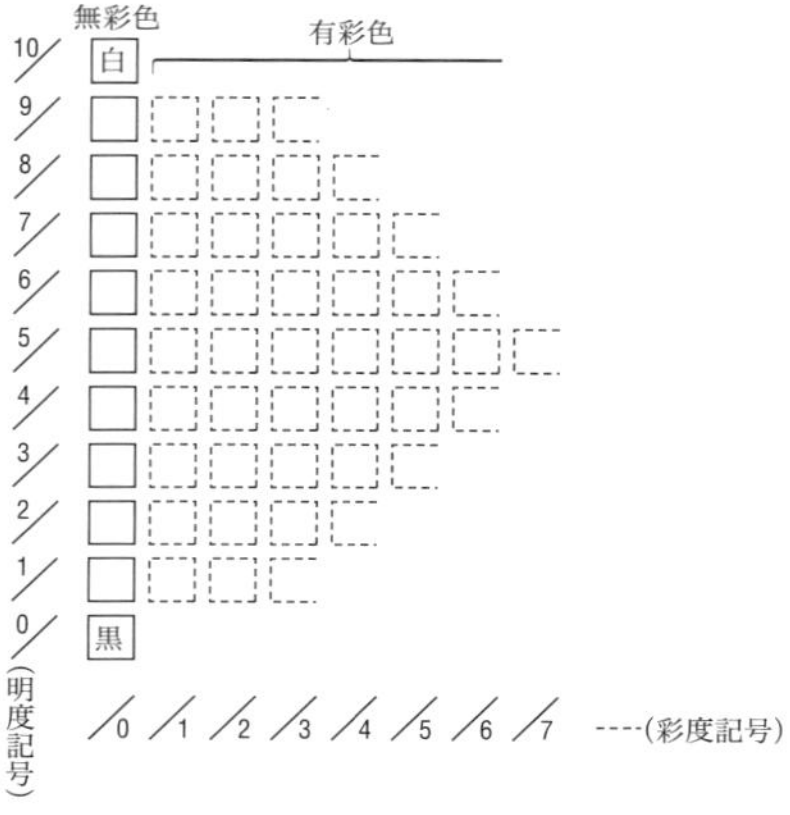

【参考文献】
〈主なるもの〉

正倉院薬物	朝比奈泰彦	植物文献刊行会
倭名類聚鈔	源　順	風間書房
箋注倭名類聚抄	狩谷棭斎	曙社出版
萬葉集草木考	岡　不崩	建設社
萬葉植物新考	松田　修	社会思想社
本草和名	深根輔仁	日本古典全集刊行会
大和本草	貝原益軒	有明書房
日本上代染草考	上村六郎	大岡山書店
染料植物譜	後藤捷一／山川隆平	はくおう社
新日本植物図鑑	牧野富太郎	北隆館
紅	澤田亀之助	伊勢半
薬用植物画譜	小磯良平／刈米達夫	武田薬品工業株式会社
日本染織文献総覧	後藤　捷一	染織と生活社
日本染色譜	後藤　捷一	東峰出版株式会社
日本草木染譜	山崎　斌	月明会出版部
天然染料の研究	吉岡　常雄	光村推古書院
本藍染	守田　公夫	森卯一
織物染色辞典	織物染色辞典刊行会	専門図書株式会社
手鑑模様節用	梅丸　友禅	刊行未詳
装束色彙	荷田　在満	古書保存会集／続々群書類従
四季色目	梨陰　散人	深海堂
歴世服飾考	田中　尚房	明治図書出版株式会社
女重寶記	艸田寸木子	刊行未詳

女鏡秘傳書　未詳　萬屋庄兵衛板
群書類従　塙保己一　続群書類従完成会
胡曹抄　唯心院関白房通　(写本)
桃花蘂葉　関白一条兼良　(新校群書類従)
名物裂の研究　渋江終吉　工政会出版部
雛形屏風　染織文化研究会　芸艸堂
江戸時代雛形文様　染織文化研究会　京都書院
染織資料としての小袖模様雛形本　長崎巌　MUSEUM第三七三号／東京国立博物館美術誌
小袖模様雛形本に記載された小袖の地色に関する諸問題　長崎巌　東京芸術大学大学院　研究科修了論文
奈良朝服飾の研究　関根真隆　吉川弘文館
明治風俗史　藤澤衛彦　三彩書房
江馬務著作集　江馬務　中央公論社
奈良時代文化雑攷　石田茂作　創元社
日本文学／色彩用語集成　上一代　伊原昭　笠間書院
日本文学／色彩用語集成　中古　伊原昭　笠間書院
貞丈雑記　伊勢貞丈　(新訂増補故実叢書)／明治図書出版株式会社
安齋随筆　伊勢貞丈　(新訂増補故実叢書)／明治図書出版株式会社
守貞漫稿　喜多川守貞　東京堂出版
愚雑爼　田宮仲宣　(日本随筆大成)　吉川弘文館
色道大鏡　畠山箕山　(続燕石十種)　国書刊行会
反古染　越智為久　(続燕石十種)　国書刊行会
和漢三才圖會　寺島良安　東京美術
嬉遊笑覧　喜多村信節　名著刊行会

萬金産業袋	三宅 也来	八坂書房
江戸のすがた	斎藤 隆三	雄山閣
近世時様風俗	斎藤 隆三	三省堂
江戸時代前半期の世相と衣裳風俗	斎藤 隆三	大塚巧芸社
友禅研究	野村正治郎	芸艸堂
江戸時代史—武士の支配と町人の生活	蔵並 省自	東和書房
稲荷信仰私見—陰陽五行思想による稲荷の再吟味	吉野 裕子	新日本教育図書株式会社
江戸時代における茶色染めの展開と変奏	長崎 盛輝	京都市立芸術大学美術学研究紀要22
図畫正誤	狩野 宗徳	刊行未詳
中国画顔色的研究	干 非闇	新华書店
芥子園畫傳国訳釈解	山本 元	芸艸堂
東洋絵具考	鹽田 力蔵	アトリエ社
中国色名綜覧	湊 幸衛（監）	カラープランニングセンター
漢代の文物	林 巳奈夫	京都大学人文科学研究所
中国科学技術史論集	吉田 光邦	日本放送出版協会
芥子園畫傳	王 槩	アトリエ出版社
むらさきくさ	前田 千寸	河出書房
日本色彩文化史	前田 千寸	岩波書店
萬有色彩	宮地 孝夫	新民書房
色の日本史	長崎 盛輝	淡交社
王朝の彩飾	高島 秀造	東京美術
江戸の彩飾	高島 秀造	東屋
（パレット）王朝の色彩譜—重色目の配色美	長崎 盛輝	高島屋

（染織春秋）日本傳統色—色調と色名—　長崎　盛輝　八宝堂
明治百年日本傳統色　日本流行色協会　同上
色名総鑑　和田　三造　博美社
色名辞典　日本色彩研究所　日本色研事業株式会社
色名大辞典　日本色彩研究所　創元社
日本色名大鑑　上村六郎／山崎勝弘　染色と生活社
日本植物染色譜　吉田富太郎　染色と生活社
原色染織大辞典　板倉寿郎他　淡交社
色彩科学ハンドブック　色彩科学協会　南江堂
江戸服飾史　金沢　康隆　青蛙房
大言海　大槻　文彦　冨山房
大漢和辞典　諸橋　轍次　大修館書店
正倉院裂標準染色　平安精華社　同上

〈史籍・文学書〉

古事記　（日本古典文学全集）小学館
日本書紀　（日本古典文学大系）岩波書店
續日本紀　新訂／増補国史大系　吉川弘文館
令義解　新訂／増補国史大系　吉川弘文館
寧楽遺文　竹内　理三　東京堂出版
延喜式　新訂／増補国史大系　吉川弘文館
日本紀略　新訂／増補国史大系　吉川弘文館
徳川実紀　新訂／増補国史大系　吉川弘文館
御触書　寛保／寛暦／天明／天保　集成　高柳真三／石井良助　岩波書店

萬葉集　（日本古典文学全集）　小学館
枕草子　（日本古典文学全集）　小学館
源氏物語　（日本古典文学全集）　小学館
栄花物語　（日本古典文学大系）　岩波書店
西鶴集　（日本古典文学大系）　岩波書店
日本永代蔵新講　大藪　虎亮　白帝出版株式会社
井原西鶴集　（日本古典文学全集）　小学館
男色大鑑　暉峻　康隆　小学館
近松名作集　日本名著全集刊行会　同上
近松語彙　上田萬年／樋口慶千代　冨山房
黄表紙廿五種　日本名著全集刊行会　同上
歌舞伎年代記　立川　焉馬　歌舞伎出版部
歌舞伎年表　伊原　敏郎　岩波書店
歌舞伎の衣裳　国立劇場（監）　婦人画報社
日本語とタミル語　大野　晋　新潮社
土佐郷土童謡物語　桂井　和雄　高知県同胞援護会
戸田茂睡全集　戸田　茂睡　国書刊行会
都の華　都新聞社　同上

あとがき

日本の伝統色を研究しはじめてからもう三十年になる。デザインのための色彩研究から、古い日本の色に目をむけるようになったのは、嘗て、在外研究員として西欧諸国の美術大学を訪ね、色彩指導の理念と実際について調査をした時からであるが、この調査が著者を日本伝統色の研究へ向わせたのは、イタリアでの「創造は古典の研究から始まる」という指導理念であった。衆知のようにイタリアはすぐれた美術の伝統をうけつぐと共に、革新的な芸術を創造している国である。著者はこの国の美術大学生の徹底的な古典の学習と、作家達の革新的な造形活動とを思い合わせて、新しい色彩美の研究も古い色彩を学ぶことからはじめねばと銘じ、以後この研究をつづけて来た。その一里塚として、昭和四十九年、淡交社のすすめによって『色の日本史』を執筆した。これは淡交選書として出され、日本の色を史的に概観したものであるが、予算の制約から個々の色彩は色刷で示すことが出来なかった。出版後、あれこれの色調について読者から質問をいただいたが、それについては口頭や書面でお答えするほかなかった。しかし、こうした説明の方法では、いわゆる、靴を隔てて痒きを掻く、のそしりは免れない。色彩の内容を正しく伝える方法は、正確に表色された色票による以外にないからである。そんなことから、五十四年一月から三ヶ年に亘って八宝堂刊『染織春秋』誌に「日本の傳統色・その色調と色名」と題して色票により解説を行って来た。このシリーズでは主要な伝統色百七十色をえらびその色調を考証して来た。この度出版の『日本傳統色彩考』は、それに再考を加え、更に五十五色を追加して二百二十五色とし、前者の不備を補ったものである。また、これに示した色票の制作には顔料を用い、表色は著者自身が調色・手彩色したものである。夫等の色票の制作に当っては、可能な限り古文献、古裂、古い染見本帳の検討と、試染により考証したが、中には上掲の資料の中、僅かに一種の資料にたよらざるを得なかったものもある。それらの色の考証に不備があることを恐れているが、問題の点は今後先学の御教示を仰ぎ再考を加えて充実を期したい。

この書は、伝統色研究のひと区切りとして立てた、著者の一里塚である。こうした塚を今後自身の研究の道しるべとして一つでも多く立ててゆきたいと希っている。今回の研究のまとめは予定よりも一年近く遅れてしまったが、老駑馬に鞭うって漸く纒め上げることが出来た。

本書の出版にあたり、御世話をいただいた方々に感謝の意を表したい。なお、染色の試染には長崎順子の協力を得たことを付言したい。

昭和五十八年十二月

長崎盛輝

(『譜説　日本傳統色彩考』昭和五十九年刊より)

[著者略歴]

長崎盛輝(ながさき・せいき)

明治四五年高知県安芸町に生まれる。京都市立絵画専門学校(現京都市立芸術大学)図案科卒業。専攻 日本色彩芸術史。

京都市立芸術大学名誉教授、嵯峨美術短期大学教授、奈良教育大学大学院講師。日本色彩学会・日本風俗史学会々員。昭和六〇年勲三等瑞宝章を受ける。平成七年没。

[主な著書・論文]

『色の日本史』(淡交社・昭和四九・二)、「王朝の色彩譜—重色目の配色美」(『パレット』高島屋・昭五三・三〜五六・三)、「日本傳統色その色調と色名」(『染織春秋』八宝堂・昭五四・一〜五六・一二)、「江戸時代における茶色染の展開と変奏」(京都市立芸術大学美術学部研究紀要・昭五三・三)など。

新版　日本の伝統色
―その色名と色調―
The Traditional Colors of Japan

発　行　2006年 6 月20日　初版発行
　　　　2023年 3 月30日　第十刷発行

著　者　長崎盛輝

装　訂　大西和重

発行者　片山　誠

発行所　株式会社青幻舎
京都市中京区梅忠町 9-1
TEL.075-252-6766　FAX.075-252-6770
https://www.seigensha.com

印刷・製本　（株）ムーブ

Printed in JAPAN

ISBN978-4-86152-071-6 C1070

本書は、1996年刊、京都書院アーツコレクション「日本の傳統色」の新装版です。

『日本の伝統色』色票に使用の二二五色

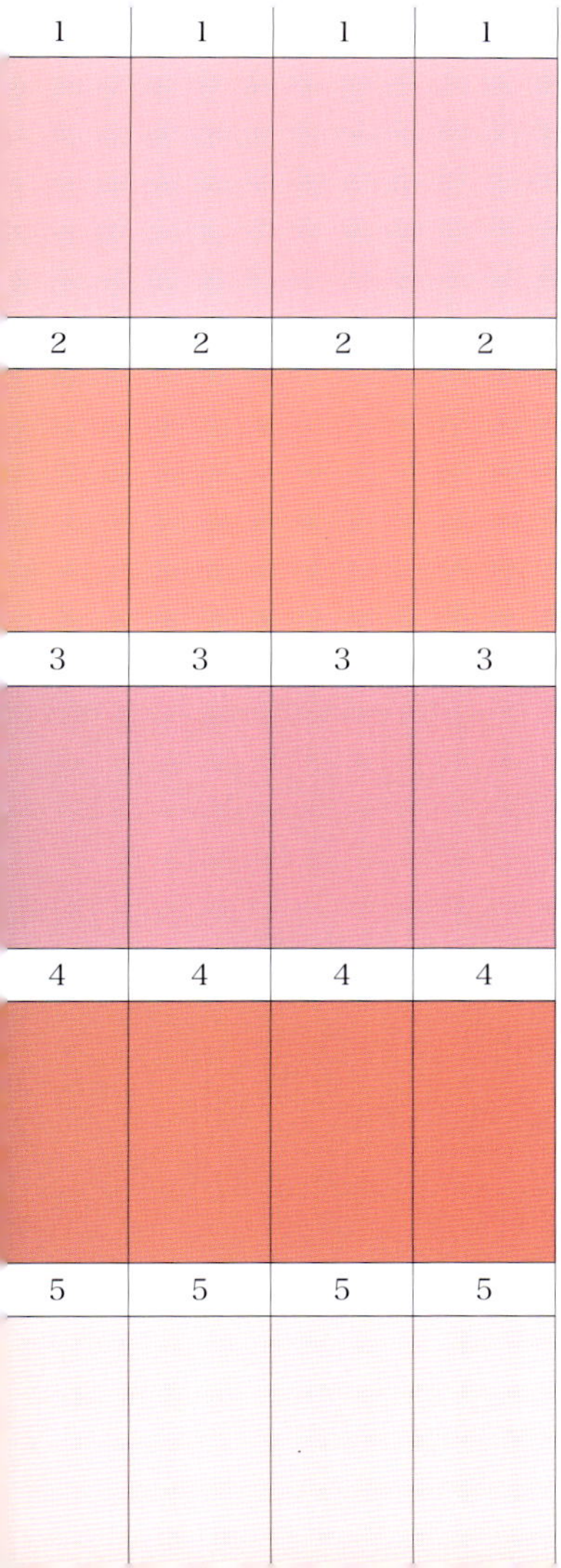

一《いっ》 斤《こん》 染《ぞめ》

1 Orchid Pink
赤みのうすい赤紫
7.5RP　7.5/6

桃《もも》 色《いろ》（桃染《ももぞめ》《つき》・桃花褐《つきそめ》《あらぞめ》）

2 Fuchsia Pink
赤みのうすい赤紫
7.5RP　7/8.5

紅《こう》 梅《ばい》 色《いろ》

3 Rose Pink
赤みのうすい赤紫
7.5RP　6/10

中《なか》 紅《べに》

4 Cherry Pink
赤みのあざやかな赤紫
7.5RP　5/12

桜《さくら》 色《いろ》

5 Very Pale Orchid Pink
赤みのごくうすい赤紫
10RP　9/2

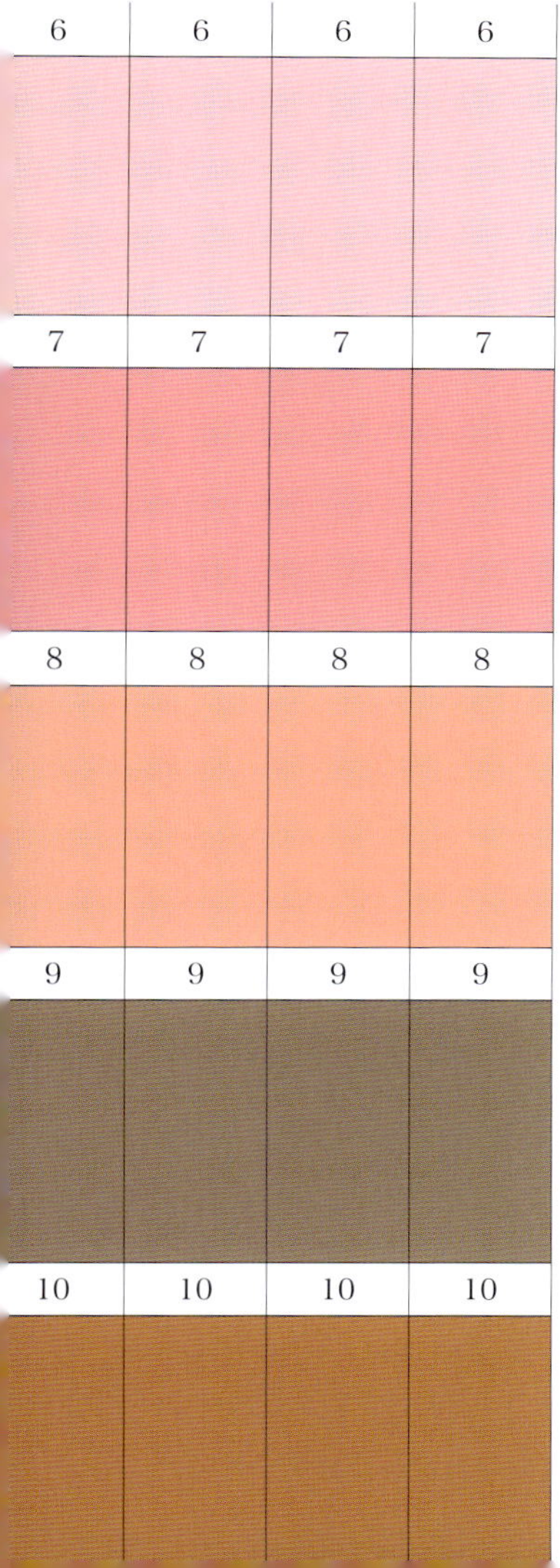

退《あら》紅《ぞめ》

6 Pale Orchid Pink
赤みのごくうすい赤紫
10RP　8.5/4

薄《うす》紅《べに》

7 Rose Pink
赤みのうすい赤紫
10RP　6.5/10

鴇《とき》羽《は》色《いろ》(鴇色《ときいろ》)

8 Cupid Pink
紫みのうすい赤
2.5R　7.5/6

桜《さくら》鼠《ねずみ》

9 Silver Pink
紫みの明るい灰赤
2.5R　6.5/2

長《ちよう》春《しゆん》色《いろ》

10 Old Rose
紫みのにぶい赤
2.5R　5.5/7

11 11 11 11

12 12 12 12

13 13 13 13

14 14 14 14

15 15 15 15

韓《から》紅花《くれない》(深紅《こきくれない》)

11 Rose Red

紫みのさえた赤

2.5R　4.5/14

臙《えん》脂《じ》色《いろ》

12 Crimson Red

紫みのふかい赤

2.5R　4/10

深《こき》緋《あけ》(黒緋《くろあけ》)

13 Rose Brown

紫みの暗い灰赤

2.5R　4/5

甚《じん》三《ざ》紅《もみ》

14 French Rose

あざやかな赤

5R　6.5/10

水《みず》がき(とき浅葱《あさぎ》)

15 Ash Rose

明るい灰赤

5R　6/4.5

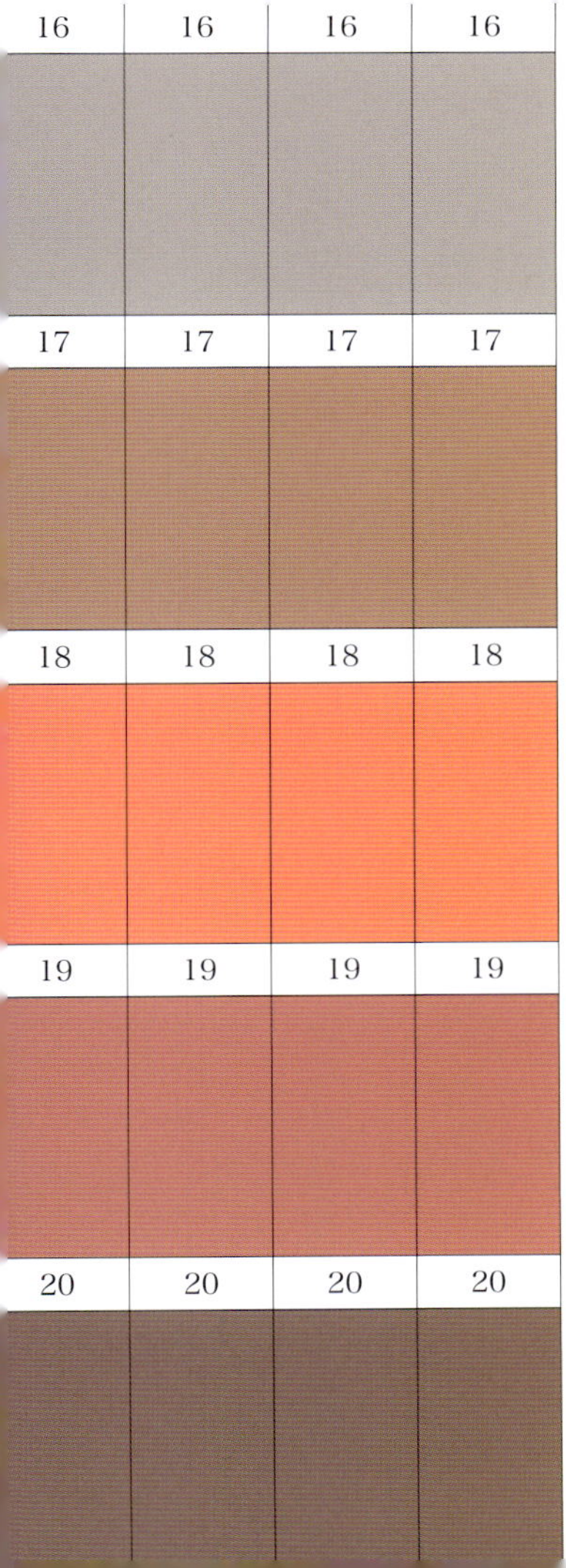

梅《うめ》 鼠《ねずみ》

16 Rose Dust
灰赤

5R 5.5/3

蘇《す》 芳《おう》 香《こう》

17 Corinth Pink
にぶい赤

5R 5/6

赤《あか》 紅《べに》

18 Geranium
さえた赤

5R 4.5/13

真《しん》 朱《しゅ》

19 Cardinal
ふかい赤

5R 3.5/10

小豆《あずき》 色《いろ》

20 Antique Rose
暗い赤

5R 3/6

21 21 21 21

22 22 22 22

23 23 23 23

24 24 24 24

25 25 25 25

銀《ぎん》　朱《しゅ》

21　Pepper Red

黄みのふかい赤

6R　4.5/12

海《え》　老《び》　茶《ちゃ》(蝦手茶色《えびちゃいろ》)

22　Indian Red

暗い灰赤

6R　3/4.5

栗《くり》　梅《うめ》

23　Dark Cardinal

暗い赤

6.5　R4/7

曙《あけぼの》　色《いろ》

24　Salmon Pink

黄みのうすい赤

7.5　R7/8

珊《さん》　瑚《ご》　珠《しゅ》　色《いろ》

25　Coral Pink

黄みのあざやかな赤

7.5R　6.5/10

26	26	26	26
27	27	27	27
28	28	28	28
29	29	29	29
30	30	30	30

猩《しよう》猩《じよう》緋《ひ》

26 Poppy Red
黄みのさえた赤
7.5R　5/14

芝《し》翫《かん》茶《ちや》

27 Copper Rose
黄みのにぶい赤
7.5R　5/7

柿《かき》渋《しぶ》色《いろ》(柿色《かきいろ》)

28 Brick Dust
黄みの灰赤
7.5R　4.5/6

紅《べに》樺《かば》

29 Amber Red
黄みのふかい赤
7.5R　4/10

紅《べに》鳶《とび》

30 Pompeian Red
黄みの暗い赤
7.5R　4/8

31	31	31	31
32	32	32	32
33	33	33	33
34	34	34	34
35	35	35	35

紅《べに》 檜《ひ》 皮《はだ》

31 Oxblood Red
黄みの暗い赤
7.5R 3.5/5

黒《くろ》 鳶《とび》

32 Woodland Brown
黄みのごく暗い赤
7.5R 2/2

紅《べに》 緋《ひ》

33 Scarlet
黄みのさえた赤
8.5R 6/12

照《てり》 柿《がき》

34 Burnt Orange
黄みのふかい赤
8.5R 5.5/10

緋《あけ》

35 French Vermilion
黄みのふかい赤
8.5R 5/12

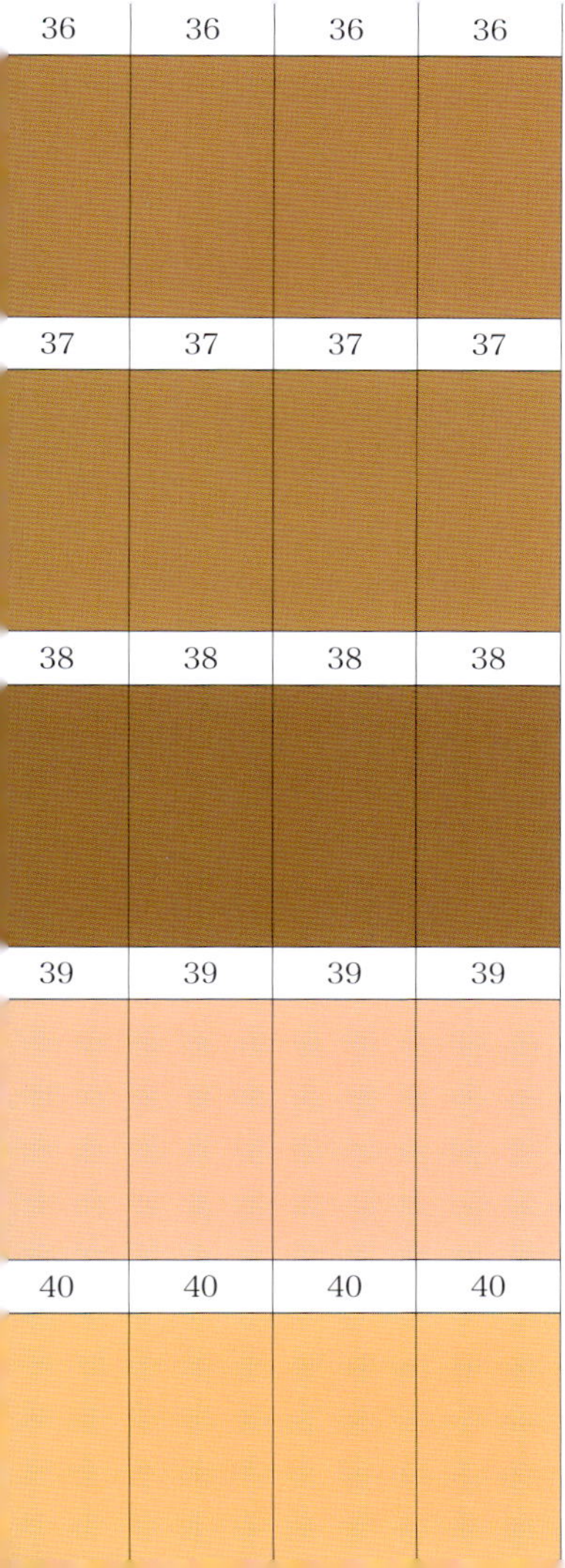

江《え》 戸《ど》 茶《ちゃ》

36 Garnet Brown
黄みのふかい赤
8.5R　4.5/8

紅《べに》 柄《がら》 色《いろ》(辨柄色《べんがらいろ》)

37 Copper Rust
黄みのふかい赤
8.5R　4/8

檜《ひ》 皮《はだ》 色《いろ》

38 Attic Rose
黄みの暗い赤
9R　3.5/6

宍《しし》 色《いろ》(肉色《にくいろ》)

39 Peach Tint
黄みの明るい灰赤
10R　7.5/6

洗《あらい》 朱《しゅ》

40 Light Coral
黄みのうすい赤
10R　7/9

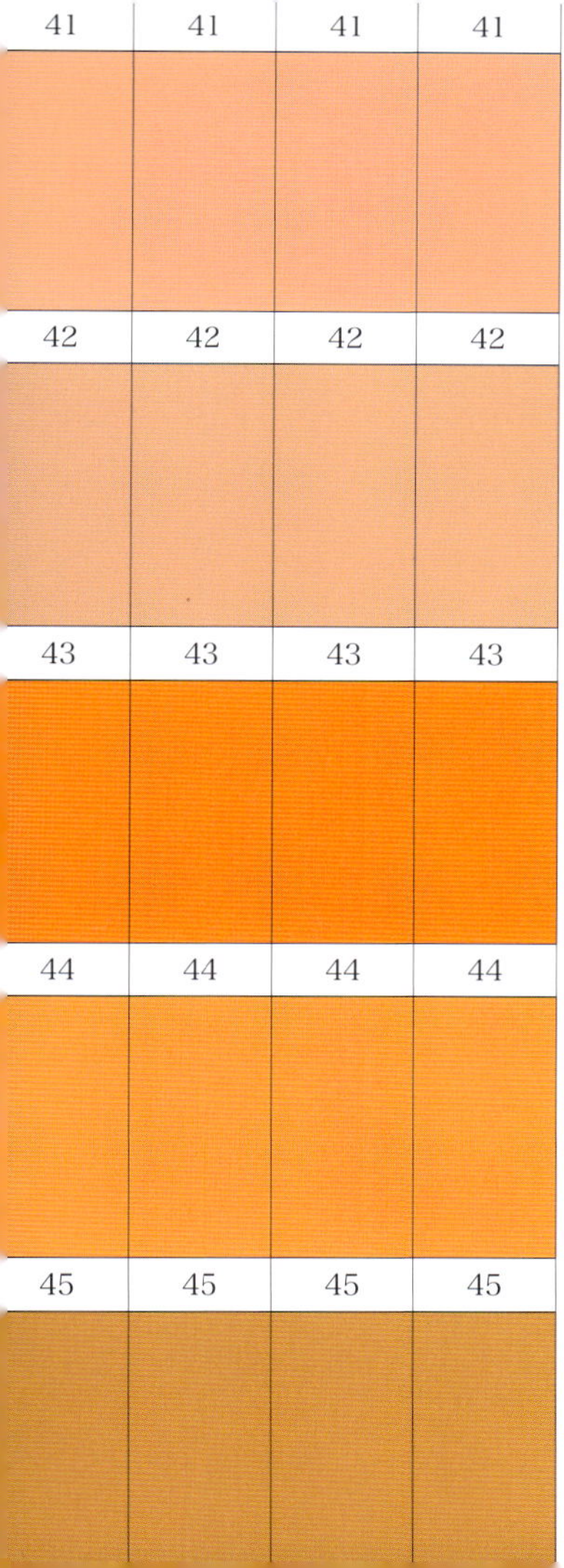

赤《あか》香《ごう》色《いろ》

41 Dawn

黄みの明るい灰赤

10R 7/7

ときがら茶《ちゃ》

42 Melon Pink

黄みの明るい灰赤

10R 7/6

黄《おう》丹《たん》

43 Orange Vermilion

黄みのさえた赤

10R 6/14

纁《そひ》（蘇《そ》比《ひ》）

44 Carrot Orange

黄みのにぶい赤

10R 6/10

遠《えん》州《しゅう》茶《ちゃ》

45 Coral Rust

黄みのにぶい赤

10R 6/7

46	46	46	46

47	47	47	47

48	48	48	48

49	49	49	49

50	50	50	50

唐《から》　茶《ちゃ》

46　Cinnamon

黄みの灰赤

10R　5.5/6

樺《かば》　茶《ちゃ》

47　Etruscan Orange

黄みのふかい赤

10R　5/8

宗《そう》　傳《でん》　唐《から》　茶《ちゃ》

48　Etruscan Rose

黄みの灰赤

10R　5/5

雀《すずめ》　茶《ちゃ》

49　Brick Red

黄みの暗い赤

10R　4.5/5

栗《くり》　皮《かわ》　茶《ちゃ》（栗皮色《くりかわいろ》）

50　Chestnut

黄みの暗い灰赤

10R　3/5

51 51 51 51

52 52 52 52

53 53 53 53

54 54 54 54

55 55 55 55

百《もも》　塩《しお》　茶《ちゃ》(羊羹色《ようかんいろ》)

51　Arabian Red

黄みの暗い灰赤

10R　3/3

鳶《とび》　色《いろ》

52　Coconut Brown

黄みの暗い灰赤

10R　2.5/4

胡《くる》　桃《み》　染《ぞめ》

53　Pink Beige

赤みの灰黄赤

1.5YR　6/2

蒲《かば》　色《いろ》(樺色《かばいろ》)

54　Burnt Orange

赤みのふかい黄赤

1.5YR　5/9

黄《こう》　櫨《ろ》　染《ぜん》

55　Burnt Umber

赤みの暗い灰黄赤

1.5YR　3/4

56 56 56 56

57 57 57 57

58 58 58 58

59 59 59 59

60 60 60 60

焦《こげ》 茶《ちゃ》

56 Van Dyke Brown
赤みのごく暗い黄赤
1.5YR 2/2

深《こき》 支子《くちなし》 (ふかくちなし)

57 Apricot Buff
赤みのうすい黄赤
2.5YR 7/8

洗《あらい》 柿《がき》

58 Salmon Buff
赤みのうすい黄赤
3YR 7/7

代《たい》 赭《しゃ》 色《いろ》

59 Terra Cotta
赤みの暗い黄赤
3YR 5/6

赤《あか》 白《しろ》 橡《つるばみ》

60 Peach Beige
赤みの明るい灰黄赤
3.5YR 7.5/5

61 61 61 61

62 62 62 62

63 63 63 63

64 64 64 64

65 65 65 65

礪《との》 茶《ちゃ》

61 Bronze

赤みの暗い黄赤

3.5YR 5/5

煎《せん》 茶《ちゃ》 色《いろ》

62 Tobacco Brown

赤みの暗い黄赤

3.5YR 4.5/4

洒《しゃ》 落《れ》 柿《がき》

63 Light Apricot

うすい黄赤

5YR 8/6

薄《うす》 柿《がき》

64 Vanilla

明るい灰黄赤

5YR 8/5

萱《かん》 草《ぞう》 色《いろ》(柑子色《こうじいろ》)

65 Marigold

あざやかな黄赤

5YR 7.5/11

66 66 66 66

67 67 67 67

68 68 68 68

69 69 69 69

70 70 70 70

梅《うめ》 染《ぞめ》

66 Peach Buff

明るい灰黄赤

5YR 7.5/7

紅《べに》 鬱《う》 金《こん》

67 Majolica Orange

ふかい黄赤

5YR 7/10

丁《ちょう》 子《じ》 茶《ちゃ》

68 Tan

暗い黄赤

5YR 5/4

憲《けん》 法《ぼう》 染《ぞめ》(吉岡染《よしおかぞめ》)

69 Brown Dusk

ごく暗い黄赤

5YR 2/1

枇《び》 杷《わ》 茶《ちゃ》

70 Ocher Beige

灰黄赤

6.5YR 5.5/6

71	71	71	71
72	72	72	72
73	73	73	73
74	74	74	74
75	75	75	75

琥《こ》珀《はく》色《いろ》

71 Amber
黄みのふかい黄赤
7YR 6/9

淡《うす》香《こう》

72 Biscuit
黄みの明るい灰黄赤
7.5YR 8/6

朽《くち》葉《ば》色《いろ》

73 Golden Buff
黄みのにぶい黄赤
7.5YR 6.5/8

金《きん》茶《ちゃ》

74 Brown Gold
黄みのふかい黄赤
7.5YR 6/8.5

丁《ちょう》子《じ》染《ぞめ》(香染《こうぞめ》)

75 Buff
黄みの暗い黄赤
7.5YR 5.5/6

76 76 76 76

77 77 77 77

78 78 78 78

79 79 79 79

80 80 80 80

狐《きつね》色《いろ》

76 Tawny Gold
黄みの暗い黄赤
7.5YR 5/6

柴《ふし》染《ぞめ》

77 Drab
黄みの灰黄赤
7.5YR 5/4

伽《きや》羅《ら》色《いろ》

78 Russet Brown
黄みの暗い灰黄赤
7.5YR 4/3

煤《すす》竹《たけ》色《いろ》

79 Low Umber
黄みの暗い灰黄赤
8YR 3.5/2.5

白《しら》茶《ちや》

80 Sand Beige
黄みの明るい灰黄赤
8.5YR 7/3

81	81	81	81
82	82	82	82
83	83	83	83
84	84	84	84
85	85	85	85

黄《おう》　土《ど》　色《いろ》

81　Yellow Ocher
黄みの明るい灰黄赤
8.5YR　6.5/4.5

銀《ぎん》　煤《すす》　竹《たけ》

82　Maple Sugar
黄みの暗い黄赤
8.5YR　4.5/4

黄《き》　唐《がら》　茶《ちゃ》(黄雀茶《きがらちゃ》)

83　Maple Leaf
黄みのふかい黄赤
10YR　6/7

媚《こび》　茶《ちゃ》(昆布茶《こぶちゃ》)

84　Old Gold
黄みの暗い黄赤
10YR　4/4

浅《うす》　黄《き》

85　Straw
赤みのうすい黄
1.5Y　8.5/4

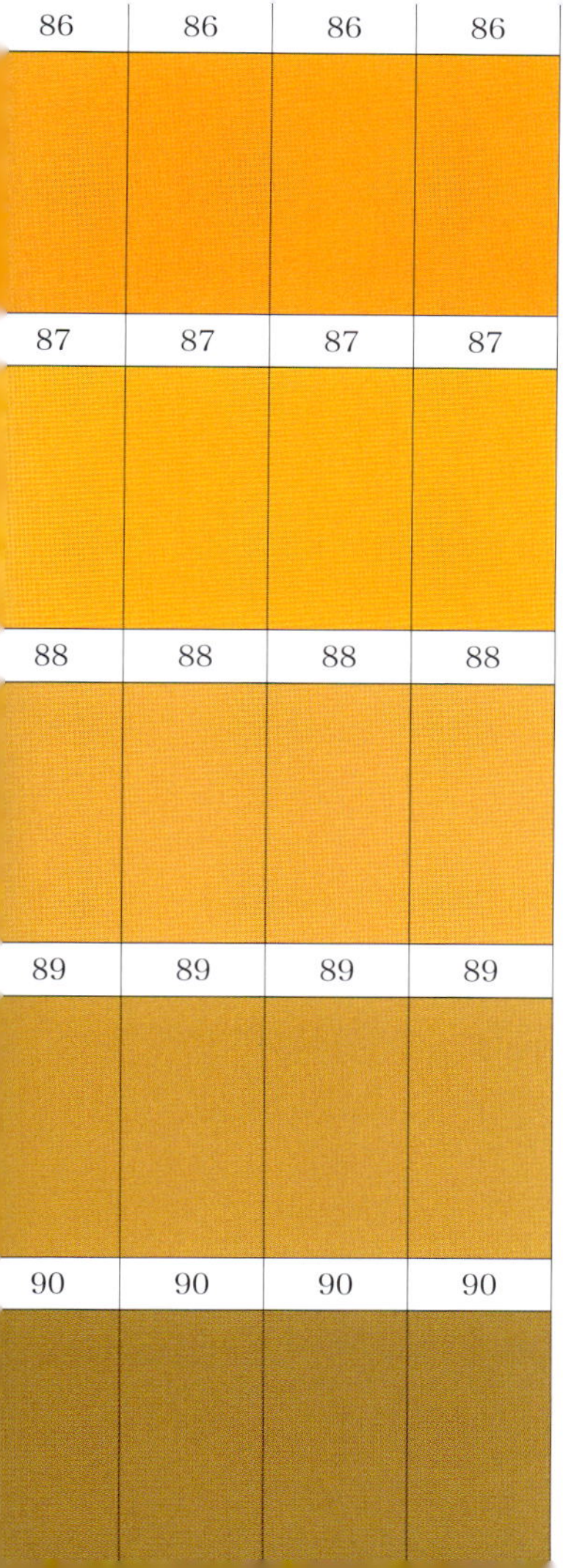

山《やま》 吹《ぶき》 色《いろ》

86 Marigold Yellow
赤みのさえた黄
1.5Y 8/13

玉《たま》 子《ご》 色《いろ》

87 Yolk Yellow
赤みのあざやかな黄
1.5Y 8/10

櫨《はじ》 染《ぞめ》

88 Yellow Gold
赤みのふかい黄
1.5Y 7/10

山《やま》 吹《ぶき》 茶《ちや》

89 Gold
赤みのふかい黄
1.5Y 6.5/9

桑《くわ》 染《ぞめ》 (桑茶《くわちや》)

90 Maize
赤みのふかい黄
1.5Y 6.5/7.5

91 91 91 91

92 92 92 92

93 93 93 93

94 94 94 94

95 95 95 95

生《なま》 壁《かべ》 色《いろ》

91 Tawny Olive

赤みの灰黄

1.5Y　5/1.5

支《くち》 子《なし》(梔子《くちなし》)

92 Empire Yellow

赤みのあざやかな黄

2Y　8.5/7

玉《とう》 蜀《もろ》 黍《こし》 色《いろ》

93 Golden Corn

赤みのにぶい黄

2Y　8/8

白《しろ》 橡《つるばみ》

94 Flax

赤みの明るい灰黄

2Y　7.5/3

黄《き》 橡《つるばみ》

95 Curry Yellow

赤みのふかい黄

2Y　6.5/5.5

96	96	96	96
97	97	97	97
98	98	98	98
99	99	99	99
100	100	100	100

藤《とう》 黄《おう》

96 Sunflower

赤みのさえた黄

2.5Y　8.5/12

花《はな》 葉《ば》 色《いろ》

97 Sun Gold

赤みのあざやかな黄

2.5Y　8.5/8

鳥《とり》 ノ 子《こ》 色《いろ》

98 Ivory

赤みのごくうすい黄

2.5Y　8.5/1

鬱《う》 金《こん》 色《いろ》

99 Dandelion

赤みのあざやかな黄

2.5Y　7.5/8

黄《き》 朽《くち》 葉《ば》

100 Honey Sweet

赤みのにぶい黄

2.5Y　7.5/7

101	101	101	101

101 利《り》休《きゆう》白《しら》茶《ちや》

Citron Gray

赤みの明るい灰黄

2.5Y　7/1

102	102	102	102

102 利《り》休《きゆう》茶《ちや》

Dusty Olive

赤みの灰黄

2.5Y　5.5/1

103	103	103	103

103 灰《あ》汁《く》色《いろ》

Covert Gray

灰黄

2.5Y　5.5/0.5

104	104	104	104

104 肥《ひ》後《ご》煤《すす》竹《たけ》

Oriental Gold

赤みの暗い黄

2.5Y　5/3

105	105	105	105

105 路《ろ》考《こう》茶《ちや》

Beech

赤みの暗い灰黄

2.5Y　4.5/1

106	106	106	106
107	107	107	107
108	108	108	108
109	109	109	109
110	110	110	110

海《み》松《る》茶《ちゃ》

106 Seaweed Brown
赤みの暗い灰黄
3.5Y 3.5/1

菜《な》種《たね》油《ゆ》色《いろ》

107 Oil Yellow
緑みのふかい黄
6.5Y 6/8

黄《き》海《み》松《る》茶《ちゃ》

108 Seaweed Yellow
緑みの暗い黄
6.5Y 5.5/4

鶯《うぐいす》茶《ちゃ》

109 Seaweed
緑みの暗い黄
6.5Y 4/3

菜《な》の花《はな》色《いろ》

110 Canary
緑みのあざやかな黄
7Y 8/9

111 111 111 111

112 112 112 112

113 113 113 113

114 114 114 114

115 115 115 115

苅《かり》　安《やす》（刈安《かりやす》）

111 Chrome Lemon
緑みのあざやかな黄
7Y　8/8

黄《き》　蘗《はだ》

112 Lemon Yellow
緑みのあざやかな黄
7.5Y　8.5/9

蒸《むし》　栗《くり》　色《いろ》

113 Chartreuse Yellow
緑みのうすい黄
7.5Y　8/2.5

青《あお》　朽《くち》　葉《ば》

114 Olive Yellow
緑みのにぶい黄
7.5Y　6.5/6

鶸《ひわ》　茶《ちや》

115 Light Olive Yellow
緑みのにぶい黄
9Y　6/5

116 116 116 116

117 117 117 117

118 118 118 118

119 119 119 119

120 120 120 120

女《お》郎《みなえ》花《し》

116 Citron Yellow

緑みのさえた黄

10Y　8/11

鶯《うぐいす》色《いろ》

117 Holly Green

緑みの暗い黄

10Y　4.5/3

鶸《ひわ》色《いろ》

118 Light Lime Green

黄みのあざやかな黄緑

1.5GY　7.5/9

青《あお》白《しろ》橡《つるばみ》（麹塵《きくじん》）

119 Hop Green

黄みの明るい灰黄緑

1.5GY　7.5/3

柳《やなぎ》茶《ちゃ》

120 Citron Green

黄みのにぶい黄緑

1.5GY　6.5/4

璃《り》寛《かん》茶《ちゃ》

121 Olive Drab
黄みの暗い灰黄緑
1.5GY 4/2

藍《あい》媚《こび》茶《ちゃ》

122 Dark Olive
黄みの暗い灰黄緑
1.5GY 3.5/1.5

苔《こけ》色《いろ》

123 Moss Green
黄みのふかい黄緑
2GY 6/5

海《み》松《る》色《いろ》

124 Sea Moss
黄みの暗い黄緑
2.5GY 4/3

千《せん》歳《さい》茶《ちゃ》

125 Bronze Green
黄みのごく暗い黄緑
2.5GY 3/1

126	126	126	126
127	127	127	127
128	128	128	128
129	129	129	129
130	130	130	130

梅《ばい》 幸《こう》 茶《ちゃ》(草柳《くさやなぎ》)

126 Silver Sage
明るい灰黄緑
5GY 6/2.5

岩《いわ》 井《い》 茶《ちゃ》

127 Slate Olive
灰黄緑
5GY 4.5/1

鶸《ひわ》 萌《もえ》 黄《ぎ》

128 Fresh Green
さえた黄緑
6.5GY 6.5/8.5

柳《やなぎ》 煤《すす》 竹《たけ》

129 Deep Sea Moss
緑みの暗い灰黄緑
7.5GY 4/1.5

裏《うら》 柳《やなぎ》(裏葉柳《うらはやなぎ》)

130 Mist Green
緑みのうすい黄緑
8.5GY 8/2

131	131	131	131

淡《うす》萌《もえ》黄《ぎ》(苗色《なえいろ》)

131 Apple Green
緑みのあざやかな黄緑
8.5GY 7.5/7.5

132	132	132	132

柳《やなぎ》染《ぞめ》

132 Willow
緑みのにぶい黄緑
8.5GY 7/5

133	133	133	133

萌《もえ》黄《ぎ》

133 Parrot Green
緑みのさえた黄緑
8.5GY 6/8.5

134	134	134	134

青《あお》丹《に》

134 Cactus
緑みの暗い黄緑
8.5GY 4.5/3

135	135	135	135

松《まつ》葉《ば》色《いろ》

135 Jade Green
緑みの暗い黄緑
8.5GY 4/3

136	136	136	136
137	137	137	137
138	138	138	138
139	139	139	139
140	140	140	140

薄《うす》 青《あお》

136 Light Green
黄みのうすい緑
2.5G　7/3

若《わか》 竹《たけ》 色《いろ》

137 Porcelain Green
黄みのうすい緑
2.5G　6.5/5

柳《やなぎ》 鼠《ねずみ》 (豆《まめ》がら茶《ちゃ》)

138 Eggshell Green
黄みの明るい灰緑
2.5G　6/1

老《おい》 竹《たけ》 色《いろ》

139 Antique Green
黄みの灰緑
2.5G　5/2

千《せん》 歳《さい》 緑《みどり》

140 Bottle Green
黄みの暗い緑
2.5G　3.5/2.5

141 141 141 141

142 142 142 142

143 143 143 143

144 144 144 144

145 145 145 145

緑《みどり》（古代一般名・青《あお》）

141 Malachite Green
ふかい緑

3.5G　4.5/6

白《びやく》　緑《ろく》

142 Opal Green
うすい緑

5G　8/3

銹《さび》　青《せい》　磁《じ》

143 Ripple Green
明るい灰緑

5G　6.5/1.5

緑《ろく》　青《しよう》

144 Viridian
あざやかな緑

5G　5.5/6

木《と》　賊《くさ》　色《いろ》

145 Spruce Green
ふかい緑

5G　4.5/4

146	146	146	146
147	147	147	147
148	148	148	148
149	149	149	149
150	150	150	150

御《お》納《なん》戸《ど》茶《ちゃ》

146 Forest Green
暗い灰緑
5G　3.5/1.5

青《あお》竹《たけ》色《いろ》

147 Jewel Green
青みのさえた緑
8G　4.5/8

利《り》休《きゅう》鼠《ねずみ》

148 Celadon Gray
青みの灰緑
8.5G　5/1

びろうど

149 Lincoln Green
青みの暗い緑
9G　3.5/4

虫《むし》襖《あお》(虫青《むしあお》)

150 Green Duck
青みの暗い緑
10G　3.5/3

151 151 151 151

藍《あい》海《み》松《る》茶《ちや》

151 Jungle Green

青みの暗い灰緑

10G 3/2

152 152 152 152

沈《と》香《の》茶《ちや》

152 Chinese Green

灰青緑

2.5BG 5/2

153 153 153 153

水《みず》浅《あさ》葱《ぎ》

153 Bright Turquoise

うすい青緑

7BG 7/4

154 154 154 154

青《せい》磁《じ》色《いろ》(秘色《ひそく》)

154 Light Turquoise

うすい青緑

7BG 7/3

155 155 155 155

青《せい》碧《へき》

155 Turquoise Blue

にぶい青緑

7.5BG 5/4.5

156	156	156	156
157	157	157	157
158	158	158	158
159	159	159	159
160	160	160	160

錆《さび》 鉄《てつ》 御《お》 納《なん》 戸《ど》

156 Blue Conifer
青みの暗い灰青緑
8BG 3.5/1.5

鉄《てつ》 色《いろ》

157 River Blue
青みの暗い青緑
8BG 3/2

御《お》 召《めし》 茶《ちゃ》

158 Moon Gray
青みのにぶい青緑
10BG 4/3

高《こう》 麗《らい》 納《なん》 戸《ど》

159 Canton Blue
青みの暗い灰青緑
10BG 3/3

湊《みなと》 鼠《ねずみ》（深川鼠《ふかがわねずみ》）

160 Aqua Gray
緑みの明るい灰青
2.5B 6/2

161 161 161 161

162 162 162 162

163 163 163 163

164 164 164 164

165 165 165 165

青《あお》 鈍《にび》

161 Steel Gray
緑みの暗い灰青
2.5B 4/0.5

鉄《てつ》 御《お》 納《なん》 戸《ど》

162 Storm Blue
緑みの暗い青
2.5B 3/2

水《みず》 色《いろ》

163 Aqua
緑みのうすい青
3.5B 7.5/4

錆《さび》 浅《あさ》 葱《ぎ》

164 Light Saxe Blue
緑みの明るい灰青
3.5B 6/3

瓶《かめ》 覗《のぞき》 (覗色《のぞきいろ》)

165 Horizon Blue
緑みのごくうすい青
5B 8.5/2

166	166	166	166
167	167	167	167
168	168	168	168
169	169	169	169
170	170	170	170

浅《あさ》葱《ぎ》色《いろ》
166 Blue Turquoise
緑みのうすい青
5B　6.5/6.5

新《しん》橋《ばし》色《いろ》
167 Cyan Blue
緑みのあざやかな青
5B　5/8

錆《さび》御《お》納《なん》戸《ど》
168 Goblin Blue
緑みのにぶい青
5B　4.5/3

藍《あい》鼠《ねずみ》
169 Lead Gray
緑みの灰青
5B　4.5/0.5

藍《あい》色《いろ》
170 Marine Blue
緑みの暗い青
5B　3.5/3.5

御《お》納《なん》戸《ど》色《いろ》

171 Tapestry Blue
緑みの暗い青
5B　3.5/2

花《はな》浅《あさ》葱《ぎ》

172 Cerulean Blue
あざやかな青
6.5B　5/7

千《ち》草《ぐさ》色《いろ》

173 Azure Blue
あざやかな青
7.5B　5.5/7

舛《ます》花《はな》色《いろ》

174 Smoke Blue
灰青
8.5B　5/4

縹《はなだ》（花田《はなだ》）

175 Sapphire Blue
ふかい青
8.5B　4/7

176 176 176 176

熨《の》斗《し》目《め》花《はな》色《いろ》

176 Oriental Blue
にぶい青

8.5B 4/4

177 177 177 177

御《お》召《めし》御《お》納《なん》戸《ど》

177 Slate Blue
暗い灰青

8.5B 4/3

178 178 178 178

空《そら》色《いろ》

178 Sky Blue
紫みのうすい青

10B 6.5/8

179 179 179 179

黒《くろ》橡《つるばみ》

179 Midnight Blue
紫みのごく暗い青

10B 2/0.5

180 180 180 180

群《ぐん》青《じょう》色《いろ》

180 Forget-met-not Blue
青みのうすい青紫

2PB 6.5/8

181	181	181	181

182	182	182	182

183	183	183	183

184	184	184	184

185	185	185	185

紺《こん》

181 Purple Navy
暗い青紫
5.5PB　2/5

褐《かち》 色《いろ》（かちん色《いろ》）

182 Indigo
ごく暗い青紫
5.5PB　1.5/3

瑠《る》 璃《り》 色《いろ》

183 Cobalt Blue
さえた青紫
6PB　4/12

紺《こん》 青《じょう》 色《いろ》

184 Ultramarine Blue
さえた青紫
6PB　3/12

瑠《る》 璃《り》 紺《こん》

185 Royal Blue
ふかい青紫
6PB　2.5/7

186	186	186	186
187	187	187	187
188	188	188	188
189	189	189	189
190	190	190	190

紅《べに》　碧《みどり》（紅掛空色《べにかけそらいろ》）

186 Salvia Blue

紫みのうすい青紫

7PB　6/7

紺《こん》　桔《き》　梗《きょう》

187 Victoria Violet

紫みのふかい青紫

7PB　2/8

藤《ふじ》　鼠《ねずみ》

188 Lavender Gray

紫みのにぶい青紫

8.5PB　5.5/5

紅《べに》　掛《かけ》　花《はな》　色《いろ》

189 Gentian Blue

紫みのにぶい青紫

8.5PB　4.5/7

藤《ふじ》　色《いろ》

190 Lavender

紫みのうすい青紫

10PB　6/8

191 191 191 191

192 192 192 192

193 193 193 193

194 194 194 194

195 195 195 195

二《ふた》藍《あい》

191 Aster
紫みのにぶい青紫
10PB　4.5/6

藤《ふじ》紫《むらさき》

192 Wistaria Violet
青みのあざやかな紫
1.5P　5.5/10

桔《き》梗《きょう》色《いろ》

193 Blue Violet
青みのにぶい紫
1.5P　4/8

紫《し》苑《おん》色《いろ》

194 Heliotrope
青みのうすい紫
2.5P　6/8

滅《めつ》紫《し》（けしむらさき）

195 Raisin
青みの暗い灰紫
2.5P　3/2

196	196	196	196
197	197	197	197
198	198	198	198
199	199	199	199
200	200	200	200

紫《し》　紺《こん》

196 Blackish Purple
青みのごく暗い紫
2.5P　2/2

深《こき》　紫《むらさき》　（ふかむらさき）

197 Deep Royal Purple
青みのふかい紫
3P　2.5/5

薄《うす》　色《いろ》

198 Pale Lilac
うすい紫
3.5P　6.5/7

半《はした》　色《いろ》

199 Crocus
あざやかな紫
3.5P　5.5/8

菫《すみれ》　色《いろ》

200 Mauve
にぶい紫
5P　3.5/7

201 201 201 201

紫《むらさき》

201 Royal Purple
ふかい紫
5P　3/7

202 202 202 202

黒《くろ》　紅《べに》（黒紅梅《くろこうばい》）

202 Dusky Purple
ごく暗い紫
5P　1.5/1.5

203 203 203 203

菖《あや》　蒲《め》　色《いろ》

203 Iris
赤みのさえた紫
6.5P　4/10

204 204 204 204

紅《べに》　藤《ふじ》

204 Lilac
赤みのうすい紫
7.5P　6.5/7

205 205 205 205

杜　若《かきつばた》（江《え》戸《ど》紫《むらさき》）

205 Amethyst
赤みのふかい紫
8P　2.5/7

206 206 206 206

鳩《はと》 羽《ば》 鼠《ねずみ》

206 Lilac Hazy

赤みの灰紫

10P 5/1.5

207 207 207 207

葡《ぶ》 萄《どう》 鼠《ねずみ》 (えびねずみ)

207 Plum Purple

赤みの灰紫

10P 4/3

208 208 208 208

蒲《えび》 萄《ぞめ》 (葡萄《えびぞめ》)

208 Amethyst Mauve

赤みのふかい紫

10P 3.5/8

209 209 209 209

藤《ふじ》 煤《すす》 竹《たけ》

209 Prune

赤みの暗い灰紫

10P 3.5/1

210 210 210 210

牡《ぼう》 丹《たん》 (ぼたん)

210 Fuchsia Purple

あざやかな赤紫

3.5RP 4.5/11

211	211	211	211
212	212	212	212
213	213	213	213
214	214	214	214
215	215	215	215

梅《うめ》 紫《むらさき》

211 Amaranth Purple
にぶい赤紫
4RP 4.5/7

似《に》 せ 紫《むらさき》

212 Plum
暗い赤紫
5RP 2.5/3

紫《むらさき》 鳶《とび》

213 Indian Purple
暗い灰赤紫
6.5RP 3/3

蘇《す》 芳《おう》

214 Raspberry Red
赤みのふかい赤紫
7.5RP 3.5/8

桑《くわ》 染《ぞめ》 (桑《くわ》の実色《みいろ》)

215 Mulberry
赤みの暗い赤紫
10RP 3/4

216	216	216	216
217	217	217	217
218	218	218	218
219	219	219	219
220	220	220	220

紅《べに》　消《けし》　鼠《ねずみ》

216 Black Berry
赤みの暗い灰赤紫
10RP　3/1

白《しろ》　練《ねり》

217 Snow White
白
N 9.5

白《しろ》　鼠《ねずみ》(銀《しろがね》色《いろ》)

218 Pearl Gray
明るい灰色
N 7.5

銀《ぎん》　鼠《ねずみ》(錫色《すずいろ》)

219 Silver Gray
青みの明るい灰色
2.5PB　6.5/0.5

素《す》　鼠《ねずみ》

220 Mouse Gray
灰色
N 5

丼《どぶ》 鼠《ねずみ》（溝鼠《どぶねずみ》）

221 Dove Gray
赤みの暗い灰色
5RP 3.5/0.5

藍《あい》 墨《すみ》 茶《ちゃ》

222 Dark Slate
青みの暗い灰色
2.5PB 3/0.5

檳《びん》 榔《ろう》 子《じ》 染《ぞめ》

223 African Brown
赤みの暗い灰色
10R 2.5/0.5

墨《すみ》 色《いろ》（墨染《すみぞめ》）

224 Charcoal Gray
暗い灰色
N 2

黒《くろ》 色《いろ》

225 Lamp Black
黒
N 1